古典文獻研究輯刊

十六編

潘美月・杜潔祥 主編

第9冊

《清史稿・本紀》纂修研究（上）

趙晨嶺 著

國家圖書館出版品預行編目資料

《清史稿‧本紀》纂修研究（上）／趙晨嶺　著—初版—新
北市：花木蘭文化出版社，2013〔民 102〕
目 4+250 面；19×26 公分
（古典文獻研究輯刊 十六編；第 9 冊）
ISBN：978-986-322-160-9（精裝）
1. 清史稿　2. 研究考訂
011.08　　　　　　　　　　　　　　　　102002354

ISBN-978-986-322-160-9

9 789863 221609

古典文獻研究輯刊
十六編　第 九 冊　　　　　　　　ISBN：978-986-322-160-9

《清史稿‧本紀》纂修研究（上）

作　　　者　趙晨嶺
主　　　編　潘美月　杜潔祥
總 編 輯　杜潔祥
企劃出版　北京大學文化資源研究中心
出　　　版　花木蘭文化出版社
發 行 所　花木蘭文化出版社
發 行 人　高小娟
聯絡地址　235 新北市中和區中安街七二號十三樓
　　　　　　電話：02-2923-1455／傳眞：02-2923-1452
網　　　址　http://www.huamulan.tw 信箱 sut81518@gmail.com
印　　　刷　普羅文化出版廣告事業
初　　　版　2013 年 3 月
定　　　價　十六編 30 冊（精裝）新台幣 50,000 元　　版權所有‧請勿翻印

《清史稿·本紀》纂修研究（上）

趙晨嶺　著

作者簡介

趙晨嶺，1978 年生於陝西。1996 年保送至中國人民大學歷史系文史哲實驗班，復保送清史研究所，師從楊念群教授。後考入該校歷史學院，師從徐兆仁教授攻讀史學理論及史學史，2012年獲得博士學位。2003 年起在國家清史纂修領導小組辦公室工作，現為助理研究員、任《清史參考》副主編。參與《清代宣南人物事略初編》、《大清皇室的多寶格》等書撰寫，發表論文及其他文章 20 餘篇，編著的歷史人物傳記《甘羅》、《司馬光》曾先後在內地、臺灣和新加坡出版。

提　　要

　　1914 年，北洋政府設立清史館纂修清史，於 1928 年刊行《清史稿》。通過對臺北故宮博物院《清史館未刊紀志表傳稿本專輯——本紀》進行梳理，基本上可以釐清《清史稿·本紀》部分的纂修過程。《清史稿·本紀》纂修經歷了初稿編纂、校訂覆編及總閱覆勘三個階段。金兆蕃與鄧邦述一起編纂了前五朝本紀初稿，吳廷燮編纂中間五朝，瑞洵編纂最後兩朝。奭良校訂了太祖、聖祖、仁宗、文宗、宣統皇帝本紀。李哲明校訂了穆宗本紀。德宗本紀是奭良和李哲明一起校訂的。奭良還和柯劭忞一起校訂了太宗本紀，並單獨校注了世祖本紀。金兆蕃覆校了奭良覆編的世宗本紀，還和柯劭忞一起進行了太祖本紀的覆勘。柯劭忞負責十二朝本紀的總閱工作。

　　作為傳統紀傳體史書的《清史稿》，皇帝的言行事迹主要在其本紀中記載。通過分析稿本文字及修改情況，可知史家在本紀編纂過程中，通過增刪史事、改變用語等手法，根據自己的史觀塑造出史書中的皇帝形象。

　　《清史稿》之訛誤一直為人詬病，通過對《清史稿校註》所指出問題與本紀稿本的比較與統計，可知《清史稿·本紀》審改在改正硬傷方面是失敗的。鑒於當時修史面臨的時局動蕩、經費不濟等客觀條件，不能苛責前人，但其中經驗教訓應引以為鑒。

目

次

緒　論

0.1 選題探討

0.1.1 研究物件界定

　　民國初年，北洋政府設立清史館纂修清史。其成果《清史稿》的編纂從 1914 年下半年到 1928 年上半年共歷時 14 年。該書共計 800 餘萬字，分為紀、志、表、傳四部分，其中編年體的本紀部分約 50 萬字。《清史稿·本紀》部分在纂修過程中數易其稿，其作者及審改者包括：清史館總纂柯劭忞、吳廷燮，纂修金兆蕃、鄧邦述，協修奭良、瑞洵、李哲明等人。有關稿本被保存在清史館檔案中，目前主要收藏於臺北故宮博物院。

0.1.2 選題依據

　　學界對於《清史稿》各部分的具體編纂過程，研究不多，知之甚少。中華人民共和國成立以前，僅有數篇文章側面涉及該問題，且內容零散、不成系統。1957 年，曾任清史館協修的朱師轍出版了《清史述聞》，作為第一部關於《清史稿》纂修研究的專著，該書初步梳理了《清史稿》纂修的基本流程和經驗得失，但限於見聞，對於作者未參與的部分記述失之粗疏。由於清史館檔案大多收藏在臺灣，更增加了大陸學者研究該問題的難度。2003 年，到訪臺灣並有幸閱讀該檔案的大陸學者鈔曉鴻發表《臺灣故宮「史館檔」與〈清史稿·災異志〉》，初步揭示了該檔案的重要學術價值。

　　2007～2008 年間，臺北故宮博物院將其收藏的部分清史館檔案以《清史

館未刊紀志表傳稿本專輯》爲名出版，大量珍貴稿本披露於世。臺灣師範大學莊吉發教授曾長期在該院工作並研究相關檔案，他不但爲該書寫作了《敘錄》，還撰寫《清史館與清史稿：清史館未刊紀志表傳的纂修及其史料價值》〔註1〕一文，嚮學界介紹了相關檔案對研究《清史稿》纂修過程的重大意義。但該書問世數年來，僅見中國人民大學何瑜教授等在研究史表問題時加以利用〔註2〕。實際上，該書對於研究《清史稿》本紀部分的編纂也極有價值。

本紀作爲傳統紀傳體史書中的編年體部分，位列首篇，意義重大，影響深遠。本選題以《清史館未刊紀志表傳稿本專輯》中的本紀稿本爲基本史料，力圖釐清《清史稿·本紀》的纂修過程，分別探討其體例設計、初稿撰寫和審改工作，總結其經驗得失。本書以本紀纂修作爲研究《清史稿》成書過程的一把鑰匙，通過文本分析和人物研究相結合的辦法深入考證，瞭解清史館組織和《清史稿》總纂過程的內幕，以期對當前國家清史纂修提供有價值的學術借鑒。

0.2 學術回顧

0.2.1 已獲得的文獻

0.2.1.1 關於《清史稿》纂修整體研究

清史館開館之初，距離清朝覆亡未久，纂修清史引起各界高度重視，許多社會知名人士都參加了體裁體例大討論。除在當時報章上發表外，其中不少文章爲朱師轍所著《清史述聞》收錄。1928年《清史稿》成書後，次年，王伯祥發表了《讀〈清史稿〉述臆》加以評論。1936年，徐一士先後發表《關於〈清史稿〉》、《關於〈清史稿〉補》等；金梁發表《〈清史稿〉回憶錄》及補錄；哀靈發表《讀〈清史稿〉回憶補錄書後》。1946年，李權發表《〈清史稿〉管見》；傅振倫繼1929、1944年兩次撰文評論《清史稿》及重修清史之

〔註1〕 莊吉發《清史館與清史稿：清史館未刊紀志表傳的纂修及其史料價值》，「文獻足徵——第二屆清代檔案國際學術研討會」會議論文，見 http://npmhost. npm.gov.tw/tts/ching/0509all.pdf。

〔註2〕 何瑜、程廣媛《〈清史稿·大學士年表〉問題研究》，《清史研究》2009年第1期。

後，又發表《三論〈清史稿〉》；陳登原發表《書〈清史稿〉後》。1948 年，傅振倫又發表《重修清史之商榷》。

　　1957 年，陳象恭發表《談清實錄和清史稿》。1960 年，臺灣「清史編纂委員會」撰《〈清史稿〉纂修之經過》一文，並與臺「中國文化研究所」合作將《清史稿》稍加修訂，於次年刊印出一部《清史》。1963 年，吳南星發表《論修清史》。1977 年，臺「中華民國史料研究中心」出版《有關清史稿編印經過及各方意見彙編》（上、下冊），第二年，臺「國史館」與臺北故宮博物院開始合作利用清史館檔案及其他史料對《清史稿》進行校註，至 1991 年《清史稿校註》全部出齊。這是目前對該書最為詳盡系統的考訂。

　　1979 年，李之勤發表《標點本〈清史稿〉出版說明小議》。1980 年，李新乾發表《關於〈清史稿〉的版本》。1982 年，秦寶琦發表《關於〈清史稿〉的纂修與評論簡述》，方國瑜發表《評〈清史稿〉》。1986 年，鄭磊發表《臺灣出版〈清史稿校註〉本》一文。1990 年，臺「國史館」編印了《有關清史稿編印經過及各方意見彙編（第三編）》。1991 年，佟佳江出版《清史稿訂誤》，作者根據《清實錄》等文獻資料，吸取時人研究成果，對《清史稿》進行考訂和糾謬，至今仍為這方面研究中最重要的個人專著。1992 年，喻大華發表《論〈清史稿〉——兼就若干問題的辯正》。

　　2000 年，王道成、秦寶琦發表《易代修史與二十四史、〈清史稿〉》。2002 年，戴逸發表《〈清史稿〉的纂修及其缺陷》、《乖謬百出的〈清史稿〉》，秦國經、高換婷發表《清朝修史與〈清史稿〉編纂研究》。2003 年，由鄒愛蓮、韓永福、盧經撰寫的清史纂修工程學術調研報告《〈清史稿〉纂修始末研究》完成；張玉興發表《評〈清史稿校註〉》；鄒愛蓮發表《〈清史稿〉體例的討論與確立》；劉海峰發表《從〈清史稿〉的編撰過程看其史學價值》。2004 年，韓永福發表《〈清史稿〉的編修過程》，劉海峰、李慧發表《論〈清史稿〉的進步史觀》。2006 年，伏傳偉完成博士論文《進入民國——清史館的機構與人事》。2007 年，臺北故宮印行《清史館未刊紀志表傳稿本專輯》，馮明珠發表《烽火歲月中遺留下來的史稿——清史稿未刊稿叢編·序》。2008 年，闞紅柳發表《整修〈清史〉與國史館「定本清史」評析》，王志國完成碩士論文《〈清史稿〉的編修情況及其史學價值》。

0.2.1.2 關於《清史稿》各部分內容研究

　　此類成果以傳為多，其次為志，紀、表最少。涉及傳、志的論文均有數

十篇，表、紀則僅有數篇。前三類與本選題關係不大，這裡不再一一列舉。

由於《清史稿》本紀部分整體篇幅較大，且內容繁複，目前僅有作爲集體著述的《清史稿校註》有能力對本紀部分進行整體考訂，個人只能擇其部分進行研究或就某一問題舉例加以說明。1954 年，林瑞翰發表《〈清史稿・聖祖本紀〉辨證》。1964 年，李學智發表《〈清史稿・太祖本紀〉讀後》。1982 年，汪宗衍發表《〈清史稿・本紀〉失書月序箚記》。2000 年，佟佳江發表《〈清史稿・本紀〉刊正舉要》。2005 年，李國新發表《〈史記〉與〈清史稿〉人物敘述異同——以〈高祖本紀〉和〈太祖本紀〉爲個案》。2011 年，趙晨嶺先後發表《〈清史稿・太祖本紀〉編纂過程及失誤原因》、《從對辛亥革命的表述看〈清史稿・宣統皇帝本紀〉編纂》，2012 年又發表《論〈清史稿・太宗本紀〉編纂中對皇太極形象的刻畫》，這 3 篇文章均爲本研究的階段性成果。

0.2.1.3 關於清史館人物研究

1936 年，徐一士發表《〈清史稿〉與趙爾巽》。1948 年，朱師轍發表《〈清史稿〉撰人考》，第一次對修史人員及其分工進行了考證。1992 年，王夢林發表《趙爾巽與〈清史稿〉》。2001 年，王永和發表《趙爾巽與〈清史稿〉》。2003 年，劉海峰發表《〈清史稿〉撰述人及其關係考》。2006 年，伏傳偉發表《新朝與舊主的抉擇——清史館設置緣起與趙爾巽的就任》。2007 年，張笑川發表《張爾田與〈清史稿〉纂修》，趙少峰發表《金梁與〈清史稿〉》。2009 年，王昌宜發表《夏孫桐對〈清史稿〉撰述經過的研究》，劉秀榮、張劍峰、趙少峰發表《金梁與〈清史稿〉》。

此類成果數量較少，其中研究《清史稿》纂修人物群體的文章有 2 篇，研究趙爾巽的有 4 篇，研究金梁的有 2 篇，研究夏孫桐的有 1 篇。目前尚無文章專題研究清史館其他人物，參與本紀編纂的柯劭忞、吳廷燮、金兆蕃、鄧邦述、瑞洵、奭良、李哲明等人，學界均無專文論述。

0.2.1.4 關於《清史稿》本紀稿本

臺北故宮博物院《清史館未刊紀志表傳稿本專輯》中收錄的《清史稿》編纂中形成的本紀稿本包括：《太祖本紀》3 個、《太宗本紀》2 個、《世祖本紀》1 個（另有《校註》1 份）、《聖祖本紀》2 個、《世宗本紀》3 個、《高宗本紀》2 個、《仁宗本紀》1 個、《宣宗本紀》2 個、《文宗本紀》2 個、《穆宗本紀》2 個、《德宗本紀》3 個、《宣統皇帝本紀》2 個。其中大致可分爲原稿

本、謄清本、覆輯本三類，多與刊行的《清史稿·本紀》篇幅不一，表述各異。本紀稿本上有大量修改之處，遠較志、表部分爲多，內容極其豐富。

這些稿本多數都在封面上標有作者及審改者的署名，部分還注有提交時間，除了大量各種字體的修改，還有一些修史者寫於正文之外的夾簽備註和眉批，能夠從各個層面反映本紀的具體編纂過程，目前能識別出來的字體已有柯劭忞、吳廷燮、金兆蕃等人。這對於考察《清史稿·本紀》定本的形成及其編纂者的修史思想具有很大的史料價值。

0.2.2 研究趨勢與存在問題

整體而言，21 世紀《清史稿》研究呈現出如下新趨勢：

第一，越來越多過去鮮爲人知的史料被廣泛發掘，通過爬梳和利用，有助於更準確、更深入地解決有關問題。

第二，成果數量有了突破性增加，許多具體問題都有專文論述或被涉及，《清史稿》纂修的全貌日益清晰。

第三，將《清史稿》研究與新修《清史》相聯繫，從不同視角透視其特點，把研究推向新的高度，使問題得到更爲全面的認知。

當前研究還存在一些問題，主要是：

第一，史料發掘有待深入。對相關檔案史料的挖掘和解讀，是研究得以深化的前提條件和根本保證。

第二，研究的理論和方法有待創新，研究視野應更開闊，方法應更加多樣化。

第三，專題研究的範圍尚有待進一步拓寬。相關研究大多集中在對《清史稿》內容的勘誤上，研究修史制度的成果較少，部分關鍵內容，如史館稿件審改等，尚未有深入的專題研究。

第四，現有研究成果缺乏對《清史稿》纂修的縱向梳理和全面透視，尚未出現提供全景認知的專著，制約了對相關修史過程及制度的準確、科學把握。

綜上所述，前人的史料收集整理及研究爲相關問題的深入研究打下了良好的基礎，而其中的薄弱環節及不足之處則需要進一步充實和改正。唯此才能更上一層樓，通過研究《清史稿》纂修的組織架構和經驗得失，爲統籌規

劃當前國家清史纂修工作提供參考。

0.3 研究方法

　　首先，堅持馬克思主義的唯物史觀，以歷史唯物主義與辯證唯物主義爲指導，實事求是，客觀公允，承認歷史過程的客觀實在性，所有研究都從客觀事實出發。本課題既是微觀研究，又是比較研究，要堅持實證研究方法，立足於多渠道、多途徑地廣泛收集史料並縝密考證，去僞存眞，去粗取精。資料範圍包括：相關檔案；有關官書、政書；相關報刊；有關人員的函電、文集、筆記、日記、傳記、回憶錄等。此外，還要堅持實證研究與理論分析相結合，努力吸收運用各相關學科的理論和方法。同時堅持交叉研究，除歷史解釋學等史學理論及史學史研究方法外，以積極的開放心態廣泛吸收先進的國內外當代研究理論和方法（如文獻學等），力圖多方面、多層次、全方位地解讀《清史稿》纂修機制及其成敗得失。

0.4 撰述旨趣

　　本課題研究有助於釐清史學史中的有關問題，可以對清末民初官方修史的有關理論進行總結，對於進一步推動歷史編纂學的發展，更好地統籌規劃當前國家清史纂修有關工作，具有學術價值與現實意義。參與本紀纂修的均爲清末民初的著名或知名學者，且其中有的是北洋政府高官（吳廷燮），有的是前清滿臣（瑞洵、爽良），釐清其史學思想及修史實踐，不但對於學術史，而且對於政治史、文化史研究均很有意義，而學界在這方面的研究明顯不足，存在著較大的學術空白。

　　2011 年 5 月 26 日，中國人民大學國學院楊倩如在《光明日報》發表《史學理論視域下的「歷史敘事」研究》一文，指出：「應將『歷史敘事』研究視爲歷史編纂學的一個重要組成部分」，「當前我們應立足於『史學理論及史學史』的學科性質、理論體系和研究方法，將古代史家、史著的敘事成就和傳統敘事理論，作爲歷史編纂學研究的一個重要分支，從史學史的發展進程和史學理論、思想的流變角度加以考察，爲構建『中國歷史編纂學』進行有益的嘗試，最終形成具有中國文化傳統和民族特色的歷史敘事理論。」我贊同這一觀點，將從這一角度進行探索，力圖爲歷史編纂學的發展添磚加瓦。

　　馮明珠在《烽火歲月中遺留下來的史稿》中指出：「清史館《本紀》大致依據清國史館所纂《本紀》重輯而成，然重修前朝《本紀》與編纂國朝《本紀》間是否有詮釋與取捨的不同，則有待後人查考。」〔註3〕本書在這方面也進行了初步嘗試，通過對照相關史料，結合稿本中的史事增刪修改、皇帝形象刻畫等情況，對當時修史中的「取捨」與「詮釋」做了分析。

　　2006 年，中華書局啓動了點校本「二十四史」及《清史稿》修訂工程，其中《清史稿》的修訂既是重點，也是難點。我在本書撰寫過程中將《清史稿校註》本紀部分中所指出的問題與《清史稿·本紀》稿本進行了對勘，在得出結論的同時，形成了 20 萬字的附錄，這部分內容對於《清史稿》修訂工作有一定價值。

　　本書第 1 章交代《清史稿·本紀》纂修的背景資料，分爲 3 節，即清史館的建立、本紀體例的討論及相關編纂隊伍的組織與分工。在本章中介紹了初稿作者金兆蕃、鄧邦述、吳廷燮、瑞洵，復輯者奭良、李哲明，總閱者柯劭忞的基本情況。

　　第 2 章分別敘述十二本紀的初稿及修改情況，按時間先後分爲 12 節，名稱對應《清史稿》，即《太祖本紀》、《太宗本紀》、《世祖本紀》、《聖祖本紀》、《世宗本紀》、《高宗本紀》、《仁宗本紀》、《宣宗本紀》、《文宗本紀》、《穆宗本紀》、《德宗本紀》及《宣統皇帝本紀》。在本章各節中還論述了本紀編纂者的相關史學思想。

　　第 3 章從皇帝形象刻畫的角度對各本紀編纂分別論述，其中宣統帝幼年退位，基本不存在形象刻畫問題，置之不論。其餘按歷朝皇帝分節，即努爾哈赤、皇太極、福臨、玄燁、胤禛、弘曆、顒琰、旻寧、奕詝、載淳和載湉。另外，對於每本紀末尾集中刻畫皇帝形象的論贊編纂，也單列一節，歸於此章。

　　第 4 章爲結論，根據前面各章的分析和附表提供的資料，集中總結清史館相關修史機制及本紀纂修的經驗得失。

〔註 3〕　《清史館未刊紀志表傳稿本專輯——本紀》，臺北：沉香亭企業社，2008 年版，第一冊，《代序》，第 IV 頁。

第 1 章　清史館的建立與本紀編纂隊伍的組織

　　民國三年（1914）春，北洋政府國務院建議設立清史館纂修清史。時任大總統的袁世凱批准此事並聘請曾任前清東三省總督的趙爾巽擔任館長。9月，清史館正式成立。在開展體裁體例討論之後，確定了全書目錄，並逐步組織起本紀編纂隊伍。

1.1 清史館的建立

　　1914 年初，北洋政府國務院召開會議，建議設立清史館纂修清史，並呈請大總統袁世凱批准。其呈文首先回顧了中國悠久的修史傳統，「春秋而降，凡新陳之遞嬗，每記錄而成編」，「蓋時有盛衰，制多興革，不有鴻篇鉅製，將奚以窺前代之盛，備後世考鏡之資」。呈文提出纂修清史是民國政府的職責，並且時機已經成熟：「尤宜廣召耆儒，宏開史館，萃一代人文之美，為千秋信史之徵。……以與往代二十四史，同昭垂鑒於無窮。」〔註1〕

　　3 月 9 日，袁世凱頒佈設置清史館令，重申了修史「識興革之所由，資法鑑於來葉」的意義，回顧了「大清開國以來」「歷史之光榮」，要求：「踵二十四史沿襲之舊例，成二百餘年傳信之專書，用以昭示來茲，導揚盛美。」〔註2〕在反覆權衡人選之後，袁世凱最終決定聘任前清東三省總督趙爾巽為清

〔註1〕 《北京政府國務院請設清史館呈文》，見許師慎輯《有關清史稿編印經過及各方意見彙編》（以下簡稱《意見彙編》），臺北：「中華民國史料研究中心」，1977 年版，第 1 頁。

〔註2〕 《北京政府大總統袁世凱頒佈設置清史館令》，同前書，第 2 頁。

史館館長。

　　通過對當時各大報紙（如《申報》、《大公報》、《時報》、《順天時報》等）的翻檢，可以得出這一總體印象：1914 年中清史館籌建期間，趙爾巽實屬新聞人物，關於他的活動和清史館籌備情況的相關報導很多。

　　5 月 30 日，趙爾巽到京。6 月 11 日，報載他「允就清史館館長」〔註 3〕。兵馬未動，糧草先行。修史經費是清史館運作諸問題的關鍵所在，趙爾巽非常重視。6 月下旬，報載他和同期籌備開館的國史館長王闓運「均視事籌劃開館問題。惟經費關係重要，均已呈請大總統批發，日昨奉總統批飭財政部，國史館二萬元，清史館一萬元，為暫時開辦經費」〔註 4〕當時北洋政府財政尚可支撐，「茲聞此項經費，本為預算所未列，幸值外省解款踴躍之時，尚可騰挪，聞財政部已將此款如數指撥，以便早日開館潤色鴻猷云」。〔註 5〕

　　在申請開辦經費的同時，趙爾巽著手尋找清史館理想的辦公地點。經過半個月的實地考察，「前清國史館、實錄館及各公所等處房屋頗為合用，兩館檔冊近在咫尺，調閱保存均極便易。其大院中路原有照牆，只須添砌兩邊隔斷」〔註 6〕，「趙次珊（趙爾巽號次珊）現因開館在即，亟應遷移寬敞處，所聞已擇定紫禁城內會典館舊址，日內即行遷移云」。〔註 7〕最終，出於方便使用檔案文獻等方面的考慮，趙爾巽擇定前清國史館、實錄館及會典館的舊址，只是「房屋稍形殘破，量加修改，不無需費」〔註 8〕，前述一萬元開辦經費並未考慮房屋翻新改造的開銷，於是又重新申請改為兩萬元。

　　除了啟動經費，清史館還需要日常辦公經費，「至於每月經常費，刻已擬定月需一萬兩千元，日內即繕具概算書，呈請政府核奪，以便追加入預算按月支發」。〔註 9〕8 月間，報稱「茲又得政界確息，該館預算案昨已經提出呈請總統核定，探其額數，每年許二十六萬元」。〔註 10〕約合每月兩萬餘元。

　　「清史館組織原擬設纂修三十人、協修五十人，並有總纂、總校閱各若干，已志各報。茲聞政府以現在財政尚非十分充裕，該館經費每月僅定兩萬

〔註 3〕《十日亥刻北京專電》，《時報》。
〔註 4〕《飭發兩史館開辦經費》，（天津）《大公報》，1914 年 6 月 21 日。
〔註 5〕《撥發清史館開辦經費》，《盛京時報》，1914 年 7 月 7 日。
〔註 6〕《政府公報》775 號，1914 年 7 月 3 日。
〔註 7〕《清史館借用會典館舊址》，《順天時報》，1914 年 7 月 2 日。
〔註 8〕《政府公報》775 號，1914 年 7 月 3 日。
〔註 9〕《清史館籌備之近況》，《盛京時報》，1914 年 7 月 10 日。
〔註 10〕《清史館預算案之額數》，《盛京時報》，1914 年 8 月 18 日。

元，故原定各員額數現擬減少，至多不過五十人。」〔註 11〕如何解決僧多粥少的矛盾？由於經費和員額職數的限制，趙爾巽通過設立大量名譽職務的辦法加以解決。名譽職務「分爲名譽總纂、名譽纂修、名譽協修三種」〔註 12〕，爲了廣泛爭取支持，各界名流，如梁啓超、王闓運、熊希齡、惲毓鼎等人都被他聘以名譽職務，在修史中發揮了一定作用。

9 月 1 日正式開館〔註 13〕之後，趙爾巽「於二十日約集總纂、纂修、協修及名譽職開第一次會議」。「到會者二百餘人，尤以名譽職到會者爲最多數。」會上，趙爾巽首先發表了一個小時的動員講話，「第一，請諸賢對於修史入手辦法各抒所見；第二，聲明總纂、纂修名義不過保存古意，事實上一律平等；第三，請諸位分任工程。」記者稱其「詞意極爲婉轉」。〔註 14〕之後是王闓運、梁啓超、嚴復和吳士鑒分別發言。此次會議聲勢浩大，各方面代表人物都有參加。

1.2 本紀體例的討論

《清史稿》體裁體例的確定經過三個階段，第　階段是館內外人士各自構思提出建議，第二階段是館內組織討論擬訂草稿，第三階段是將徵求意見稿在報上向全社會公開，根據反饋補充修改後最終確定。當時修史定位爲承接二十四史，大多數人建議的體例都是傳統的紀、傳、表、志。最終討論的結果是大體效法《明史》的類目而稍有變通。其時清朝滅亡未久，修史引起各界關注，眾多社會知名人士參加討論。對於本紀篇目設置等問題，諸多學者發表了各自的意見。

1.2.1 關於本紀的篇目設置

1.2.1.1 入關前篇目如何設置

學者張宗祥提出：應自世祖開始設各帝本紀，世祖以前應「皆入序紀」〔註 15〕。清史館總纂吳廷燮認爲，努爾哈赤以前，可以仿照《元史》，皆附於

〔註 11〕　《清史館核減之人數》，《盛京時報》，1914 年 7 月 15 日。
〔註 12〕　《趙館長網羅群賢之盛事》，《盛京時報》，1914 年 8 月 9 日。
〔註 13〕　《清史館館長趙爾巽呈報開館日期文並批令》，《政府公報》837 號，1914 年 9月 3 日。
〔註 14〕　《清史館修史之第一次會議》，《時報》，1914 年 9 月 25 日。
〔註 15〕　張宗祥《纂修清史辦法》附《史目榷》，見朱師轍《清史述聞》，生活·讀書·

太祖，也可以仿照《魏書》，「備列於紀」。〔註 16〕而多數論者都認同從太祖努爾哈赤開始立紀。如名譽總纂梁啓超認爲「發祥沿革，於太祖紀篇首追述足矣」〔註 17〕。總纂吳士鑒認爲，要記入關前事，應設太祖、太宗本紀，「至於四祖事迹，皆當敘於太祖本紀之中」。〔註 18〕協修袁嘉穀、陳敬第指出「本紀之作，宜自清太祖始也」〔註 19〕，學者朱鍾琪認爲，天聰、崇德以前，「事多蒙昧，故本紀應斷自太祖，自朱果發祥以後，事迹彙載首篇，亦通例也」。〔註 20〕纂修金兆蕃認爲，清入關以前「事迹蒙昧」〔註 21〕，應均附於首篇。

1.2.1.2 慈禧太后是否應立紀

袁勵準、王桐齡在上書中指出：「列孝欽於列傳，則穆宗德宗兩朝大政，皆無所附麗，似覺未安，可否名從其實，仍列孝欽於本紀。」〔註 22〕而梁啓超、朱鍾琪則均反對。梁啓超認爲「宜別爲孝欽立傳，不以儕諸后妃，孝貞孝定，咸爲附傳，庶符史實，且愜人心」〔註 23〕。朱鍾琪指出：「穆宗時，兩宮訓政，既紀孝欽，將置孝貞於何地，自以仍入后妃傳爲正，其欽奉懿旨，均應列之兩朝本紀。」〔註 24〕

1.2.1.3 宣統帝是否應立紀

梁啓超在其《清史商例》中指出，當時有人認爲不應爲宣統帝立紀，他堅決反對，認爲應立《今上本紀》。朱鍾琪認爲應立《宣統帝紀》。張宗祥則認爲「宜書少帝或幼帝本紀」。〔註 25〕

1.2.2 關於本紀的取材與寫法

吳士鑒認爲，本紀當以清國史館歷朝本紀（以下簡稱爲「國史」）爲根據，

　　　　新知三聯書店，1957 年版，第 253 頁。
〔註 16〕吳廷燮《清史商例》，同前書，第 153 頁。
〔註 17〕梁啓超《清史商例》，同前書，第 123 頁。
〔註 18〕吳士鑒《纂修體例》，同前書，第 186 頁。
〔註 19〕袁嘉穀、陳敬第《陳清史凡例商榷》，同前書，第 207 頁。
〔註 20〕朱鍾琪《擬修清史目例》，同前書，第 217 頁。
〔註 21〕金兆蕃《擬修清史略例》，同前書，第 172 頁。
〔註 22〕《袁勵準王桐齡上纂修清史管見書》，同前書，第 250 頁。
〔註 23〕梁啓超《清史商例》，同前書，第 123 頁。
〔註 24〕朱鍾琪《擬修清史目例》，同前書，第 217 頁。
〔註 25〕張宗祥《纂修清史辦法》，同前書，第 253 頁。

復以聖訓、實錄、方略互證，如有不同，「則以《東華錄》參考」。他指出，「凡夫私家著述，語涉疑似者，不宜旁及，以昭謹信」，強調取材應「悉本官修開國方略及實錄等書」。〔註 26〕

吳廷燮指出，一要求詳，二要求實，對於在關外「始為建州」、後又「稱大金」等史實，「皆宜直書，以存其實」。還要注意「傳疑傳信，有不知者，從闕為宜」。〔註 27〕

梁啓超指出，本紀撰寫有四個關鍵問題：一、應當詳細記載「發自宸斷」的政治軍事制度及其演變；二、文中可引述有關治國理政的詔令，但須「慎擇」，如「其有言非雅馴，不妨刪削」；三、對於「治績所關」的人事變更應「特筆宜敘之」，「破格超擢者，尤宜致意」，而「尋常遷轉，委諸群表」；四、對於皇帝自身事迹應當詳細記述，並給予正確評價，「務存直筆」。〔註 28〕

金兆蕃認為，修史應「徧考官書」、「甄采群籍」，重要詔令應當記入本紀，「若事係重大，而語未雅馴，不妨刪削洺譯」〔註 29〕，這與梁啓超觀點一致。

朱鍾琪指出「管見四則」：闕疑、傳信、辟邪、辯誣，並對相關史實進行了分析。〔註 30〕

1.3 本紀編纂隊伍的組織與分工

趙爾巽就任後，對史館人事工作確定的總原則是：「要求政府對於清史館之用人及編纂問題均不得干涉」。這一要求得到了袁世凱的同意。〔註 31〕但最終其用人的來源還是兩方面兼顧的，即為「趙之夾袋中人材及各方面推薦人員」〔註 32〕。自趙爾巽到京後，一直門庭若市，「前後求見者約達一千餘人之數」〔註 33〕，「一月之中接到人情信三四百件」〔註 34〕。同時，「各處保薦史

〔註 26〕吳士鑒《纂修體例》，同前書，第 186 頁。
〔註 27〕吳廷燮《清史商例》，同前書，第 153 頁。
〔註 28〕梁啓超《清史商例》，同前書，第 123 頁。
〔註 29〕金兆蕃《擬修清史略例》，同前書，第 172 頁。
〔註 30〕朱鍾琪《擬修清史目例》，同前書，第 217 頁。
〔註 31〕《清史館消息三則》，《時報》，1914 年 7 月 8 日。
〔註 32〕《清史館籌備之近況》，《盛京時報》，1914 年 7 月 10 日。
〔註 33〕《趙次珊到京後之情形》，《盛京時報》，1914 年 6 月 9 日。

材者三百餘人」〔註35〕，在這麼多的候選者中他是如何選擇的呢？趙爾巽認為，「館中用人必取學問優長、熟於前清掌故而又久耐筆硯、恬靜少出喜清閒者」。〔註36〕

張宗祥當時曾建議，纂修清史「總纂宜分主任。紀傳主任，開國至康熙，一人領之；雍正至嘉慶，一人領之；道光至宣統，二人領之」。因為「本紀者，列傳之綱，列傳者，本紀之目，故一朝紀傳，出一手編訂為宜」。〔註37〕

根據《清史述聞》等記載，清史館的分工是金兆蕃與鄧邦述一起編纂了太祖、太宗、世祖、聖祖及世宗前五朝的本紀初稿，吳廷燮編纂中間五朝，瑞洵編纂最後兩朝。奭良校訂太祖、聖祖、世宗、仁宗、文宗、宣統六朝本紀。李哲明校訂穆宗、德宗兩朝本紀。柯劭忞負責全部本紀的總閱工作。

實際上，通過對清史館本紀稿本的署名、字迹和內容進行研究分析（詳見第2章）可知，《德宗本紀》是奭良和李哲明一起校訂的。奭良還單獨校注了《世祖本紀》。

金兆蕃（1869～1951），字籛孫，號藥夢老人，浙江秀水（今嘉興）人。光緒十五年（1889）舉人，曾任內閣中書，後膺清廷經濟特科之選，為江蘇度支公所莞榷科科長。辛亥革命後歷任北洋政府財政部僉事〔註38〕、會計司司長、賦稅司司長，並任財政善後委員會委員等。著有《各國訂約始末記》、《建州表》、《建州事實》、《安樂鄉人詩》、《藥夢詞》等，參與編纂《清史稿》及《浙江通志》等史志。他是清史館「始終其事之人」〔註39〕，「任清初至乾隆間列傳總閱，彙傳孝義、列女亦歸整理。第一、二期，亦任地理志浙江、選舉志、職官志及同光列傳」〔註40〕。金兆蕃可稱為清史館「第一纂修」，他在關內本《清史館職名》中名列纂修中的第一位，在關外本中則位居總纂之末。其行狀稱：「清史館初設，襄平趙次珊館長延君任纂修，繼晉總纂」〔註41〕。但根據朱師轍在其《清史述聞》中的按語，他應是纂修而非

〔註34〕《清史館總裁自請緩辦之裏面觀》，《時報》，1914年8月1日。
〔註35〕《兩史館最近之態度》，《時報》，1914年7月10日。
〔註36〕《清史館長言論之風采》，《時報》，1914年12月3日。
〔註37〕張宗祥《纂修清史辦法》，見朱師轍《清史述聞》，第253頁。
〔註38〕參見《時報》，1914年7月22日北京專電。
〔註39〕朱師轍《〈清史稿〉撰人考》，《國立中山大學文學院研究所集刊》1948年第1
　　　期，轉引自《意見彙編》（第三編），第511頁。
〔註40〕彭國棟《清史纂修紀實》，見《意見彙編》（上冊），第289頁。
〔註41〕屈強《嘉興金籛孫先生行狀》，見卞孝萱、唐文權《民國人物碑傳集》，團結

總纂。

鄧邦述（1868～1939），字正闇，號孝先，晚號群碧翁，又號漚夢老人。江蘇人，「先世爲金陵望族」，是兩廣總督鄧廷楨之孫。光緒二十五年（1899）進士，選庶吉士，授翰林院編修。1901 年入湖南巡撫端方幕府，1905 年隨端方出洋考察。1907 年署理吉林省交涉司使、後歷任奉天省交涉使、吉林省民政使，1911 年中棄官回京。民國初曾奉派爲東三省鹽運使，後被聘爲清史館纂修。1918 年被選爲安福國會江蘇省參議員，晚年寄寓蘇州，專心著述。鄧邦述是清末民初著名藏書家、目錄學家，「有志於收蓄通籍」〔註42〕，其藏書樓爲群碧樓。他工書善畫，有詞名，著有《群碧樓詩鈔》、《漚夢詞》、《群碧樓叢刻》等。在清史館，鄧邦述除與金兆蕃合著前五朝本紀初稿外，還撰寫了宗室、王公、皇子傳，並協助馬其昶參與同治、光緒朝列傳的寫作〔註43〕。不過他中途因故離開史館，並未參與後續工作。

吳廷燮（1865～1947），號嚮之，室名景牧堂，江蘇江寧（今南京）人。晚清曾署山西太原府知府，民國成立後任大總統府秘書、長期擔任北洋政府統計局局長。任清史館總纂，除編纂乾隆、嘉慶、道光、咸豐、同治五朝本紀初稿外，還參與志、表的撰寫。吳廷燮少即好學，「漏閱諸史」〔註44〕。一生纂輯甚富，主編過多部地方志，爲史表大家，著有《晉方鎮年表》、《唐方鎮年表》、《北宋經撫年表》、《南宋制撫年表》、《明督撫年表》、《東三省沿革表》等數十種。

瑞洵（1858～1936），字信夫，號景蘇、井蘇，又號坦園、覺遲、天乞居士、天乞老人等。遠祖爲蒙古族博爾濟吉特氏，入清後爲正黃旗滿洲，道光朝大學士琦善之孫，清末湖廣總督瑞澂之兄。光緒十二年（1886）進士，歷任翰林院編修、國子監司業、侍講學士、順天鄉試同考官、功臣館滿纂修、國史館協修、內閣學士等職。在科布多參贊大臣任上因事「革職遣戍」，復「遭辛亥國變，家產亦蕩盡」〔註45〕，後任清史館協修。清史館纂修張爾田

出版社，1995 年版，第 476 頁。

〔註42〕《群碧樓詩鈔》，吳梅序，國家圖書館古籍館藏。

〔註43〕朱師轍《〈清史稿〉撰人考》。

〔註44〕《景牧自訂年譜》，見《近代人物年譜叢刊》，國家圖書館出版社，2011 年版，第十冊，第 287 頁。

〔註45〕楊鍾羲《科布多參贊大臣瑞洵傳》，見卞孝萱、唐文權編《民國人物碑傳集》，團結出版社，1995 年版，第 942 頁。

稱「史事已將闌，趙尚書憫其窮，招助編纂，獨成德宗本紀，寂處一室，不
與人晤對，有時廣座，默無一言，因其弟瑞澂，爲湖廣總督債事，寖至亡
國，內媿於心也」。〔註 46〕負責《清史稿》最終校對工作的金梁指出：「德宗
及宣統二朝爲瑞君洵原稿。」〔註 47〕除了《德宗本紀》，他還編纂了《宣統皇
帝本紀》。

奭良（1851～1930），字召南，鑲紅旗滿州人，裕瑚魯氏〔註 48〕。貴州
按察使承齡之孫，趙爾巽的表姪。歷任數省道員，辛亥革命後去官。熟悉清
史掌故，著有《野棠軒文集》、《史亭識小錄》等。他主要參與列傳撰寫並校
訂本紀。近代掌故大家徐一士稱他「爲館中負責人物之一」〔註 49〕。纂修張
爾田稱其「於滿洲文獻，十朝掌故，矢口指陳，不待翻檢陳籍，惟論事刻
深，喜與人立異，又文筆差弱，不長於編纂，至討論之事，則時有獨到也」。
〔註 50〕

李哲明，字惺樵，生卒年不詳。湖北漢陽人，進士出身，清末歷任翰林
院侍講、貴州正考官、湖北憲政籌備會副會長。著有《老子衍》等。他在清
史館任協修，「穆宗、德宗兩記，皆歸整理。第一、二期，亦任列傳。又撰食
貨志田制」。〔註 51〕

柯劭忞（1850～1933），字鳳蓀，山東膠州人。光緒十二年（1886）進
士，歷任翰林院編修、湖南學政、國子監司業、貴州提學使、典禮院學士等
職。1914 年任清史館總纂，1928 年趙爾巽去世後代理館長。著有《新元史》、
《譯史補》等。他主要參與編纂《天文志》、《時憲志》及儒林、文苑、疇人
等傳，並負責本紀的總閱工作。

《清史稿》本紀目錄的確定時間及編纂隊伍的具體組織過程尚不得而
知。1916 年 4 月 6 日的《新聞報》公佈了清史全書目錄，當時已經確定了十

〔註 46〕張爾田《〈清史稿〉纂修之經過》附《滿洲奭良、瑞洵、成昌三君傳》，見《清
　　　　史述聞》，第 299 頁。
〔註 47〕金梁《〈清史稿〉校刻記》，見《意見彙編》（上冊），第 208 頁。
〔註 48〕金梁《道咸同光四朝佚聞》，見《史料七編》，臺北廣文書局，1978 年影印，
　　　　第 68 頁。
〔註 49〕徐一士《〈清史稿〉與趙爾巽》，《逸經》1936 年第 2 期，轉引自《意見彙編》
　　　　（下冊），第 629 頁。
〔註 50〕張爾田《〈清史稿〉纂修之經過》附《滿洲奭良、瑞洵、成昌三君傳》，見《清
　　　　史述聞》，第 298 頁。
〔註 51〕彭國棟《清史纂修紀實》，見《意見彙編》（上冊），第 289 頁。

二本紀的篇目，鄧邦述、金兆蕃負責前五朝；吳廷燮負責中間五朝和德宗本紀，而宣統皇帝本紀人選尚未確定。〔註 52〕可見是此後才決定讓瑞洵負責後兩朝的。

〔註52〕《清史全書之內容》，轉引自伏傳偉《進入民國——清史館的機構和人事》（中山大學 2006 年博士論文），國家圖書館藏，第 107 頁。

第 2 章　《清史稿・本紀》編纂述論

通過對臺北故宮博物院《清史館未刊紀志表傳稿本專輯——本紀》進行梳理和分析，基本上可以復原《清史稿》本紀部分的編纂過程。

2.1《太祖本紀》

2.1.1《太祖本紀》稿本的基本情況

《清史館未刊紀志表傳稿本專輯——本紀》〔註 1〕第一冊中依次收錄了《太祖本紀》三個稿本，臺北故宮文獻編號分別為 201000001、201000002 和 201000482（以下分稱 001、002、482 稿本）。

001 稿本封面上標明該本由劉恩林繕寫，扉頁上有「金兆蕃、鄧邦述分輯」和「閱二次」字樣，並有一條說明：「館長指示各條均已改補。七年五月第二次修正。兆蕃記。」〔註2〕金兆蕃指明此稿是 1918 年 5 月進行的第二次修正，並已根據趙爾巽的意見進行了修改。趙爾巽指示的具體內容，目前尚未發現。該本繕寫在版心標有「清史館」字樣的豎欄稿紙上，每頁設 9 列，每列寫 20 字，每頁合計 180 字，無標點。該本共計 71 頁，約 1.3 萬字。除個別筆誤由繕寫人直接改正外，未見其他人修改。

482 稿本封面右側標有「須歸後庫第七包內」、「閱」〔註 3〕字樣，扉頁內

〔註 1〕沉香亭企業社 2008 年版，以下除專門注出者外，版本均同。
〔註 2〕《清史館未刊紀志表傳稿本專輯——本紀》，第 3 頁，為節省篇幅，以下不再注出書名。
〔註 3〕第 111 頁。

容與 001 稿本完全相同，只是筆迹不同。正文有大量各種筆迹的修改，仔細對照，可以判定 001 稿本爲 482 稿本的謄清。482 稿本繕寫在版心標有「清史館」字樣的方格稿紙上，每頁 8 列 20 行可寫 160 字，以「、」進行了標點。

002 稿本封面上標有「奭良覆編 金兆蕃覆勘 柯劭忞覆勘」〔註4〕字樣。該本爲奭良重行編輯，又經過金兆蕃和柯劭忞覆審，可稱爲覆輯本。該本繕寫在版心標有「清史卷」字樣的方格稿紙上，每頁 10 列 21 行可寫 210 字，以「、」進行了標點。正文共計 31 頁，約六千字。

2.1.2 《太祖本紀》的修改過程

002 稿本上未標交稿時間，其正文第一頁開始本有「清史一」三字，「一」字被劃去，改爲「稿」字〔註5〕。又從其內容判斷，可知該本爲後期刊印《清史稿》時修改，遠較 482 和 001 稿本晚。可見，《清史館未刊紀志表傳稿本專輯——本紀》排列三稿本未按其前後順序，該書凡例所稱「原稿本無目次，爲方便讀者查閱，謹就稿本內容編輯目次」〔註6〕之說不確，其僅將同屬《太祖本紀》的各稿本按文獻編號先後依次排列，這對於讓讀者按修改次序瞭解《清史稿》編纂過程多有不便。故此將按前後順序依次對三稿本內容進行梳理，並分別稱 482、001、002 稿本爲原稿本、謄清本、覆輯本。

原稿本扉頁上「館長指示各條均已改補」爲粗筆正楷，而「七年五月第二次修正。兆蕃記」爲細筆行楷〔註7〕，字迹明顯不一，並非如謄清本一樣爲一人寫就。而《聖祖本紀一》稿本夾簽中「兆蕃等編輯各紀」一頁〔註8〕與「七年五月第二次修正。兆蕃記」筆迹相同，又與互聯網上所見拍賣行拍賣的金兆蕃著《建州事實》手稿圖片〔註9〕對比字迹，可見此句爲金兆蕃親筆所寫。該稿本正文修改的部分亦有兩種字體，分別爲與正文字迹相同的粗筆正楷和與金兆蕃字體相同的細筆行楷。

通過文獻記載和對稿本分析可知，《太祖本紀》編纂可分爲初稿撰寫、校

〔註 4〕 第 77 頁。
〔註 5〕 第 79 頁。
〔註 6〕 第一冊，《凡例》，第 XIV 頁。
〔註 7〕 第 113 頁。
〔註 8〕 第 740 頁。
〔註 9〕 http://pm.findart.com.cn/pmimg.jsppmid=1394732。

訂復輯、總閱審改三個階段，分別由纂修金兆蕃、鄧邦述，協修奭良，總纂柯劭忞主持。

原稿本的修改主要有以下幾個方面：

添內容：如該紀第一句本為「太祖高皇帝」，金兆蕃在「太祖」後添上其全部謚號「承天廣運聖德神功肇紀立極仁孝睿武端毅欽安弘文定業」〔註10〕。又如第 137 頁添「十月癸酉，太祖如明北京」。140 頁添「是年，明加太祖龍虎將軍」。150 頁添「定國號曰大金」。

刪內容：如第 167 頁刪「綖於諸將中最驍勇，大小數百戰，所持鑌鐵刀百二十斤，軍中稱劉大刀，至是死，明軍為氣奪」。此為說明性文字，「劉大刀」之稱可見於《明史‧劉綖傳》。

改譯名：稿本第 1 頁原文為「諱努爾哈赤」，「赤」字被框，改為「齊」字〔註11〕，故《清史稿》始終稱其為「努爾哈齊」。

改稱謂：如第 130 頁正文「布政於國中」改為「布政於部中」，修改者且加眉批對此進行說明：「在後，此時似不用『國』字。」又如 137 頁改「舒爾哈齊使於明」為「舒爾哈齊如明」。143 頁改「兩國」改為「兩境」，眉批「未敘建國，此『國』字無根」。154 頁改「列國相征伐」為「列國相侵伐」。

改寫法：如第 195 頁對努爾哈赤廟號和謚號的寫法進行了反覆修改。

改錯字：如第 134 頁誤字「執」改為「熟」，135 頁「師帥」改為「帥師」等。

改明確：主要是模糊的時間段被改的更具體，如第 115 頁原文「永樂初」被改為「永樂二年」；「旋」改為「十年」。116 頁「明人於此」改為「明宣德七年」。118 頁「會」改為「明萬曆十年癸未」等。

用夾籤以考證史事：夾籤是指在稿本中加插一頁紙，上寫編纂者提出的問題及解答，這是瞭解《清史稿》編纂過程的重要原始資料。從這些夾籤可以看出史稿編纂中對相關問題的研究過程及具體思路。

該書 119 頁的夾籤分為三段，第一段考證了努爾哈赤的先世：

> 按：永樂十年至宣德七年不過二十年，此間敘數世事固嫌太麞，即永樂十年至嘉靖三十八年太祖生，亦不過一百四十八年，此間若敘布庫里雍順之族被戕，再越數世至肇祖，由肇祖再五世至顯祖，是

〔註10〕 第 115 頁。
〔註11〕 第 115 頁。

一百四十八年間有十世而外矣，似仍嫌太麼，謬也。故疑明人書所稱永樂時之猛哥帖木兒即肇祖，孟特穆由此下推，世數、年代方能昭合，若得《明實錄》再細參之，或可更得確證也。

第二段的兩句話字體不同，前者為粗筆，後者為細筆，應是一問一答：

《明一統志》云建州在正統間置。

實正統七年。

第三段考證了努爾哈赤先祖的稱謂問題：

孟特穆及猛哥帖木兒實官都督，清官書乃云諱都督孟特穆，似不詞也。

諱都督福滿同。

第 126 頁的夾籤也是一問一答，問者為粗筆，答者為細筆另一字體。內容如下：

太祖異母弟薩木占。按：薩為太祖繼母之弟，乃太祖舅氏也，竢檢《實錄》核之。

《實錄》確為太祖繼母之弟。

第 141 頁夾籤內容如下：

觀《實錄》萬曆十九年辛卯正月太祖之言，則龍虎將軍斷於此年所授。

該稿本記努爾哈赤受封為龍虎將軍在甲辰年（萬曆三十二年）。而孟森《清太祖由明封龍虎將軍考》曾詳考此事應在乙未年（萬曆二十三年），已為學界公認。

第 158 頁的夾籤內容分為兩行：

按：明諸生范文程似是一大事，當增入否？

實際並未增入。

張承蔭原名承胤，即改字宜以允代，音方合。

結果以缺最後一筆的形式進行了並不需要的避諱。

莊吉發教授認為，「已刊《清史稿‧太祖本紀》，就是根據覆勘本排印的」〔註12〕，但實際上覆輯本並非最終定本，其內容與《清史稿‧太祖本紀》不

〔註12〕 莊吉發《清史館與清史稿：清史館未刊紀志表傳的纂修及其史料價值》，「文獻足徵——第二屆清代檔案國際學術研討會」會議論文，見 http://npmhost. npm.gov.tw/tts/ching/0509all.pdf。

盡相同。如關於滿族源流：該本記爲「有女曰佛庫倫，沐於長白山之池，鳥銜朱果，女吞之而孕，生子曰布庫里雍順，居長白山俄漠惠里」〔註13〕，而原稿本與《清史稿》均記爲「始祖布庫里雍順，母曰佛庫倫，相傳感朱果而孕」〔註14〕。另一方面，關於滿族先世問題，該本和《清史稿》都稱「其先蓋金遺部」〔註15〕，而原稿本爲「其先爲金別部」〔註16〕，且未有修改痕迹。覆輯本約 6000 字，《清史稿·太祖本紀》約 7400 字，可見在《清史稿》刊印前又進行了修改。這項工作可能是由清史館校對金梁最後進行的〔註17〕，但尚未發現具體材料。〔註18〕

覆輯本篇幅約爲原稿本的一半，其中不乏刪節不當之處。如《清史稿》沒有記載「七大恨」的具體內容，爲學界所詬病，實際上原稿本中詳述了「七大恨」所指〔註19〕，只是在覆輯本中才沒有了。

覆輯本扉頁夾簽上的字迹非常潦草，抄錄如下（無法辨識的部分用 x 代替，以下同）：

> 國史本紀作俄說惠之野，今作里，或是攄《東華錄》，然仍當以國史爲據。
>
> 再傳至福滿，按本名知不 x 同詳 xxx，本紀宜詳先代名，不可知名則 x 散傳，此二字可刪也。
>
> 景祖居赫圖阿喇似不可略。
>
> 本紀作塔克世。
>
> 延視大度□□似應再酌。〔註20〕

對比互聯網上所見柯劭忞晚年書箚〔註21〕字迹，可確定該夾簽爲柯劭忞親筆所寫。徐一士曾引述了時人孫思昉的一封信，內稱柯劭忞「晚年耳目聰明，

〔註13〕第 79 頁。
〔註14〕第 115 頁。
〔註15〕第 79 頁。
〔註16〕第 115 頁。
〔註17〕參見趙晨嶺《〈清史稿〉僅成一稿的教訓》，《清史鏡鑒》（第三輯），國家圖書館出版社，2010 年版，第 127 頁。
〔註18〕莊吉發在《清史館與清史稿：清史館未刊紀志表傳的纂修及其史料價值》中指出，「現藏清太祖本紀稿本，共三冊」，可見該材料未在臺北故宮收藏。
〔註19〕第 153 頁。
〔註20〕第 78 頁。
〔註21〕http://pm.findart.com.cn/pmimg.jsppmid=1917490。

惟手顫艱於作書，偶一爲之，輒不可省，即自審視之，亦或不識。」〔註22〕奭良這樣評價柯劭忞修改的《太宗本紀》：「余見其橫塗豎抹，不可辨識，……館中人不能識，請之柯，柯亦不辨識也。」〔註23〕柯劭忞在《太祖本紀》中的批註確實難認，不過雖然個別字詞莫辨，但大意可知，且從中可見其修史思想。如他認爲「俄說惠之野」的地名，應按照清國史館本紀的寫法，而不能依據《東華錄》。

2.2 《太宗本紀》

2.2.1 《太宗本紀》稿本的基本情況

《清史館未刊紀志表傳稿本專輯——本紀》第一冊中依次收錄了兩個《太宗本紀》稿本，分別爲《太宗本紀上、下》和《太宗本紀一、二》。

《太宗本紀上》稿本扉頁上標明「鄧邦述、金兆蕃分輯」〔註24〕。《太宗本紀下》稿本扉頁上則標爲「金兆蕃、鄧邦述分輯」〔註25〕。該本繕寫在版心標有「清史館」字樣的方格稿紙上，每頁 8 列 20 行，用「、」進行了標點，合計 178 頁，約 2.8 萬字。

《太宗本紀上、下》內有大量修改之處，經與柯劭忞存世書法作品比較，多數爲其親筆。《太宗本紀一、二》稿本扉頁上有草書的「柯劭忞修正」字樣，亦爲柯氏親筆。另有一行正楷「丙寅年十一月初三日交」〔註26〕。可見該本是 1926 年 12 月 7 日提交的。該本繕寫在版心標有「清史卷」字樣的方格稿紙上，每頁 10 列 21 行，無標點。經過對照，該本原文與修改後的《太宗本紀上、下》相同，爲其謄清本。審改者在該本上亦進行了大量修改，其最終內容與刊行的約 3 萬字的《清史稿‧太宗本紀》幾乎完全相同。

另據奭良所說：「次年丙寅九月改組，柯分修本紀，凡四閱月而得太宗一

〔註22〕 徐一士《關於清史稿》，《逸經》半月刊第六期，1936 年 5 月，轉引自《意見彙編》（下冊），第 636 頁。

〔註23〕 奭良《野棠軒文集》，見林慶彰主編《民國文集叢刊》第一編，第 6 冊，臺中：文聽閣圖書有限公司，2008 年影印，第 96 頁，以下版本同。

〔註24〕 第 201 頁。

〔註25〕 第 303 頁。

〔註26〕 第 379 頁。

紀，屬余參訂。」〔註 27〕可見奭良或也參與了《太宗本紀》的參訂工作，但其字迹不如柯劭忞筆體特徵鮮明，經對照其存世書法作品〔註 28〕，尚難判斷稿本中是否有其親筆修改之處。

2.2.2 《太宗本紀》稿本的修改情況

2.2.2.1 柯劭忞的審改

《太宗本紀上、下》中，柯劭忞多用眉批強調其修改之處，有時直接解釋自己修改正文的緣由，從中可見其史學思想。

2.2.2.1.1 柯劭忞審改的內容

他的修改主要有以下幾個方面：

2.2.2.1.1.1 規範用語，強調「史法」、「史語」、「文理」、「雅馴」等。

第 222 頁原文爲「辛未，敕科爾沁、敖漢、奈曼、喀爾喀、喀喇沁諸部遵我國制。」柯劭忞改爲「……諸部悉遵國制。」並眉批「史法，國制即明，不必贅我字」。236 頁正文「四周列柵」被改爲「列柵自守」，柯氏眉批「四周非史語」；240 頁正文「舉礮毀其柵」改爲「礮毀其柵」，眉批「舉字文理太淺」。

213 頁柯劭忞將「來和」改爲「歸附」，並眉批「來和不成史」，但在 393 頁《太宗本紀一》中又被刪改爲「來和」，《清史稿》從之，「乙丑，以書諭察哈爾台吉濟農及奈曼袞出斯巴圖魯來和」。此處按清國史館本紀謄抄的《清國史》和王先謙《東華錄》（以下簡稱「王錄」）都作「來和」〔註 29〕，而《清實錄》作「講和」〔註 30〕。

242 頁柯眉批「依史法不必述，下文阿巴泰等還即可互見」，正文刪去「甲辰，阿敏等至永平」一句。

235 頁正文原有「殲明副將申甫於盧溝橋」一句，柯眉批「殲明副將不可讀」，正文改爲「敗明副將申甫於盧溝橋，殲其眾」。「副將申甫」在 404 頁《太

〔註 27〕奭良《野棠軒文集》，見林慶彰主編《民國文集叢刊》第一編，第 6 冊，第 96 頁。

〔註 28〕http://bbs.shzhan.cn/viewthread.phptid=20800#zoom。

〔註 29〕《清國史》第一冊，中華書局，1993 年版，第 22 頁，以下版本同；王先謙《東華錄》，見《續修四庫全書》三六九·史部·編年類，上海古籍出版社，2002 年影印，第 58 頁，以下版本同。

〔註 30〕《太宗文皇帝實錄》，第 45 頁，中華書局，1985 年影印，以下版本同。

宗本紀一》中復被改爲「兵」字。核「申甫」之名，在《清實錄》、《清國史》
〔註31〕中均爲沈某，王錄中則爲「沈副將」，並有一注釋「謹按：通鑑輯覽申
甫也，沈申音轉而譌。」〔註32〕這應該就是「申甫」被刪的原因。

343 頁將《清國史》的「俘獲德王」〔註33〕略爲「俘王」，柯眉批「『俘王』
二字不典」，並將正文中此兩字刪除。

252 頁柯劭忞將正文中的「賺戰」改爲「誘敵」，並眉批「二字欠雅
馴」。

2.2.2.1.1.2 詳敘史事，強調「應敘明」、「宜述明」。

296 頁獲元玉璽一事，原正文爲「璽在察哈爾蘇泰太妃所」，被改爲「先
是元順帝北狩，以璽從，後失之。越二百餘年，爲牧羊者所獲。後歸於察哈
爾林丹汗。至是，其察哈爾蘇泰可敦獻之」，其辭較《清國史》爲簡。〔註34〕
柯劭忞並眉批「應敘明，原文欠妥」。450 頁《太宗本紀一》中，審改人復將
「至是，其察哈爾蘇泰可敦獻之」改爲「林丹亦元裔也。璽在蘇泰太妃所，
至是獻之」，與《清國史》〔註35〕文字相同。

205 頁柯劭忞眉批「宜述明」，正文中「編爲民」後添「戶，處以別屯」
五字，後四字與《清國史》〔註36〕同。

2.2.2.1.1.3 規範記日

325 頁柯劭忞眉批「有日須書日」，把正文「是歲……厄魯特顧實車臣綽
爾濟遣使來貢，厄魯特道遠，以元年遣使，是年冬始至」改在前頁。

2.2.2.1.1.4 改正錯誤

如 204 頁正文「庚子」的「子」上劃了一道，柯劭忞眉批「庚午」。

2.2.2.1.1.5 添加內容

206 頁正文柯劭忞添「又設十六大臣，贊理庶政，聽八旗訟獄。又設十六
大臣，參理訟獄，行軍駐防則遣之」，並眉批「此大事應添入」。

〔註31〕第 83 頁；第一冊，第 26 頁。
〔註32〕第 71 頁。
〔註33〕第一冊，第 54 頁。
〔註34〕《清國史》第一冊第 39 頁述爲：「先是，元順帝爲明所敗，攜璽入沙漠，後
遂失之，越二百餘年，有牧羊山麓者，見山羊不食草，但以蹄掘地，發之得
璽，以歸元裔博碩克圖，後爲察哈爾汗林丹所得。」
〔註35〕第一冊，第 39 頁。
〔註36〕第一冊，第 21 頁。

209 頁述天聰元年征朝鮮事時，柯劭忞於「阿敏」後添「貝勒濟爾哈朗、阿濟格、杜度、岳託、碩托」〔註37〕，並眉批「應添入」。其後正文中阿敏之後均添「等」字。

246 頁柯劭忞添「每部滿、漢、蒙古分設承政官，其下設參政各八員、啓心郎各一員，改巴克什為筆帖式，其向稱巴克什者仍其舊」，並眉批「此等皆不應略」。

2.2.2.1.1.6 刪除內容

312 頁柯劭忞眉批「可刪」，正文中「明督師張鳳翼、總督宣大梁廷棟皆仰藥死」一句被點刪。此句不見於實錄、蔣良琪《東華錄》（以下簡稱「蔣錄」）、王錄、方略的相關章節〔註38〕及《清國史》之中。

334 頁「祖大壽……襲我師」一句之後的「後隊不能御」被點刪，查實錄、王錄詳載其事，蔣錄略載，均無此五字。與此相類，第 358 頁「曹變蛟……襲上營」之後的「軍中大驚」一句亦被刪除。

有些內容柯劭忞認為應入志傳，如 361 頁「夏承德約降」之後的「以其子夏舒為質，豪格等於戊午夜班梯城破之，承德」（縛承疇等以獻）被點刪，柯劭忞眉批「應入列傳」。《清史稿》未給夏承德立傳，查《洪承疇傳》，此處謂「夏成德使其弟景海通款，以子舒為質。我師夜就所守堞樹雲梯，……遂克其城，獲承疇」，本紀為「夏承德」，列傳卻成了「夏成德」，人名不統一，可見在編纂中並未照應。同頁（祖大壽）「食盡力竭，聞松山破乃」（……降）亦被刪除，此細節存否對於其人的形象刻畫有較大影響。第 362 頁柯又眉批「不必贅，見於列傳可也」，在正文中點刪「初諭杏山降，不從，我軍盡銳攻之，城將陷，始開門出降」一句。

2.2.2.1.1.7 改變文意

328 頁正文「築盛京至遼河大道」被柯劭忞改為「修盛京至遼河道路」，二者文意並不相同，《清國史》對此記載為「修治盛京至遼河大路，廣十丈，高三尺，路旁濬壕」〔註39〕，可見原文更貼切。而 347 頁與《清國史》〔註40〕用詞相同的「修（義州城）」又被柯劭忞改為「築」。

〔註37〕該書 2007 版 209 頁印缺一行，少「朗」、「岳」、「托」三字。
〔註38〕第 392 頁；第 39 頁；第 134 頁；第 651 頁。
〔註39〕第一冊，第 49 頁。
〔註40〕第一冊，第 55 頁。

2.2.2.1.2 柯劭忞審改的依據

2.2.2.1.2.1 指明用清國史館本紀

206 頁柯劭忞將「卓哩克圖貝勒武克善」改爲「土謝圖汗奧巴」，並眉批「土謝圖宜從國史本紀，不宜改。」208 頁在「卓札克圖」的「札」字右側畫一三角符號，柯劭忞眉批「禮國史本紀」，意指應改爲「卓禮克圖」。224 頁正文「記注本朝得失」改爲「記注本朝政事」，並眉批「『得失』不妥，宜仍國史 x 名」，核《清國史》，確用「政事」一詞。〔註41〕264 頁眉批「此句不妥，國史本紀 xx 百姓 x 太平，不如刪之。」正文刪「諸公若果明哲，上紓朝廷之憂，下躋太平之慶，則造福滋大」。查《清國史》，此句寫爲「上紓在廷之憂意，下躋百姓於太平，造福滋大」〔註42〕。269 頁眉批「與上文複，應同國史文」，將「定官民冠服制」改爲與《清國史》〔註43〕相同的「諭官民冠服遵制畫一」。

2.2.2.1.2.2 改爲與國史館本紀相同

213 頁柯劭忞將皇太極迎阿敏一事改爲同《清國史》〔註44〕的「阿敏等自朝鮮凱旋，上迎於武靖營，賜阿敏御衣一襲，餘各賜馬一匹。」214 頁柯劭忞將「以書勸和」改爲同《清國史》〔註45〕的「上開誠諭之，並許紀用親來定議。用不答」，並眉批「不應刪」。213 頁添「九月甲子朔，諭國家大祀大宴用牛外，其屠宰馬騾牛驢者悉禁之」。220 頁添「己丑，敍克城功，將士賞賚有差」。第 230 頁添「有蒙古兵殺人而襫其衣，上命射殺之」。261 頁添「遣啓心郎祁充格送明使歸」。265 頁添「壬子，遣使往朝鮮定歲貢額」等，也都與《清國史》語句相同〔註46〕。235 頁原文「大驚」被柯劭忞改爲與《清國史》相同的「懼」〔註47〕。

其批註「不可刪」、「不能略」應該也是指清國史館的記載，如 223 頁眉批「不應刪『三』字」，將正文「有老人年一百歲」改爲「有老人年一百三歲」，《清國史》記載相同〔註48〕。262 頁眉批「此亦不能略」，正文添與《清

〔註41〕第一冊，第 24 頁。
〔註42〕第一冊，第 33 頁。
〔註43〕第一冊，第 34 頁。
〔註44〕第一冊，第 22 頁。
〔註45〕第一冊，第 22 頁。
〔註46〕第一冊，第 22 頁，第 25 頁，第 25 頁，第 32 頁，第 33 頁。
〔註47〕第一冊，第 26 頁。
〔註48〕第一冊，第 24 頁。

國史》相同的「頒銀印各一」〔註49〕。265 頁柯劭忞眉批「三事不可刪一」，將正文「以訓農、習射爲務」改爲與《清國史》相同的「以恤貧、訓農、習射」〔註50〕。

第 308 頁柯眉批「不應刪日」，正文添「辛丑」，實際上正文前已有「辛丑」，國史本誤〔註51〕，而柯劭忞以國史對校，故誤添又加此眉批。

2.2.2.1.2.3 改為與清國史館本紀不同

367 頁原正文與《清國史》〔註52〕相同，均爲「削承政索海職」，柯劭忞將其改爲「承政索海以罪褫職」，並眉批「書法應一律」。

224 頁正文「採木植造船」改爲「採木造船」，眉批「木植：公牘□文」查《清國史》即用「木植」〔註53〕一詞。

275 頁柯眉批「流民不可書征」，將正文的「流民」改爲「潰眾」，而《清國史》此處即爲「察哈爾民流散……往征之」〔註54〕。

但柯劭忞審改也並非只依據國史，如 219 頁添「以賜名之禮宴之」，《清國史》中即未記載。220 頁添「乙丑，次篤爾鄙之地」，此處國史無，「篤爾鄙」實錄和丁錄〔註55〕均爲「都爾鼻」，而方略作「都爾弼」〔註56〕。218 頁柯劭忞添「乙酉，以額亦都八吐魯子兔而格爲三品總兵官兼固山額眞」，此處用「八吐魯」、「兔而格」而非「巴圖魯」、「圖爾格」，可見是更原始的材料。在 391 頁《太宗本紀一》中，此處被添爲「二月癸巳朔，以額亦都子圖爾格、費英東了察哈尼俱爲總兵官」。此事在「甲午」，實錄・《清國史》〔註57〕均無誤。

225 頁正文刪「自喀爾沁來朝」六字，眉批「上己亥喀爾沁重出贅複」，但刪此則不成句，故《太宗本紀一》又加上「自科爾沁來朝」。原文「喀爾沁」，而《清國史》、實錄、王錄、方略此處均爲「科爾沁」〔註58〕。

〔註49〕第一冊，第 32 頁。
〔註50〕第一冊，第 33 頁。
〔註51〕第一冊，第 42 頁。
〔註52〕第一冊，第 63 頁。
〔註53〕第一冊，第 24 頁。
〔註54〕第一冊，第 35 頁。
〔註55〕第 62 頁；第 64 頁。
〔註56〕第 334 頁。
〔註57〕第 57 頁；第一冊，第 23 頁。
〔註58〕第一冊，第 24 頁；第 72 頁；第 68 頁，第 348 頁。

2.2.2.2 其他筆迹的審改

除柯劭忞外，其他筆迹對《太宗本紀》的修改主要有：

203 頁刪除了「三歲聰睿絕倫，七歲，太祖詢以家政，言即當理」一句，復把「聰睿絕倫」四字寫入之前對皇太極的總體評價中（詳見第 3 章第 2 節）。

該頁在代善、阿敏、莽古爾泰前分別加上大貝勒、二貝勒、三貝勒的頭銜，並添了一句「上居四，人稱四貝勒」。209 頁「大貝勒」阿敏被改爲「二貝勒」，核實錄，此大貝勒非指代善，四大貝勒均可稱大貝勒。同樣，226 頁「大貝勒代善、莽古爾泰」在「莽古爾泰」前加「三貝勒」，228 頁「大貝勒」莽古爾泰被改爲「三貝勒」，269 頁「和碩貝勒莽古爾泰薨」被改爲「三貝勒莽古爾泰卒」，其原文均同《清國史》〔註 59〕。

310 頁改了一處硬傷，將「鄭親王」（阿濟格）改爲「武英郡王」。又如488 頁在相關史事前加「遣」、「命」字樣，此類修改還有多處，避免了因本紀繫日原則而造成的時間錯誤。

2.2.2.3 《太宗本紀》稿本中的夾簽

其夾簽有兩種字體，前一種筆鋒細瘦，似爲金兆蕃所寫，僅有一處，在216 頁：「按：明錦州太監紀用，似宜如《明實錄》，稱爲鎮守遼東太監紀用。」

另一種則筆鋒圓潤，出現次數更多，如第 233 頁夾簽：「是役，約軍趣右，獨豪格一人如約耳，餘從中道如，故敗。後文論違約罪者，以此也，今改『獨豪格右』，文義較明，伏乞裁定。」前頁正文「豪格獨右」被改爲「獨豪格右」。

267 頁夾簽：「孔耿二將約降乃爲明兵搜捕所迫，其時皮島尚有守將，至崇德二年征朝鮮後，始取皮島，非孔耿以皮島降也，實錄、本紀皆不詳二將所在之地。」

276 頁夾簽：「尚可喜自廣鹿島來降已見前，多爾袞等往迎，其時尚可喜已入我境，度迎之之意，慮其有他耳，於何處迎之，亦不詳其地也。」

291 頁夾簽：「黑龍江部落天聰六年始來朝貢，然其區域廣遠，未服之地所包極多，實錄、本紀皆如此書『九年五月霸奇蘭等克虎爾哈部歸』，然猶未

〔註 59〕第一冊，第 25 頁；第 25 頁；第 33 頁。

盡服也，崇德以後，黑龍江來朝者始漸多矣，然共有幾部落，尚待參考。」核《清實錄》〔註60〕，此說無誤。

2.3 《世祖本紀》

2.3.1 《世祖本紀》稿本的基本情況

《清史館未刊紀志表傳稿本專輯——本紀》第一冊中依次收錄了《世祖本紀上‧下校注》（臺北故宮文獻編號 201000007）和《世祖本紀上、下》（臺北故宮文獻編號 201000010、201000011）。

《世祖本紀上、下校注》其中一條提到該校注的作者曾在瀋陽參與「晒聖容」（詳見第 3 章第 3 節結尾），參與本紀纂修且清末曾在東北爲官的清史館館員僅有鄧邦述和奭良二人，而從校注內容看，鄧邦述不會以此語氣指摘己稿之失，則該校注的作者應爲奭良。該校注寫在版心標有「清史館」字樣的豎欄稿紙上，每頁 9 列，共有 7 頁，合計 855 字。

《世祖本紀上》稿本封面上標有「金兆蕃、鄧邦述同纂」字樣。《世祖本紀下》稿本封面上亦標明「金兆蕃、鄧邦述同纂」〔註61〕，另在扉頁上有柯劭忞親筆「清史卷之五 本紀第五 世祖本紀二」字樣，可見該稿時間較早，其時尚未定名《清史稿》。該本繕寫在版心標有「清史館」字樣的方格稿紙上，每頁 8 列 20 行，正文共計 216 頁，合計約 3.4 萬字，用「、」進行了標點，上有大量修改之處，經與柯劭忞存世書法作品比較，多數爲其親筆。修改之後，該本內容與刊行的約 4.2 萬字的《清史稿・世祖本紀》基本一致。

從內容來看，《世祖本紀上、下校注》是爲《世祖本紀上、下》所作的校注，理應排列在《世祖本紀上、下》之後，《稿本專輯》收錄的順序不妥。

2.3.2 《世祖本紀上、下》審改分析

《世祖本紀上》稿本修改之處較少，清晰的正楷字體居多，主要有以下幾個方面：

〔註60〕 第 307 頁。

〔註61〕 金兆蕃和鄧邦述的分工似有側重。《太祖本紀》稿本扉頁上寫爲「金兆蕃、鄧邦述分輯」。《太宗本紀上》稿本扉頁上寫爲「鄧邦述、金兆蕃分輯」，《太宗本紀下》則標明「金兆蕃、鄧邦述分輯」。

添內容：如 559 頁添「是月，始諭直省限旬日薙髮如律令」等。

刪內容：如第 554 頁框刪「癸亥，禁滿洲脅民為奴」；567 頁框刪「丁酉，貝勒勒克德渾遣軍擊馬士英，士英遁走」；572 頁點刪「以張天祿為徽寧提督」；589 頁點刪「辛卯，一等公塔瞻卒」等。

刪內容又恢復：如第 557 頁「免高密元年額賦」，被框刪後又畫三角符號表示恢復。

改硬傷：如 559 頁、618 頁均添所漏「明」字；621 頁添所漏「王」字。又如 598 頁所誤「國」字改為「聲」字等。其中大多數是形近而誤，如 562 頁「免」字改正為「兌」字；565 頁「知」改為「如」；608 頁「賦」改為「賊」；609 頁「究」改為「宄」；611 頁「通」改為「逋」等。

繁改簡：如 535 頁「段絹」改為「幣」；580 頁「肅親王豪格」、593 頁「和碩肅親王豪格」均改為「豪格」；604 頁點刪「鄭親王」；616 頁點刪「攝政王」及「和碩」字樣；619 頁點刪「多羅順承郡王」；626 頁點刪「歲」字等。

改用字：如第 534 頁，（唐通）「殲」（李自成親族）改為「殺」；552 頁（許定國）「斬」（……高傑）改為「襲殺」；536 頁（淮王自紹興）「來歸」改為「來降」；572 頁「大臣」改為「大學士」；579 頁「明福王大學士馬士英」改為「明大學士馬士英」；585 頁「二至」改為「再至」等。

與《世祖本紀上》不同，《世祖本紀下》稿本修改很多，主要是柯劭忞的字迹，其修改主要有以下幾個方面：

添內容：如 629 頁添三句：「辛亥，以布丹為議政大臣。」「乙卯，以蘇克薩哈、詹岱為議政大臣。」「命和碩睿親王多爾袞子多爾博襲爵。」631 頁添「己巳，以伊圖為議政大臣」、「以鞏阿岱、鰲拜為議政大臣。戊寅，以巴圖魯詹、杜爾瑪為議政大臣」。632 頁添「庚子，調陳泰為吏部尚書，以韓岱為刑部尚書」。633 頁添「調黨崇雅為戶部尚書，金之俊為兵部尚書，劉餘祐為刑部尚書，謝啓光為工部尚書」。634 頁正文本為「乙丑，大學士馮銓以罪免」，柯劭忞在「馮銓」後添「尚書謝啓光等」。635 頁添「戊辰，大學士洪承疇兼都察院左都御史，陳之遴為禮部尚書，張鳳翔為工部尚書」。637 頁添「以噶達渾為都察院承政，朱瑪喇為吏部尚書，雅賴為戶部尚書，譚布為工部尚書，藍拜為鑲藍旗滿洲固山額眞」。638 頁添「丙寅，翁牛特部杜棱郡王等來朝」、「巴林部固倫額駙色布騰郡王等來朝。命故靖南王耿仲明子繼茂襲爵」。

639 頁添「調噶達渾爲戶部尙書。以覺善爲都察院承政，綽貝爲鑲白旗蒙古固山額眞」、「壬午，烏朱穆秦部貝勒塞棱額爾德尼等來朝」。641 頁添「杜爾德爲議政大臣」、「丁未，科爾沁卓禮克圖親王吳克善來朝」。642 頁添「乙卯，以趙開心爲左都御史」。643 頁添「丙戌，雅賴、譚布、覺善免，以卓羅爲吏部尙書，車克爲戶部尙書，藍拜爲工部尙書，俄羅塞臣爲都察院左都御史，趙國祚爲鑲紅旗漢軍固山額眞」。本頁柯劭忞先添復又刪除「癸卯，喀爾喀部土謝圖汗、車臣汗、塞臣汗等來貢」，但該句在《清史稿》中還是被保留了。700 頁正文「削……魏裔介職」後，柯劭忞添「仍戴罪辦事」。

690 頁柯劭忞添四句：「丁卯，以覺羅科爾坤爲吏部尙書。」「壬申，以梁清標爲兵部尙書。」「乙酉，覺羅郎球免。」「以羅託爲鑲藍旗滿洲固山額眞，明安達禮爲理藩院尙書。」而《清史稿》爲「己亥，以羅託爲鑲藍旗滿洲固山額眞。覺羅郎球免。命明安達禮爲理藩院尙書。」查實錄順治十三年五月乙酉、己亥兩日的記載，《清史稿》誤。據稿本可知，此誤當產生於謄抄過程中，《清史稿校註》指出了這一錯誤，但未能根據稿本指出其原因（參見附表 3 第 401 行）。

717 頁柯劭忞添「己酉，命吳三桂移駐雲南」，719 頁添「壬子，命耿繼茂移駐廣西」。726 頁正文本有「丁丑，命耿繼茂移駐福建」。而《清史稿》後兩處皆有，前一句獨無，恐怕是因爲這句被添在頁腳上，謄抄時遺漏所至。

727 頁柯劭忞添「己亥，以郭科爲刑部尙書」。核《實錄》爲「升工部左侍郎郭科爲本部尙書」。此爲柯劭忞筆誤，在《清史稿》中被改正。

除了涉及任免的內容，柯劭忞添加的內容還有：645 頁添「雪張煊冤，命禮部議卹」。718 頁添皇六子之名「奇授」。721 頁添「詔京官大學士、尙書自陳。其三品以下，親加甄別」。

722 頁柯劭忞添兩段涉及祭祀的內容：

> 定每年孟春合祭天地日月及諸神於大享殿。癸卯，諭禮部：「向來孟春祈穀禮於大享殿舉行，今既行合祭禮於大享殿，以後祈穀禮於圜丘舉行。」

> 諭禮部：「朕載稽旧制，歲終祫祭之外，有奉先殿合祭之禮。自後元旦、皇太后萬壽及朕壽節，合祀於奉先殿。其詳議禮儀以聞。」

刪內容：如 630 頁柯劭忞眉批「謹案：下書冊立科爾沁王女爲皇后事已具，送女不應書」，正文框刪「乙丑，科爾沁卓禮克圖親王吳克善送女來京」。

649 頁框刪「庚午，故明總兵王忠犯辰州，官軍擊走之」。658 頁框刪「偏沅巡撫金廷獻獲故明福清王嫡子朱由杞、伏誅、所得故明宗族紳宦書札、悉焚棄、置不問、有干連者釋之」〔註62〕，此處稿本句讀標點有誤，應爲「悉焚、棄置不問」。662 頁柯劭忞眉批「上文有孫可望寇涉寶（保）寧，不必書僞秦王」，正文中「僞秦王」三字被圈刪。680 頁框刪「甲午，官軍敗僞帥陳其綸於大柏山，追至寧都，斬之」。689 頁框刪「四川僞總兵官登榮等降」。715 頁框刪「戊辰，故明宗室朱義盛謀逆，與其黨舒瑛等伏誅」。728 頁框刪「辛未，義王孫可望卒」。

值得注意的是，該本中「享太廟」、「祭社稷」、「祀天於圜丘」之類的日常祭祀記載都被刪除了〔註63〕。而 701 頁添「以開日講祭告先師孔子於弘德殿」。704 頁框刪「丙午，享太廟」、「辛亥，祈穀於上帝，上還宮」，但保留了下文的「戊午，祀圜丘；己未，祀方澤；辛酉，祀太廟社稷。以太后疾愈故」。可見柯劭忞審改確有史法。

改硬傷：如 640 頁「繕祖陵」前添「命修」兩字，672 頁添所漏「公」字，第 700 頁改誤字「元」爲「亢」。

改寫法：如 636 頁（剛林、祁充格）「伏誅」被改爲「俱坐死」。638 頁將「江闌」改爲「明唐王」。642 頁將「討」改爲「追」，「帥」改爲「將」。670 頁將（罪）「皆」（實）改爲「鞫」。671 頁改「海寇」（張名振）爲「故明將」，673 頁改（故明樂安王……謀）「逆」爲「反」。692 頁「官軍敗廣西僞帥龍韜，斬之」被改爲「官軍敗明桂王將龍韜於廣西，斬之」。693 頁「官軍破鄭成功將於夏關，又破之於衡水洋」一句，「破」均改爲「敗」。下文「僞總兵」被改爲「鄭成功將」。694 頁「僞巡撫」被改爲「明賊帥」，復塗去「明」字，下文的「僞總兵官」一詞被框刪。702 頁改「僞總兵官」爲「賊」，「僞秦王」改爲「明桂王將」。728 頁（大學士劉正宗以罪）「革職」改爲「免」。

除了柯劭忞，《世祖本紀下》還有其他人進行了修改。如 670 頁正文「聖祖仁皇帝生」被改爲「生皇第三子玄曄〔註64〕，是爲聖祖」，671 頁「金星」被改爲「太白」，678 頁添「大學士」，685 頁「勛」改爲「郎」，688 頁添漏字「年」，均爲楷書，非柯劭忞筆迹。

〔註62〕爲說明問題，未將該句原稿句讀改爲現代標點。
〔註63〕如第 646、648、650、653、654、655、664、667、668、672、673、674、701 等頁。
〔註64〕「曄」字缺最後一筆避諱。

　　另外，697 頁正文爲「朕於大小臣工，杜絕弊私，恪守職事，用加禁革，犯者罪之」，而《清史稿》爲「朕欲大小臣工杜絕弊私，恪守職事，犯者論罪」，可見此後還有修改。

2.3.3 《世祖本紀上、下校注》分析

　　《世祖本紀上、下校注》中主要涉及以下幾方面的問題：

2.3.3.1 關於本紀的繫日原則

　　奭良不願嚴格遵守該原則，批註：「『二年，范文程啟入定中原。』按：此當與李自成滅明連書，方見元勳碩畫，可不拘繫日之例，『啟』字擬易『請』字，『南伐』字擬易『西征』。」〔註65〕此事在順治元年四月，「二年」應爲「元年」之誤。「繫日之例」，即本紀按日敘事的編年體例。奭良爲了表現范文程的「元勳碩畫」，要把四月的事寫在三月李自成攻佔北京之後，實在大謬。我不同意此觀點，《清史稿》也未按其修改，不但時間未改，「啓睿親王入定中原」的「啓」也未改爲「請」，下文的人軍「南伐」亦未改爲「西征」。

　　此條之前，奭良即已批註：「征明寧遠衛下，擬連書克中後前中、中前所。是時，明已棄四城矣。繫是例不必過拘，終言之者，亦傳例也。謹於此發凡，下不悉注。」〔註66〕稿本中詳細記述了清軍攻擊和佔領各城的日期。《清史稿校註》考證，根據《世宗章皇帝實錄》和王錄的記載，佔領中後所的日期應爲「丙辰」，此處沿清國史館本紀誤爲「丁巳」。奭良並未發現此誤，而認爲其時明已放棄諸城，抵抗應忽略不計，不必詳述日期。其文中「繫是例」文理不通，根據其內容判斷，應與前述范文程一條同爲「繫日之例」，這是由於豎行書寫謄抄中造成的筆誤。該校注的確並非奭良親筆，從此處亦可看出其爲謄清本。奭良認爲，不必過於拘泥繫日之例，不但本紀，甚至列傳也應如此。這種觀點在《清史稿》編纂人員中有一定代表性，影響了史書、尤其是按日書事的編年體本紀部分的科學性。

　　與此相類的還有一條：「明福王朱由崧僭號江南，以史可法等分守江北，即接書致書、答書，又接書豫親王伐江南。」〔註67〕奭良想把編年體改爲紀事本末體，根據本紀體例，我認爲如此不妥，紀事本末可以在相關人物傳記

〔註65〕 第 514 頁。
〔註66〕 第 512 頁。
〔註67〕 第 514 頁。

中體現。

2.3.3.2 關於書法

奭良批註：「明臣起義宜書『明故臣』，闖獻餘孽則書『明賊』，據乾隆朝特諡、通諡之義，起義諸臣書法宜寬，書某閣部則不典，或書其官，或通書『明故臣』」他認為，對於反抗清朝統治的前明大臣應稱為「明故臣」，可書其官職，但不能有「閣部」之類的不規範用法。參加農民起義的則稱為「明賊」。

2.3.3.3 關於詳略繁簡

奭良批註：「李自成一戰宜詳未詳。」此戰應指山海關大戰，確實非常重要，而原稿僅以 70 字的篇幅記述，奭良以為太略。

「諸王有事，宜書封爵，而去『和碩』、『多羅』字。」〔註68〕奭良認為，本紀中涉及清朝諸王事迹的記載，應書其封爵，但可省略和碩親王、多羅郡王中的「和碩」、「多羅」字樣。《清史稿》在這方面體例很不統一，僅在記錄封爵之時用全稱，其餘地方隨意行文，不但「和碩」、「多羅」，連王爵也有的寫，有的不寫，甚至有的地方只有王爵而未書人名，極不規範。臺灣「國史館」在纂修《新清史》時採取的處理方法是一律添加，但亦有遺漏之處，且增加之後行文繁冗，效果並不理想。考慮行文簡潔且不影響原義，我認為應在封官授爵、命將出征等重大場合書全稱，以示鄭重其事，其餘地方應一律僅書姓名，不加爵位。

對福臨親政的大赦詔書，奭良進行了刪削：「大赦詔曰：擬其各殫忠盡職，利弊悉以聞。節『潔己愛人』四字上一字，省『百姓』三句」〔註69〕，但未被《清史稿》採納。

奭良還認為：「十六年六月，紀鄭成功寇江寧，語太繁。鄭自有傳，不虞無述。」此戰役自六月至八月，時間較長，情況複雜，雖然其意義重大，但不會高出山海關之戰的地位，而與山海關之戰的記載比較，字數是後者的兩倍還多，整整多出一百多字，確應節略。

2.3.3.4 匡正有關史實

奭良質疑稿本中孫可望陷桂林之說，「記陷桂林者為李定國，請考。孫可

〔註68〕 第 512 頁。
〔註69〕 第 515 頁。

望始終明賊，非將也，亦未離黔，其脅逼永歷，使其黨爲之」。攻取桂林確爲李定國所爲，《清史稿校註》根據此條又查核了臺灣版《清史》補編的《李定國傳》。但稿本並未修改，這成爲《清史稿》的一處硬傷（參見附表 3 第 334 行）。

奭良還指出：「大學士以罪免。除陳名夏、陳之遴、劉正宗外，『以罪』二字可刪。如李率泰仍起用。」〔註 70〕但《清史稿》中仍爲「大學士陳泰、李率泰以罪免」。

2.3.3.5 關於相關史事及人物記載

停止圈地一事：奭良指出「四年三月庚午，罷撥民間田宅，已撥者補給。此即圈佔也。」他認爲「當年撫卹備至，今乃爲口實，安得使民國知之？實錄書此尤夥，似可補一、二條，補給且蠲賦據實錄二十五」。〔註 71〕「圈佔」，也就是現在學界公認的清初弊政——圈地。奭良認爲順治四年停止圈地時「撫卹備至」，「今乃爲口實」，感覺非常委曲，並稱「安得使民國知之」？可見其前清遺老的口吻和與民國的對立情緒。本紀中敘述圈地政策的開始是在順治元年十二月「丁丑，諭戶部清查無主荒地給八旗軍士」，奭良並未考慮該政策康熙八年才最終廢止，只是認爲「實錄書此尤夥，似可補一、二條」，想以詳述後來的補救政策來爲清政府正名。

孝莊太后稱謂：奭良指出「母孝莊文皇后」一句，「據後書『孝端后』，疑尚未正位中宮也，宜書並尊及某氏」〔註 72〕，他所說確是事實，但未被《清史稿》採納。

豪格之獄：奭良認爲順治五年豪格獲罪是被誣陷，不應書「有罪」，否則「史言有罪即有罪矣，當書誣」〔註 73〕，應通過正史爲其恢復名譽。但《清史稿》中仍爲「和碩肅親王豪格有罪」。

孝端太后之死：奭良指出「六年四月乙巳，太后崩」一句，「不書皇〔註 74〕、不書氏，疑太簡，及檢實錄，即如此書。請考玉牒」。〔註 75〕孝端文皇后去世僅書「太后崩」三字記載太略，他爲此檢索了實錄，發現其記載確

〔註 70〕第 516 頁。
〔註 71〕第 512～513 頁。
〔註 72〕第 512 頁。
〔註 73〕第 513 頁。
〔註 74〕此處另衍「不書皇」三字。
〔註 75〕第 513 頁。

實如此之略，於是希望作者再去查查玉牒。在《清史稿》中，此句被改爲「乙巳，皇太后崩」。

　　多爾袞諡號：奭良建議多爾袞的諡號「懋德十四字擬刪，後既被削，不必如是之詳」。〔註76〕此議未被《清史稿》採納。

　　阿濟格之獄：奭良認爲「阿濟格謀亂」的寫法不妥，「業拘繫矣，何亂之有？擬易『有罪』，『其黨』下擬易『誅黜有差』。勞親旋廢，降爵可不書」。〔註77〕此議亦未被《清史稿》採納。

　　尼堪之死：奭良不認同「尼堪薨於軍」的筆法，認爲「尼堪陣歿，何爲諱之？名上宜書爵」。〔註78〕此議依然未被《清史稿》採納。《清史稿校註》核查了世祖實錄，內稱其「歿於陣」，指明此爲「諱言兵敗陣亡」。

　　該《校註》中還有關於福臨形象刻畫的內容，詳見第3章第3節。

2.4 《聖祖本紀》

2.4.1 《聖祖本紀》稿本的基本情況

　　《清史館未刊紀志表傳稿本專輯——本紀》依次收錄了《聖祖本紀》一至六的稿本（臺北故宮文獻編號 201000012～201000017）和謄清本（臺北故宮文獻編號 201000018～201000023）。

　　《聖祖本紀一》稿本封面上標有「鄧邦述、金兆蕃同纂」〔註79〕字樣。該本繕寫在版心標有「清史館」字樣的方格稿紙上，每頁8列20行，正文共計約 1030 頁，合計約 16 萬字，無標點，上有少量修改。

　　《聖祖本紀》稿本最突出的特點是其夾簽。其中有初稿作者金兆蕃親筆寫成的一頁。另有一位審改者按年月依次指出初稿的問題，經與存世奭良書簡字跡〔註80〕比較，應爲其親筆。奭良的夾簽共有 158 頁，合計約 2.4 萬字。

　　該紀謄清本的質量不高，謄寫錯誤頗多。對此問題，讀者可從以下引文

〔註76〕第 513 頁。
〔註77〕第 515 頁。
〔註78〕第 516 頁。
〔註79〕第 739 頁。
〔註80〕http://auction.artron.net/showpic.phpArtCode=art29161842。

中的小字括注（第三章第 4 節亦有）來瞭解。

2.4.2 奭良夾簽分析

2.4.2.1 刪削原則

不允不書

奭良在夾簽中多次指出「不允則不書」〔註81〕、「既不允矣，何必書」〔註82〕、「不許即不書」〔註83〕，「未實行之事，似可勿書」〔註84〕。涉及的事件包括「莫洛募兵」〔註85〕、「上尊號」〔註86〕、「安南請地」〔註87〕、「出洋貿易」〔註88〕等。

細事勿書

奭良在夾簽中指出「非終事，又細事，可勿書」、「凡剿寇，非名賊則不書」〔註89〕、「土知州不值書於紀」〔註90〕、「大學士假滿還朝何必書，此與前之乞假皆可省也」〔註91〕、「督撫書除，可不書罷」〔註92〕、「侍郎不在書罷之列」〔註93〕、「布政不在書罷之列」〔註94〕、「布按不在書罷之列」〔註95〕、「總兵革職可不書」〔註96〕、「德麟〔註97〕已（2577 頁謄清本誤為「以」）細，其奴更細甚，況臬使不在書罷之列」〔註98〕、「內務府向不書除，何以書罷？

〔註81〕第 774 頁。
〔註82〕第 898 頁。
〔註83〕第 1368 頁。
〔註84〕第 751 頁。
〔註85〕第 898 頁。
〔註86〕第 1362 頁「六月，上尊號不允，可不再書」；第 1564 頁「三月，上尊號不允，一書已足」。
〔註87〕第 1368 頁。
〔註88〕第 2148 頁。
〔註89〕第 767 頁。
〔註90〕第 793 頁。
〔註91〕第 774 頁。
〔註92〕第 837 頁。
〔註93〕第 1408 頁。
〔註94〕第 1418 頁。
〔註95〕第 1474 頁。
〔註96〕第 1544 頁。
〔註97〕第 1635 頁正文為「得麟」。
〔註98〕第 1636 頁。

不必拘皇子」〔註99〕、「參贊多人一無表見，故可從略」、「御史秩（2645頁謄清本誤爲「職」）卑，受饋事細，可不書」〔註100〕、「以劉國軒爲天津總兵，總兵不在書除之列，何以特筆」〔註101〕、「裁改巡檢尙入紀耶」〔註102〕、「編修革職亦書於紀耶」〔註103〕、「丁巳，限僧（1815頁謄清本誤爲「增」）道無度牒者。此等微瑣何書於紀？何不於豁除之日書之」〔註104〕、「地微震則可不書」〔註105〕、「二月貴州地震可不書」〔註106〕、「事細不値書」〔註107〕、「周三一條，細民可不入紀」〔註108〕、「省刑常事，報雨遲細事，均可省，禁燬制錢，亦可省」〔註109〕、「安親王留喇嘛事之細可不書」〔註110〕、「嚴自明降虜，何値屢書，鑾儀使又不在書除之例，下馮甦之侍郎亦不在書除之列」〔註111〕、「大學士從征可不書扈從，官多不勝書也，況前均未書」〔註112〕、「請訓自必有訓，辭不勝紀也」〔註113〕、「使侍衛進香不應書，是時使者旁午，甚苦其煩，此散使更可省」〔註114〕、「『誅陸道清』四字省矣，而太突如，此從逆土司耳，不書可」〔註115〕。

旋復不書

奭良在夾簽中指出「凡停而旋復者可不書」〔註116〕、「乾隆以前，總督忽設忽罷，忽（1780頁謄清本誤爲「勿」）一省、忽二省、三省，輔政期內尤棼亂，故可勿書」〔註117〕、「罷者旋復起用，可不書」〔註118〕、「復京察，元年

〔註99〕第1679頁。
〔註100〕第1713頁。
〔註101〕第2135頁。
〔註102〕第2160頁。
〔註103〕第2229頁。
〔註104〕第788頁。
〔註105〕第1335頁。
〔註106〕第1408頁。
〔註107〕第1446頁。
〔註108〕第1593頁。
〔註109〕第1554頁。
〔註110〕第2148頁。
〔註111〕第1997頁。
〔註112〕第1355頁。
〔註113〕第1442頁。
〔註114〕第1474頁。
〔註115〕第2126頁。
〔註116〕第811頁。
〔註117〕第751頁。

六月罷，今茲復，兩者均可勿書」、「裁併督撫，此與添設總督曾幾何時哉，故謂可略」〔註119〕、「裁湖廣總督，未幾設矣，且永設矣，何必書」〔註120〕、「降調可不書，其時降調諸臣旋即起用」〔註121〕。

空言不書

奭良在夾簽中指出「空言不必書」〔註122〕、「皆空言可省」〔註123〕、「紀只書事不紀空」〔註124〕、「此大虛文，不應入紀」〔註125〕、「禁干預，停叩閣，皆空言也，他日巡幸所至，叩閣尤多，既非事實，可不書四月即有郁之章案」〔註126〕、「此等戒諭皆可勿書，戒諭率空言也，本紀而紀空言，不勝其紀矣」、「禁博，此尚煩明詔耶？與上之（1834 頁謄清本漏「之」字）修職減罪，下之濫徵皆空言，皆可勿書」〔註127〕、「此方略也，後皆不應紀，軍情已極煩，不暇再及空言」、「警備亦空言也，紀與方略不同」〔註128〕、「事實全不相應，何爲紀此空言」〔註129〕、「此時但空言爾，累書俱可省」〔註130〕、「賠修適成（2325 頁謄清本誤爲「邊城」），具文可不書」〔註131〕、「原諭誠保薦之員勿改行，正與『慎』字相反，此亦泛論事，可不書」〔註132〕、「『二月辛未』　條，但書傳宏烈戰吳寇不利，退至某處可矣，賴當進兵亦是空言」、「『三月，將進兵、分兵』皆空言，『趣尚善、命喇布』皆空言」〔註133〕、「『八月，噶爾丹使諭』，自噶爾丹內犯以來，凡諭罷兵、使諭、疏諭，在紀皆可勿書，爲其終於戰也，紀以紀成事而已」〔註134〕。

〔註118〕第 758 頁。
〔註119〕第 784 頁。
〔註120〕第 816 頁。
〔註121〕第 1278 頁。
〔註122〕第 767 頁。
〔註123〕第 910 頁。
〔註124〕第 942 頁。
〔註125〕第 816 頁。
〔註126〕第 811 頁。
〔註127〕第 784 頁。
〔註128〕第 887 頁。
〔註129〕第 898 頁。
〔註130〕第 903 頁。
〔註131〕第 1408 頁。
〔註132〕第 1424 頁。
〔註133〕第 2004 頁。
〔註134〕第 2229 頁。

方略不書

奭良在夾簽中指出「方略詳之，紀則可略」〔註135〕、「此自戎機，而在紀則不必書」〔註136〕、「討虜方略有不勝書」〔註137〕、「此以柔道行之誘致其來耳，方略則書，本紀則否」〔註138〕、「『甲寅，趣喇布，趣尚善』，此在實錄及方略不得不記，紀載成事可不書也」〔註139〕、「『甲午』二條皆方略，在紀可省。下之『圖上用（2011 頁謄清本誤爲「聞」）兵取勢』亦同，原爲親征張本，既不親征，則可省矣」〔註140〕、「『四月，上聞策妄阿喇布坦、阿奴以後不書阿奴，官書皆不書與噶爾丹不睦，使人賷銀幣以觊之。』此自行軍方略，在紀可不書」〔註141〕、「『七月戊戌，上聞噶爾丹將遁，使人羈縻之。』此方略之事，在紀可無書，況亦無功」〔註142〕。

應歸他部

奭良在夾簽中指出了一些應歸入其他部分的內容。他認爲應入志的如「治盜恩音宜入刑法志」〔註143〕、「『治盜』一條，可入刑法志」〔註144〕、「『磨勘順天鄉試卷』一條，可入選舉志」〔註145〕、「時享自有郊祀志，紀可勿書，況有書有不書，亦不畫（1857 頁謄清本誤爲「盡」）一」〔註146〕、「朝日入祀志」〔註147〕、「二十一年東巡則竟免矣，彼宜特書，此則入志」〔註148〕、「改衛爲縣，此類及土司改流官均宜入志而省於紀」〔註149〕、「此非數語所能罄，宜詳之志中」〔註150〕、「靳輔一條語不明，擬省此而入之志中」〔註151〕。

〔註135〕第 2064 頁。
〔註136〕第 910 頁。
〔註137〕第 1288 頁。
〔註138〕第 1323 頁。
〔註139〕第 2001 頁。
〔註140〕第 1007 頁。
〔註141〕第 2221 頁。
〔註142〕第 1248 頁。
〔註143〕第 835 頁。
〔註144〕第 2106 頁。
〔註145〕第 2141 頁。
〔註146〕第 837 頁。
〔註147〕第 858 頁。
〔註148〕第 835 頁。
〔註149〕第 846 頁。
〔註150〕第 1393 頁。
〔註151〕第 2082 頁。

志、傳均應入的如「『清水潭決』，靳文襄未治河以前，清水潭幾於年年潰決，此事紀不能詳，當於河渠志及靳傳詳之，即靳之功過所由分也」〔註152〕。

應入表、傳的如「恤各事者，不知立表否？有傳否？有表傳則紀可省，必如甘文焜、范承謨、馬雄鎮、傅宏烈，乃特書於紀。」〔註153〕

應入傳的如「召對大臣面訓之詞（2307頁謄清本誤爲「辭」），記注必備，有以此事而及他事者，皆從容發論之言也，似宜斟酌以書，如趙良棟句內有二條，豈能備書，本傳則不宜漏，以存惓惓之意」〔註154〕、「費詞可省，殷必有傳，自詳」〔註155〕、「趙鳳詔決在數年後，知府似可勿書，趙申喬傳尾綴一筆」〔註156〕、「朱軾請社倉，或張伯行傳或本傳附書」〔註157〕、「以趙良棟爲新設總督，不必書張勇請也。勇自有傳，下陳奇亦可於福傳詳之」〔註158〕、「祖澤清、傅宏烈連類而書，失涇渭矣。祖本可隨前降時書，況未幾復叛，傳宜特書，此爲建雙忠祠者」〔註159〕。

稿本第 1098 頁述三藩之亂平時，對吳三桂的生平有一總結：「始三桂乞師入關，授平西王。順治五年命鎮漢中，十六年，逐明桂王入雲南。十八年，獲桂王以歸。康熙元年，進親王，命鎮雲南。十二年，議撤藩，遂反。反五年，僭號乃死，其諸將擁立其孫世璠。又三年乃滅。」對此，奭良不以爲然，認爲「吳三桂僭號未兩月而斃，何值書於紀，彼自有傳」〔註160〕。

可省可並

奭良在夾籤中指出了稿本中的一些重複之處：如「此一事而兩報，當削其一」〔註161〕、「不宜兩書，宜存此而刪彼」〔註162〕、「一書已明，前可省」〔註163〕、「『孔廟落成』，前之書『修』可省」〔註164〕、「當連前條作一

〔註152〕第 869 頁。
〔註153〕第 2142 頁。
〔註154〕第 1360 頁。
〔註155〕第 1451 頁。
〔註156〕第 1632 頁。
〔註157〕第 1732 頁。
〔註158〕第 1959 頁。
〔註159〕第 1989 頁。
〔註160〕第 2018 頁。
〔註161〕第 774 頁。
〔註162〕第 936 頁。
〔註163〕第 890 頁。

筆」〔註165〕、「稱其時日而預書之，不如捷奏到日書之之可省也」〔註166〕、「『斬馬朗阿』一條，可與『戊寅，楊來嘉陷谷城』並爲一條」〔註167〕、「並爲一條，較三書爲省」〔註168〕、「禁小說淫詞，此類細事一書已足」、「一人一年而四（2574 頁謄清本誤爲「數」）書」〔註169〕、「琉球子弟入國學，記已書」〔註170〕、「諸善政有見於紀中者，但可以一、二語括之，或重舉其要者」〔註171〕、「鄭錦卒，次子克塽嗣立，本不必預書，而書又太冗」〔註172〕、「未有謁陵而不祭者，似可省」〔註173〕、「禁旅未有不還京也」〔註174〕、「行在章奏詳校一條，可省，即不行在，亦當詳校」〔註175〕、「愼選縣吏可不書，無災處即可不愼選耶」〔註176〕等。

不拘繫日

奭良在夾簽中認爲不必拘於繫日原則，如「『疏諫，癸丑，命罷之。』此『癸丑』眞可省也，此皆拘於繫日也」〔註177〕、「『三月，尙可喜請歸老遼東，下廷議，從之。』不繫日則省矣」〔註178〕、「凡某寇陷某處，可直書，不及某人疏報，則省文多矣。如慮月日不符，前史固多此例」〔註179〕、「與上節本一事、因繫日不得連書」〔註180〕、「正月，上賦千叟宴詩，不繫日則泯軒輊」〔註181〕、「『甲子，吳之茂自四川來犯』，此一事也，不必因乙丑而隔，則文可省」、「此一事也，曷爲再書，繫日之拘也，『詔責』句亦可省」〔註182〕、「『尙

〔註164〕第 1298 頁。
〔註165〕第 910 頁。
〔註166〕第 1342 頁。
〔註167〕第 922 頁。
〔註168〕第 1368 頁。
〔註169〕第 1632 頁。
〔註170〕第 1717 頁。
〔註171〕第 2692 頁。
〔註172〕第 1079 頁。
〔註173〕第 837 頁。
〔註174〕第 1034 頁。
〔註175〕第 2079 頁。
〔註176〕第 1093 頁。
〔註177〕第 816 頁。
〔註178〕第 869 頁。
〔註179〕第 895 頁。
〔註180〕第 936 頁。
〔註181〕第 1747 頁。
〔註182〕第 1959 頁。

之信反問聞』，因稱其時日而先書，遂不免一事再書矣，又拘於繫日，以至書法太繁，此最應商者，下數節『調遣』有可省者」、「『癸亥，張勇、佛尼勒』，亦拘於繫日，不得並書」〔註 183〕、「『十一月，敕喀爾喀』，當綜其前後事而書，則省而明」〔註 184〕、「『八月，賜銀賜幣』，此年例故事，可一筆括之，勿拘繫日」〔註 185〕、「一荷蘭而三書之，皆繫日之拘」〔註 186〕、「上諡祔廟不繫日，則可連書，謹注於此」〔註 187〕。

關於巡幸

奭良的夾簽中有大量關於康熙帝巡幸的內容，如「聖祖巡幸最頻，真得舜禹遺意，書法求簡匪易，只可節其餘文，如南苑不書『還』，暢春不書『幸』，觀麥觀禾不書某處，須請公酌」〔註 188〕、「玉泉、暢春一歲屢書太煩」〔註 189〕、「暢春、南苑太頻」〔註 190〕、「一月再書暢春，一年七書暢春」〔註 191〕、「是年十書暢春園」〔註 192〕、「是年書暢春園者十又七」〔註 193〕、「連日書暢春、書還宮，太瑣，失紀體，此應為實錄所拘，即實錄亦不應如此書」〔註 194〕、「『上有疾，卜疾愈』，似可省，非行軍時之比」〔註 195〕、「『還京師』字可省，謹注於此」〔註 196〕、「『發京師』字太重，必（2325 頁謄清本誤為「不」）如親征遠巡乃可書也，他事可易『啟蹕』，如近畿、如詣（2325 頁謄清本誤為「霈」）陵，並此二字可省」〔註 197〕、「此第三次遊幸，備書可不必」〔註 198〕、「逐日書駐，似起居注」〔註 199〕、「逐日紀程似非紀體」〔註 200〕、「上再閱永定河，

〔註 183〕第 1966 頁。
〔註 184〕第 2126 頁。
〔註 185〕第 1163 頁。
〔註 186〕第 2160 頁。
〔註 187〕第 2190 頁。
〔註 188〕第 861 頁。
〔註 189〕第 1278 頁。
〔註 190〕第 1320 頁。
〔註 191〕第 1424 頁。
〔註 192〕第 1451 頁。
〔註 193〕第 1474 頁。
〔註 194〕第 1463 頁。
〔註 195〕第 1293 頁。
〔註 196〕第 1298 頁。
〔註 197〕第 1408 頁。
〔註 198〕第 1442 頁。
〔註 199〕第 1463 頁。

一年再閱，故知『發京師、啓鑾』等字之可省，但書『還京』而已明」〔註201〕、「上巡幸塞外，塞外即熱河也，定名已久，修有行宮，擬易書『熱河』，與他巡塞自別，謹注於此」〔註202〕、「上巡近畿，『幸』字可省，謹注於此」〔註203〕、「自暢春（2577頁騰清本衍「園」字）還宮可不書奉皇（2577頁漏「皇」字）太后」〔註204〕、「辛亥，上連日謁陵，擬求簡法，奠（2082頁騰清本誤爲「葬」）皇后似可不書，謹獻疑於此」〔註205〕、「上幸五臺，接書還宮可矣，南苑係經過，可不書」〔註206〕、「南苑經過之地可不書，謹注於此」〔註207〕、「凡即日還宮可勿書」〔註208〕、「『六月癸未，上奉太皇太后巡幸塞外避暑。』此爲幸熱河之始，不知當時已有熱河名否，行宮建於某年，當博攷得之，以免書法之屢變」〔註209〕。

不合體例

奭良指出：（康熙〔註210〕三十二年五月）「設將軍自此設，與全紀體例不合」、「前之吉黑設官，無此注也，況綏遠亦無安北之號」〔註211〕。

2.4.2.2 增添原則

應書毋漏

奭良認爲：（十三年九月）「戊寅，黃岩總兵阿爾太從賊，不宜漏書」，但《清史稿》並未添加。

該稿本漏載設南書房事，奭良指出：（十六年十一月）「是月設南書房，高士奇授中書職銜。應書。」〔註212〕《清史稿》添「癸亥，始設南書房，命侍講學士張英、中書高士奇入直」。《清史稿校註》指出，二人實際入直在辛

〔註200〕第 1552 頁。
〔註201〕第 1481 頁。
〔註202〕第 1519 頁。
〔註203〕第 1632 頁。
〔註204〕第 1636 頁。
〔註205〕第 1086 頁。
〔註206〕第 2115 頁。
〔註207〕第 2148 頁。
〔註208〕第 2174 頁。
〔註209〕第 1132 頁還有一行：「祈雨得雨不勝書，宜求省法。」2124 頁騰清本漏。
〔註210〕本節以下括注未注明者，均省「康熙」年號。
〔註211〕第 1293 頁。
〔註212〕第 1997 頁。

卯（參見附表 4 第 268 行）。

（二十一年）「九月，賜蔡升元等及第，是八月會試也，必恩科也，而漏書其由。」〔註213〕稿本 2108 頁正文有「九月戊申，賜蔡升元等進士及第出身有差」。《清史稿》添爲「賜蔡升元等一百七十六人進士及第出身有差」。僅增加人數，並未書其由。

（二十八年正月）「辛卯，上視中河，漏書『入江南境』。『自是舟行』亦漏。」〔註214〕《清史稿》並未按其添改。

（二十八年）「四月，遣索額圖至尼布潮會俄使定界，使臣銜名前可略而此宜詳。」〔註215〕奭良認爲此爲重大外交事宜，應書銜名以示鄭重，但《清史稿》並未採納。

（四十九年六月）「是月命修字典，失（2502 頁謄清本誤爲「先」）書」〔註216〕。《清史稿》加「乙亥，命編纂字典」一句。

（五十二年二月）「王錄內有召見陳尚義一條，不可遺，並錄諭旨，擬存此而省前之遣撫」〔註217〕《清史稿》該本紀中涉及陳尚義的只有一處，在「閏五月乙卯……御史陳汝咸招撫海寇陳尚義入見，詢海上情勢及洋船形質，命於金州安置，置水師營」。此即爲奭良所說召見事，未詳敘諭旨內容。

（五十七年）「六月，李光地卒，恤典甚優，即不書亦當書諡」、「十一月，陳璸卒，追授當書贈。」〔註218〕稿本 1686 頁僅有「李光地卒」四字，《清史稿》在其後添：「命皇五子恒親王胤祺往奠茶酒，賜銀一千兩，徐元夢還京護其喪事，諡文貞。」第 1693 頁內容稍多：「陳璸卒，上獎其廉，追授禮部尚書」，而《清史稿》刪去「上獎其廉」，改爲「贈禮部尚書」，添「諡清端」。

指出缺漏

奭良指出：（五十一年）「正月失書《南山集》、《孑遺錄》獄（2527 頁謄清本漏「獄」字），似有意，似無意。」〔註219〕《清史稿》並未添加，看來是

〔註213〕第 2106 頁。
〔註214〕第 2206 頁。
〔註215〕第 2211 頁。
〔註216〕第 1552 頁。
〔註217〕第 1597 頁。
〔註218〕第 1684 頁。
〔註219〕第 1580 頁。

有意爲之。

2.4.2.3 修改原則

化繁爲簡

奭良擬文：（十一年正月）「禁藩鎭以下奪情。」〔註220〕稿本第857頁爲「庚午，諭外吏藩鎭以下不得悉請在任守制」。《清史稿》無此條。

奭良擬文：（十三年二月）「孫延齡以廣西叛，殺都統王永年，執巡撫馬雄鎭。」〔註221〕稿本886頁爲「辛酉……金光祖疏報孫延齡以廣西反，都統王永年等死之，巡撫馬雄鎭被執不屈」，而《清史稿》在擬文前添「辛酉」日期，後添「幽之」二字，疏報時間變成了實際發生時間，有誤，《清史稿校註》並未校出。

奭良認爲：（十四年正月）「辛巳一條太煩。擬：江寧兵少，命諾敏自兗州赴之，發禁旅屯兗州。」〔註222〕稿本919頁正文爲「辛巳，喇布疏言江寧分兵四出，乞令額楚等引還助守。命額楚毋引還，署副（漏「都」字）統諾敏等帥師自兗州赴安慶，受喇布節制，遙爲聲援。發禁旅，以署副都統依巴克圖等將之，屯兗州」。奭良所擬甚當，但《清史稿》未收此條。

奭良擬文：（十六年）「五月乙酉，擢讜戍知府爲廣西巡撫。」〔註223〕稿本第1988頁原文「以原任知府傅弘烈自賊中遺書謀策應，擢廣西巡撫」。《清史稿》則爲「特擢讜戍知府傅弘烈爲廣西巡撫」，且交代原委：「先是，弘烈以首吳三桂反狀讜梧州。及兵起，弘烈上書陳方略，故有是命。」並補「旋加授撫蠻滅寇將軍，與莽依圖規取廣西」。敍事更加清晰。

奭良批註：（十六年十二月）「『丁巳，命額楚守韶州』，如是已足，紀固有體。」〔註224〕被他認爲有失紀體的表述在稿本第1998頁「以韶州地要，命額楚以江寧將軍駐守」。《清史稿》未收此條。

奭良擬文：（二十年二月）「甲午，凡三藩苦爲民害者悉除之。」〔註225〕稿本第2077頁「諭尙之信、耿精忠：『故事爲民害者，悉革除之，吳三桂縱所部奪民田，事平悉以還民。』」《清史稿》則爲「詔凡三藩往事爲民害者悉

〔註220〕第858頁。
〔註221〕第882頁。
〔註222〕第918頁。
〔註223〕第1989頁。
〔註224〕第1997頁。
〔註225〕第2075頁。

除之」，其文省而清晰。

　　甐良批註：（二十年）「『四月，章泰報圍雲南省城，降其各路守將。』擬文，較原文少明。」〔註226〕稿本第 2083 頁爲「己酉……章泰疏報帥兵圍雲南，省城降，世璠諸路將悉降」，前半句不知所云。《清史稿》則改爲「貝子彰泰遣使招撫諸路，武定、大理、臨安、永順、姚安皆降」，內容更爲具體。

　　甐良擬文：（二十年十月）「丁未，吳世璠自殺，省城降，雲南平。」〔註227〕稿本 2092 頁爲「丁未……是日吳世璠自殺。戊申，……雲南省城降」。甐良不按照繫日原則，而將兩事連述，出現了史實錯誤。《清史稿》將此事敘於十一月，「癸亥，定遠平寇大將軍貝子彰泰……疏報王師於十月二十八日入雲南城，吳世璠自殺，傳首，吳三桂析骸，示中外，誅僞相方光琛，餘黨降，雲南平」，頗爲詳明。

　　甐良批註：（二十二年）「『九月，上奉太皇太后如五臺山。』擬文，下直接還宮。」〔註228〕稿本 2129 頁頗爲繁複：「己卯，上奉太皇太后如五臺山。……壬辰，上奉太皇太后幸五臺山，太皇太后以嶺險不克登。甲午，上登山謁諸寺。丙申，奉太皇太后發五臺山。冬十月丙午，還京。」《清史稿》敘事不同，並未省略，爲「己卯，上奉太皇太后幸五臺山。壬辰，次長城嶺，太皇太后以道險回鑾。上如五臺山。冬十月，上至五郎河行宮，奉太皇太后還京。」漏書「丙午」，未繫干支，出現了時間錯誤（參見附表 3 第 448 行）。

　　甐良擬文：（三十七年七月）「霸州新河工成，賜名永定河。」〔註229〕稿本 1383 頁原爲「……于成龍疏言濬霸州等處新河工竟，賜名永定河」，《清史稿》在甐良所擬文後又加「建河神廟」四字。

　　甐良擬文：（四十一年正月）「命青海貝勒納木札爾厄爾德尼游牧賀蘭山。」〔註230〕稿本 1443 頁原爲「青海貝勒納木札爾厄爾德尼疏乞游牧大草灘，上以大草灘在塞內，居民雜處非所宜，許以賀蘭山諸處游牧」。《清史稿》未載此條。

〔註226〕第 2082 頁。
〔註227〕第 2090 頁。
〔註228〕第 2126 頁。
〔註229〕第 1375 頁。
〔註230〕第 1442 頁。

奭良批註：（四十一年五月）「『嵩祝報諸猺悉降，戮其戕官兵者，餘交地方料理。』擬文，至『廉』州非『廣』州。」〔註231〕稿本1447頁原文為「壬寅，嵩祝等疏言，師至廣州，宣諭安撫，諸猺皆降，戮其渠。以降猺屬地方吏安置，廉州悉定」。兩地名前後不一，根據《清史稿校註》，應為「廣州」，奭良誤（參見附表4第818行）。《清史稿》則為「壬寅，先是，廉（應為「廣」）州府連山猺人作亂，御史參奏，命都統嵩祝率禁旅會討，並命尚書范承勳勘狀。至是，嵩祝奏官兵一到，猺人乞降，先後投出猺人一萬九千餘名。獻出戕官黎貴等九人，即於軍前正法。降猺安插，交總督料理」。其敘述未按奭良所略，反而更詳，地名錯誤倒是一如奭良。

奭良擬文：（五十七年正月）「『資巴爾庫戍兵軍衣。』擬文，下二句省。」〔註232〕稿本1676頁本為「命制衣資巴爾庫阿爾泰戍軍衣，有不足，予布令自制」，《清史稿》則省為「賜防邊軍士衣二萬襲」。

奭良擬文：（六十年三月）「大學士王掞及御史陶彝等十二人疏請立皇太子，上責之，謫戍軍前，掞老，以子詹事奕清代。」〔註233〕稿本第1730頁為「丙子，上以大學士王掞及御史陶彝等疏請立皇太子手諭詰責，尋命彝等詣軍前自效，掞年老，其子奕清代行」。據《清史稿校註》，王奕清等發往軍前效力在丙戌〔註234〕，稿本用「尋」，雖然不錯，但不符合本紀的繫日原則。《清史稿》則為「甲戌，先是，大學士王掞密疏復儲。至是御史陶彝、……、孫紹曾疏請建儲，上不悅，並掞切責之，命其子詹事王奕清及陶彝等十二人為額外章京，軍前效力」。雖然敘事較明，但羅列了十二人的姓名，頗為繁冗，且出現了時間錯誤（參見附表4第1096行）。

改變字詞

對稿本中的用字，奭良認為：「『破例』字太新」〔註235〕、「『破例』字再見，然不典」〔註236〕。《清史稿》該本紀中沒有「破例」二字。

「造蒙古歷，此須改，大一統之世，豈有二歷哉？」〔註237〕《清史稿》

〔註231〕第1446頁。
〔註232〕第1677頁。
〔註233〕第1727頁。
〔註234〕《清史稿校註》，第291頁。
〔註235〕第816頁。
〔註236〕第835頁。
〔註237〕第1281頁。

該本紀中無此曆。

「上至興京。興京不得言幸。」〔註238〕《清史稿》該本紀爲「駐蹕興京」。

「『六十生日』，擬易六旬壽節。」〔註239〕《清史稿》該本紀爲「六旬萬壽節」。

「『發暢春園』四字不詞。」〔註240〕第 1443 頁正文中添此四字，《清史稿》該本紀中則無「暢春園」一詞。

「視子牙河，『巡』字可省，下文同。」〔註241〕《清史稿》該本紀仍爲「上巡視子牙河」。

「李振裕一條，此非宥也，有罪乃宥，固明（2404 頁謄清本漏「明」字）言其無罪。」〔註242〕《清史稿》該本紀中無此條。

「發南苑不詞。」〔註243〕《清史稿》該本紀中無「發南苑」一詞。

「命致仕大學士溫達復出治事。『復出治事』四字似不詞，李、陳兩相皆有此命。」〔註244〕《清史稿》該本紀中無此條。

「景熙奪爵，『悖亂』字太重。王錄無之。」〔註245〕《清史稿》該本紀中無此條。

（二十四年五月）「漢軍曳白者八百卷，此考筆帖式及監生耳，『諸官』二字近誣。」〔註246〕稿本 2151 頁爲「試漢軍諸官，曳白八百人，命解任讀書」。《清史稿》改爲「上試漢軍筆帖式、監生，曳白八百人，均斥革，令其讀書再試」。

（三十六年）九月「『上駐密雲縣，誅茶膳房私侍皇太子行悖亂者。』此條請酌，『私侍』罪不至死，『悖亂』則太重矣。」〔註247〕《清史稿》該本紀未錄此條。

〔註238〕第 1375 頁。
〔註239〕第 1418 頁。
〔註240〕第 1442 頁。
〔註241〕第 1442 頁。
〔註242〕第 1446 頁。
〔註243〕第 1541 頁。
〔註244〕第 1607 頁。
〔註245〕第 1640 頁。
〔註246〕第 2148 頁。
〔註247〕第 1368 頁，第 2313 頁謄清本漏「此條請酌，私侍罪不至死，悖亂」字。

奭良擬文且提出疑問：（四十七年）「『九月丁丑，宣示皇太子胤礽罪狀，廢之。』原文不書廢，何也？」〔註248〕原稿1535頁爲「命執之……辛卯，廢皇太子胤礽……。丁酉，詔赦」，《清史稿》爲「命拘執之，送京幽禁。……丁酉，廢皇太子胤礽，頒示天下」。可見奭良擬文不妥。稿本與《清史稿》說法不一，查《清實錄》爲：「辛卯，遣官告祭天地太廟社稷，廢皇太子允礽、幽禁咸安宮。」「丁酉，以廢皇太子允礽，頒詔天下。……詔內恩款凡三十三條。」可見稿本正，而《清史稿》誤，此條《清史稿校註》並未注出，亦誤。

改正訛誤

奭良指出了稿本中的一些時間錯誤：（十九年）「『丁亥』後『癸巳』前漏書『十二月』」〔註249〕，（二十年）「『辛巳』後『戊子』前失書『六月』」〔註250〕，（二十九年）「『乙丑』以前失書『二月』」〔註251〕，這些月份《清史稿》均有。

（二十二年）「『丙申』後『癸卯』前失書『八月』」〔註252〕，《清史稿》不但有「八月」，且有庚子（漏「朔」，參見附表4第443行）內容。

奭良還指出了一些史實錯誤，如：「阿密達佩揚威將軍印，非大將軍。」〔註253〕《清史稿》爲「以阿密達爲揚威將軍」。

「康熙五年正月，封承澤親王一條，謹按：承澤親王乃莊親王始封之王，簡親王則鄭親王之改號也，恐有誤。」〔註254〕稿本第794頁爲「甲午，封承澤親王碩色子恩克布爲簡親王」。《清史稿》改爲「以承澤親王碩色子恩克布嗣爵」。

奭良提出疑問：（三十五年十一月）「噶爾丹乞降，無此事也，不識因何致誤？」〔註255〕稿本第1351頁爲「噶爾丹使格壘沽英乞降」。《清史稿》則爲「噶爾丹遣使乞降，其使格壘沽英至，蓋微探上旨也」。如此交代就清楚了。

〔註248〕第1533頁。
〔註249〕第2071頁。
〔註250〕第2084頁。
〔註251〕第1320頁。
〔註252〕第2126頁。
〔註253〕第2018頁。
〔註254〕第793頁。
〔註255〕第1349頁。

強調畫一

奭良指出：「李書官，盧、屈不書官，亦不畫一」〔註256〕、「書縣則均書縣，不書縣均不書縣，府州同之，謹注於此」〔註257〕、「上駐熱河，或書上幸，或書行宮，或止書熱河，宜求畫一」〔註258〕、「西洋國阿（2018 頁騰清本誤爲「既」）豐『索』或作『素』，或作『肅』，固譯音也，何妨（2018 頁騰清本誤爲「方」）畫一？」〔註259〕

補足語意

奭良指出：（順治十八年）「六月，傅以漸以病乞休，須加『允之』二字，語氣乃足」〔註260〕，《清史稿》有「允之」。

「康熙十年正月，佟（1865 頁騰清本誤爲「修」）鳳彩疏請終養，語意未完，如用（騰清本誤爲「同」）不書罷之說即省之」，《清史稿》未載此條。他還指出，同月「庚辰，魏裔介以病乞休，亦是不完」〔註261〕，《清史稿》爲「大學士魏裔介罷」。

（十八年七月）「壬子，降兵調內地，語未完＂」〔註262〕稿本 2039 頁爲「命察尼等降兵調內地入伍」，《清史稿》該本紀未載此條。

「五十二年正月諭防海盜一條，語意未完」〔註263〕，稿本 1592 頁爲「辛丑，諭防海盜當重陸路守禦」，《清史稿》該本紀未載此事。

滿漢譯名

奭良認爲：（順治十八年閏七月）「梁化鳳敘功授爵，似可易漢字。」〔註264〕稿本第 750 頁爵名爲「阿思哈尼哈番」，定該爵漢字爲「男」在乾隆元年，而《清史稿》述爲「男爵」，不妥，《清史稿校註》並未校出，同樣的問題還發生在李率泰身上，參見附表 4 第 66 行。

（二十七年八月）「甲子，上駐烏里各蘇臺。或書『烏爾格』，或書『烏

〔註256〕第 774 頁。
〔註257〕第 898 頁。
〔註258〕第 1544 頁。
〔註259〕第 1015 頁。
〔註260〕第 744 頁。
〔註261〕第 846 頁。
〔註262〕第 2038 頁。
〔註263〕第 1593 頁。
〔註264〕第 744 頁。

里雅』，擬從『烏爾格』。」〔註265〕《清史稿》從之。

（五十四年四月）「『策妄』，他官書及魏紀作『策旺』。」〔註266〕「魏紀」應指魏源的《聖武記》。「妄」含貶義，《清史稿》不同於原稿，使用的是「策旺」。

奭良還提出疑問：「（五十五年三月）『噶爾口』，此與『噶斯口』是一是二？」〔註267〕《清史稿》此處作「噶斯口」。（五十五年十月）「『丹津』、『丹濟』，是一是二？」〔註268〕羅卜藏丹津與羅卜藏丹濟布爲兩人。

不應籠統

奭良認爲：「『江南』籠統，當云『江寧』」〔註269〕，此條《清史稿》未載。「視海口，必津沽也，當書地。」〔註270〕《清史稿》載爲「閱新堤及海口運道」。「屯田『山代』，豈山陰、代州耶？」〔註271〕《清史稿》未載此條。「直督報河決上游。『上游』是何地，原文不如是也。」〔註272〕《清史稿》未載此條。「上回鑾道密雲，閱河隄。此何河？」〔註273〕此條《清史稿》亦未載。

對於中俄《尼布楚條約》，奭良認爲：（二十八年十二月）「索額圖與俄羅斯定界，黑龍江以外，字太寬泛，宜書其地。以河爲界，何又循河上流，不如原文以河南北岸爲彼我之界。『石大興安』四字費解。『捐舊嫌』三言可省，非事實。此近人所豔稱者，然僻遠荒寒，有而不能守，後亦失之。」〔註274〕稿本第2218頁爲「丙子……索額圖等與鄂羅斯盟，定黑龍江邊外以格爾必齊河爲界，循河上流石大興安以至於海，稍西以額爾古納河爲界，並議撤雅克薩城，捐舊嫌，通互市，禁私踰者，立石於境」。《清史稿》則述爲「乙亥，內大臣索額圖疏報與鄂羅斯立約，定尼布楚爲界，立碑界上，以五體文書碑」，較稿本更寬泛，並未詳載。按《清史稿校註》，此事於丙子日疏報，故稿本與清史稿都出現了時間錯誤（參見附表4第575行）。

〔註265〕第2190頁。
〔註266〕第1616頁。
〔註267〕第1632頁。
〔註268〕第1636頁。
〔註269〕第903頁。
〔註270〕第1323頁。
〔註271〕第1408頁。
〔註272〕第1747頁。
〔註273〕第1752頁。
〔註274〕第2211頁。

2.4.2.4 關於史實考證及史事歸納、評價

歸納史事

奭良在夾籤中歸納：「上幸南苑行圍，巡行之始，時上年十二」〔註275〕、「此巡近畿之始」〔註276〕、「蒙古王朝行在，此亦始事，至巡幸熱河則成年例」〔註277〕、「上駐五臺山三幸」〔註278〕、「甲申，上巡塞外避暑，自此爲年例」〔註279〕、「辛卯，上南巡，此第一」〔註280〕、「二月癸卯，上奉皇太后南巡，自大通橋御舟。第三次南巡」〔註281〕、「正月壬戌，上南巡，是第四次」〔註282〕、「上南巡　是第六次　上諭內有『舟楫往返、不御室廬』二語，應敘入，此殆因陳鵬年不備行宮而發。陳事在五次，第五次金山有行宮，第六次西湖有行宮，聞此（2468 頁騰清本誤爲「以」）行宮極樸素，惜亂後無存，此次先幸江甯，由松江、嘉興至杭，與前不同」〔註283〕、「是歲猶一巡近畿，一巡塞外行圍，一至南苑行圍，直至有疾而後還宮離宮亦宮也，越六日而升遐。」〔註284〕

評價史事及人物

奭良指出：「（張）煌言遁迹海濱誓死不屈，章皇帝曾虜其父以招之。」他認爲：「魏源以李定國爲明忠臣之殿，不如以張殿之之爲愈也。惟張爲崇禎舉人，『大學士』乃荒朝假命，不足爲重，南窗即不如此書，當書『明臣』。此時永歷被俘逾年，『督師』字更無著。」〔註285〕《清史稿》同此意見，僅書「明臣」。

「察尼敗吳三桂將吳應麒於七里山，書『七里山』莫若書『岳州』醒目，此爲大戰，自此兩軍各不坐。」〔註286〕《清史稿》書爲「岳州七里山」。

奭良認爲：「王輔臣上疏自理，不必書，凡史書自理，即許其自理矣。

〔註275〕第 788 頁。
〔註276〕第 821 頁。
〔註277〕第 858 頁。
〔註278〕第 1375 頁。
〔註279〕第 2135 頁。
〔註280〕第 2141 頁。
〔註281〕第 1393 頁。
〔註282〕第 1455 頁。
〔註283〕第 1515 頁。
〔註284〕第 1752 頁。
〔註285〕第 774 頁。
〔註286〕第 898 頁。

如輔臣者，尙何辭哉？此狡謀亦因而用之，惟降後父子俱瓦全，眞幸事。」
〔註287〕

「此紀於招撫削而不書，不知平吳耿得招撫之力爲多。」〔註288〕

「壬申，固原乃偏師之戰，不至書敗績。」〔註289〕《清史稿》書爲「戰於固原，不利」。

（十五年四月）「戊辰，勒爾錦一條，此是不利退守耳，不至書敗績。順承郡王議罪至重，重爲《聖武記》所詬。今平論之，守荊州當賊衝，屹不可犯，頗得周亞夫堅璧（應爲「壁」）之意，聖祖故削其爵而仍令其子襲。」
〔註290〕稿本1967頁爲：「勒爾錦疏言與三桂兵戰於太平街，我師敗績，復退荊州。」《清史稿》繫此事於實際發生時間：三月「己酉，勒爾錦與三桂之眾戰於太平街，不利，退守荊州。」

「孫延齡與尚之信雖叛而未出犯，皆無知少年逞怒於其下人而甘蹈不韙，未便與吳耿同視。」〔註291〕

「岳樂乃胤〔註292〕褵妻舅，其敗也以此。」〔註293〕

（二十二年）「三月，索額圖有罪罷。擬文。此人有大功、有大罪。鄙意只書罷相，書修俄約，書罪誅，他不悉書。」〔註294〕

（二十二年五月）「趙良棟功罪相當條，『部兵』當易『部將』。當日所謂功罪相當（2122頁騰清本漏「當」字），率功大而罪小，議政大臣因初議被斥，後議無不從嚴。上亦自知之，故勒爾錦、喇布之削爵嚴矣，而爵仍以其子其弟襲之，安、康二邸皆封其子爲王，趙良棟之子孫爲總河、總督三四人，至雍正始絀。」〔註295〕《清史稿》該本紀未載此條。

（四十三年九月）「侍衛拉錫視河源回，此一大事，而在（2437頁騰清本誤爲「則」）紀則不能詳也，可悟紀體。」〔註296〕稿本1484頁爲：「丁卯，侍

〔註287〕第918頁。
〔註288〕第922頁。
〔註289〕第942頁。
〔註290〕第1966頁。
〔註291〕第1969頁。
〔註292〕缺最後一筆避諱。
〔註293〕第1541頁。
〔註294〕第2115頁。
〔註295〕第1130頁。
〔註296〕第1481頁。

衛拉錫奉使視河源還報。」而《清史稿》除了記載歸來之事（「侍衛拉錫察視河源，還自星宿海，繪圖以進。」），還記載了該年「夏四月癸酉，命侍衛拉錫察視河源」。

奭良感概：「趙申喬請立皇太子，上以事關重大，未可輕定卻（2539 頁膳清本誤爲「節」）其奏，諭旨甚明，後之紛紛陳請，無怪啓上疑而攖重咎也。」〔註 297〕

「自第巴敗，陸（2559 頁膳清本誤爲「陳」）續三活佛出，終以青海所出佛爲定，蓋兵力定之也，前此紛紜可省則省。」〔註 298〕

「偵策妄、使策妄、諭策妄，並可勿書。其時策妄志在圖藏，故委蛇從我，遊（2574 頁膳清本誤爲「激」）詞誤我。」〔註 299〕

（五十五年五月）「未雨而賀，既雨而祈，蓋上雖惕若而諸臣已（2577 頁膳清本漏「已」字）頹然矣」。〔註 300〕《清史稿》未載此事。

關於康熙五十六年正月定商船出洋貿易法一事，奭良認爲：「庚辰一條，所議適足困商而不足治盜，且難實行，去冬之論重在安不忘（2589 頁膳清本誤爲「妄」）危，擖爲之計，合前諭觀之直焄及後來海氛，奈群臣目光如鼠，只能依題敷衍，不足仰副高深，眞可略也。」〔註 301〕《清史稿》未載此條。

奭良評論：（五十八年）「四月幸皇（2630 頁膳清本衍「太」字）子園，唯誠邸、雍邸，信有意也。」〔註 302〕

考證史事

奭良指出：（二年四月）「命靖西、定西兩將軍討郝搖旗，觀此則知前之報禽、報剿皆虛言也。」〔註 303〕

奭良認爲：（二年）「八月罷制藝一條，應書：罷八股文，改試策論，減一場。表判原有，制藝所包者廣。」〔註 304〕稿本第 769 頁爲：「試策論表判，

〔註 297〕第 1593 頁。
〔註 298〕第 1616 頁。
〔註 299〕第 1632 頁。
〔註 300〕第 1636 頁。
〔註 301〕第 1650 頁。
〔註 302〕第 1697 頁。
〔註 303〕第 767 頁。
〔註 304〕第 767 頁。

罷制藝。」《清史稿》爲「詔鄉、會試停制義，改用策論」。《清史稿校註》指
出應改爲「改用策論表判」（參見附表 3 第 34 行），奭良意見有誤。

（十三年六月）「遣使撫耿精忠可勿書，其後雖降，非因撫也」〔註305〕、
（十四年八月）「撫耿精忠，此可勿書，精忠之降，外爲鄭錦所逼，內忧曾馬
之敗，非因其弟，據他書，其弟至不與相見。」〔註306〕

（二十五年正月）「壬子，以舉行經筵祭先聖先師，經筵不自此始，何始
於此書祭？攷之。王錄乃因文華殿落成也。」〔註307〕《清史稿》未收此條。

2.4.3 金兆蕃夾簽分析

金兆蕃親筆夾簽在該紀開頭：

> 兆蕃等編輯各紀，自太宗以下，皆用長編體，務求詳備，以待刪定。
> 今覆勘簽識所指不宜書、不必書各條，皆甚允當，他日刪定，當以
> 爲則，且各紀皆當如是。惟兆蕃等編輯時，以實錄爲主，而舉本紀、
> 聖訓、方略諸書互校，未敢一語旁採私家著述，今覆勘似以《東華
> 錄》爲主，錄所未具，以爲出自私家著述，此兆蕃等不敢承者一也；
> 原稿據事直書，絕不敢稍存軒輊，今覆勘處處求以褒貶，或曰頌揚，
> 或曰不足，兆蕃等謹矢下筆時萬萬無此意，此兆蕃等不敢承者二也。
> 願定稿時留意焉。〔註308〕

金兆蕃基本同意奭良在夾簽中指出的「不宜書、不必書各條」，同時指出：其
編輯「以實錄爲主，而舉本紀、聖訓、方略諸書互校」，不能認同覆勘依據《東
華錄》這種「私家著述」。其「原稿據事直書」，不能認同覆勘中的「褒貶」
之詞。

2.5 《世宗本紀》

2.5.1 《世宗本紀》稿本的基本情況

《清史館未刊紀志表傳稿本專輯——本紀》第六冊中依次收錄了三個

〔註305〕第 895 頁。
〔註306〕第 936 頁。
〔註307〕第 1172 頁。
〔註308〕第 740 頁。

《世宗本紀》稿本，臺北故宮文獻編號分別爲 201000024、201000025 和 201000490（以下分稱 024、025、490 稿本）。

024 稿本繕寫在版心標有「清史館」字樣的豎欄稿紙上，每頁設 9 列，每列寫 20 字，無標點。封面上寫有「金兆蕃、鄧邦述同纂」字樣。其欄外右側標有「趙世楓」〔註309〕之名，應是繕寫人的署名。該本共計 94 頁，約 1.7 萬字。除各別地方由繕寫人直接貼改外，未見他人修改。

025 稿本封面右側標有不同字迹的「利」「閱」字樣，還蓋有一「復鈔」〔註310〕章。該本寫在版心標有「清史館」字樣的方格稿紙上，每頁 8 列 20 行，以「、」進行了標點。正文有些地方以正楷字體進行了修改，修改之後，其內容與 024 稿本完全相同，仔細對照，可以判定 024 稿本爲 025 稿本的謄清。

490 稿本封面上標有「奭良覆編　金兆蕃覆校」〔註311〕字樣，意指該本爲奭良重行編輯之後，又經過金兆蕃覆審。該本繕寫在版心標有「清史卷」字樣的方格稿紙上，每頁 10 列 21 行，以「、」進行了標點。正文共計 72 頁，約 1.6 萬字。該本上有一些修改刪削，爲金兆蕃和柯劭忞筆迹。經過這些修改之後，其內容與刊行的《清史稿‧世宗本紀》幾乎完全相同。

可見，《清史館未刊紀志表傳稿本專輯——本紀》排列三稿本未按其前後順序，這對於讓讀者按修改次序瞭解《世宗本紀》編纂過程多有不便。故本文將按 025、024、490 稿本的順序依次對其內容進行梳理，並分別稱其爲原稿本、謄清本、覆輯本。

2.5.2 從原稿本到覆輯本

2.5.2.1 原稿本內容修改

原稿本上的修改爲正楷字體，主要是改錯字、補漏字及在地名之前加所屬省份。其學術價值有限，茲不贅述。

2.5.2.2 覆輯本內容修改及其原則

2.5.2.2.1 繕寫人修改的內容

第 2970 頁繕寫人在「建儲一事，理宜夙定」和「今朕親寫密封」之間添

〔註309〕第 2697 頁。
〔註310〕第 2793 頁。
〔註311〕第 2903 頁。

「去年十一月之事，倉卒之間，一言而定。聖祖神聖，非朕所及。今」，又將所添之「今」點刪，應爲謄抄時漏寫了一行，發現之後自行補上。

2971 頁繕寫人在「己卯，升湖廣彝陵州爲宜昌府」和「改容美土司爲鶴峰州」之間添「所附縣曰巴東」，而柯劭忞用粗筆將這部分全都框去了。由此可知其修改在柯劭忞之前。

2.5.2.2.2 金兆蕃修改的內容

覆輯本中金兆蕃筆迹的添加內容有：「命貝勒胤禩、皇十三弟胤祥、大學士馬齊、尚書隆科多總理事務。」「以楊宗仁爲湖廣總督，年希堯署廣東巡撫。」〔註312〕「以輔國公延信爲西安將軍，署撫遠大將軍事。」「命富寧安爲大學士，隆科多爲吏部尚書，廉親王胤禩管理藩院尚書事。」〔註313〕此外，他還在「安插洋人於澳門，改天主堂爲公所」後添了「嚴禁入教」〔註314〕四字。

2.5.2.2.3 柯劭忞修改的內容及其原則

柯劭忞對覆輯本有不少修改，如 2960 頁，他將「疏報」改爲「奏」，刪「督兵三萬」、「遇賊接仗十餘次」、「河流盡赤」、「戊辰，以訥親爲領侍衛內大臣」、「以劉世明爲甘州提督」，將「而去」改爲「遁去」，另一字體又眉批「遁去」，應爲繕寫人謄清之用。經分類歸納，他修改的內容主要包括以下幾個方面：

2.5.2.2.3.1 刪內容

柯劭忞刪除的內容包括一些細節，如：「尊崇之禮猶未舉行」〔註315〕。（上瑞）「猶疑而未信也」。〔註316〕

柯劭忞還刪去一些關於區劃的內容，如：第 2917 頁他框刪了「丙辰，準兩江督臣查弼納請，屬縣事繁賦重，酌設分縣，長洲分縣曰元和，吳江分縣曰震澤，常熟分縣曰昭文，昆山分縣曰新陽，嘉定分縣曰寶山，太倉州分縣曰鎮洋，華亭分縣曰奉賢，婁縣分縣曰金山，青浦分縣曰福泉，上海分縣曰南匯，武進分縣曰陽湖，無錫分縣曰金匱，宜興分縣曰荊溪。準山東巡撫陳

〔註312〕第 2904 頁。
〔註313〕第 2905 頁。
〔註314〕第 2912 頁。
〔註315〕第 2908 頁。
〔註316〕第 2947 頁。

世倌請，濟南、兗州二府轄縣太多，改泰安州、武定州及曹州、沂州、濟寧俱升爲直隸州，設道員領之」一段，並眉批「是否已見地理〔註 317〕志？不兩書」。2932 頁刪「庚辰，東川府置縣曰會澤」。2933 頁刪「廣西黃草壩置州，州曰永豐」。2943 頁刪「天全（州），升雅州爲雅州府轄之，置附郭縣曰雅安」。2944 頁刪「曰永順、曰保靖、曰桑植」。2953 頁刪「丙辰，升直隸天津州爲天津府，附郭縣曰天津，別縣曰寧河」。2963 頁刪「三月癸巳，升江南徐州爲徐州府，附郭縣曰銅山，鳳陽府壽州分設一縣，曰鳳臺，升廣東程鄉縣爲嘉應州」。2965 頁刪「升直隸易州爲直隸州，爲山陵所在也，以淶水、廣昌屬之」。2969 頁刪「辛酉，升河南陳洲爲陳洲府，附郭縣曰淮寧」。2973 頁刪「甲辰，升山東曹州、泰安州爲曹州府、泰安府。乙酉，升安徽潁州爲潁州府」等。

　　他所刪職官方面包括提督的任命，如：「己亥，以路振揚爲固原提督，馬會伯爲甘州提督」〔註 318〕；「石雲倬爲福建陸路提督，陳天培爲浙江提督」〔註 319〕；「張耀祖爲雲南提督」〔註 320〕；「庚申，以潘之善爲固原提督」〔註 321〕；「庚辰，以王紹緒爲江南提督，張應宗爲廣西提督」〔註 322〕；「丁丑，以哈元生爲雲南提督」〔註 323〕；「以紀成斌爲四川提督，樊廷爲固原提督」〔註 324〕；「己卯，以補熙爲江南提督」〔註 325〕等。

　　其他如「上親書景陵碑額，誠親王胤祉書碑文」〔註 326〕、「丙午，命史館編輯《功臣列傳》」、「丁未，《律曆淵源》鏤版成，上製序文」〔註 327〕、「己卯，定名潛邸爲雍和宮」、「置先賢子張後裔五經博士」〔註 328〕、「庚寅，命避孔子聖諱」〔註 329〕、「仍令議胤禟、胤䄉罪狀」、「議未上，上曰：是終不用朕

〔註 317〕「理」字翻印不全。
〔註 318〕第 2925 頁。
〔註 319〕第 2935 頁。
〔註 320〕第 2942 頁。
〔註 321〕第 2945 頁。
〔註 322〕第 2950 頁。
〔註 323〕第 2952 頁。
〔註 324〕第 2953 頁。
〔註 325〕第 2969 頁。
〔註 326〕第 2910 頁。
〔註 327〕第 2911 頁。
〔註 328〕第 2921 頁。
〔註 329〕第 2923 頁。

命耳」〔註330〕、「庚戌，命修理京城內外河道」〔註331〕等。又如，2934頁框刪「庚申，敕修八旗志書」。2936頁框刪「甲午，設八旗米局」。2945頁框刪「乙酉，治河方略成」。

2.5.2.2.3.2 改用字

柯劭忞將文中的「疏報」、「報」均改爲「奏」〔註332〕，將「革職」改爲「褫職」〔註333〕，將「伏誅」改爲「處斬」〔註334〕。

2.5.2.2.3.3 改內容

如2904頁原文是「改元雍正」，柯劭忞將其改爲「以明年爲雍正元年」，更加嚴密。2940頁「疏報建昌喇汝窩賊番不法」改爲「奏建昌喇汝窩番賊作亂」，「諭：諸王管理旗務，甚不相宜，宜均停止，其一等公塞爾臣、伊爾登亦均撤回」改爲「諭停諸王管理旗務」。

2.5.2.2.3.4 加眉批

如2930頁柯劭忞眉批「須查明」，正文「世子」（洪昇）二字被點刪，右側加三角。

2937頁正文「郎金錯」被圈刪，加三角，復圈三角，柯劭忞眉批「是否不必書，恐文意 xxx 酌」。

2938頁柯劭忞眉批「似不必書」，粗圈刪「著風俗之善也」，粗框刪「嗣是疏報時聞」，細筆圈刪「田文鏡奏民人翟世有拾獲遺金，歸還原主，詔賜世有金五十，予九品銜」。

2.5.2.2.3.5 關於人物

2912頁柯劭忞框刪「詔曰：故安親王岳樂，居心不正，……」2916頁框刪「以父子皆勞臣也」。2919頁框刪「先是年羹堯密劾蔡珽逼死屬員，部議大辟，及珽到京召對，乃有此授，羹堯之眷始衰，二人皆潛邸之舊人也」。

2964頁，柯劭忞框刪又用三角符號恢復：「戊午，蘇祿國王臣毋漢末毋拉律林奏伊遠祖東王於明永樂年間來朝，歸至山東德州病歿。長子歸國嗣王，次子安都祿，三子溫哈喇留守墳墓。其子孫分爲安、溫二姓，歲領額設祭祀

〔註330〕第 2924 頁。
〔註331〕第 2925 頁。
〔註332〕第 2914、2918、2920 等頁。
〔註333〕第 2921 頁。
〔註334〕第 2923 頁。

銀八兩，請以其後裔爲奉祀生。從之。」《清史稿》中保留此段。

2973 頁柯劭忞將（署甘州提督劉世明以失察兵丁搶劫）「誅之」改爲「論斬」，並眉批「是否不必書」？該句爲《清史稿》所保留。

2.6 《高宗本紀》

2.6.1 《高宗本紀》稿本的基本情況

《清史館未刊紀志表傳稿本專輯——本紀》中收錄了兩個《高宗本紀》稿本。第七至十一冊中的稿本，臺北故宮文獻編號爲 201000026、201000044～201000062；第十二冊中的稿本，臺北故宮文獻編號爲 201000491～201000496。

第七至十一冊中的稿本共有十卷，除了第一卷標爲卷一、卷一下外，其餘各卷都爲上下卷。該本繕寫在版心標有「清史館」字樣的方格稿紙上，每頁 8 列 20 行，多以「、」進行了標點。該本共計 2472 頁，約 39 萬字，其中的修改和刪節之處，除柯劭忞的筆迹外，還有一種非常有特點的細筆隸書，蠶頭燕尾、重心偏左，經與影印的吳廷燮《咸豐要錄》手稿〔註 335〕對照，可以確定這正是吳廷燮的筆迹。

第十二冊中的稿本，爲《高宗本紀一》至《高宗本紀六》。該本繕寫在版心標有「清史卷」字樣的方格稿紙上，每頁 10 列 21 行，無標點。正文共計 549 頁，約 11 萬字。該本上有一些柯劭忞及其他人筆迹的修改刪削，經過這些修改之後，其內容與刊行的《清史稿‧高宗本紀》幾乎完全相同。對照兩個稿本的內容，可以確定，該本是在謄清前一稿本修改的基礎上再次進行了修改，故可稱前一稿本爲原稿本，後一稿本爲修改本。

2.6.2 從原稿本到修改本

2.6.2.1 原稿本內容修改

從審改的順序看，吳廷燮首先對原稿本進行了修改。以第 3005 頁爲例，他在正文「噶爾丹策零」前用其細筆隸書加上「準噶爾台吉」五字，而該句是被柯劭忞帶有毛峰的粗筆刪除了的。又如第 3683、3692、3697 等頁均爲這

〔註 335〕北京大學圖書館館藏稿本叢書，天津古籍出版社，1991 年版。

種情況，故可推斷是吳廷燮修改在前。

吳廷燮修改的地方主要有：

添內容：如「改撫標爲督標，設中、左、右三營，撥提標一營入之」〔註336〕，「參將中軍都司爲務關路」〔註337〕，「授散佚大臣」〔註338〕，「永貴爲參贊大臣」〔註339〕等，添加的內容少則數字，多則數行，最多的當爲第4825頁，他著人抄寫了乾隆帝指示四庫全書館對違禁書籍改燬原則的上諭，補入正文中（詳見第3章第6節）。

改錯字：如「當均改黨」〔註340〕；將「頭」改正爲「領」〔註341〕；將「圖竊」改正爲「圓寂」〔註342〕；用眉批強調「台吉不得寫作臺吉」〔註343〕等。

改用字：如將「老民」改爲「耆民」〔註344〕，前者顯然不夠典雅；將「勒借屬員」改爲「貪黷不法」〔註345〕，這是改的更加泛化；將「班禪靈柩」改爲「班禪金塔」〔註346〕，這是改的符合宗教和民族習慣。

統一譯法：如吳廷燮在第3225頁的眉批：「『阿爾台』應以後定之字爲主，均改寫『阿爾泰』。」

另外，在柯劭忞審改之後，吳廷燮又根據柯的意見進行了補充。如第4257頁有柯劭忞的眉批：「似應加地名」，吳廷燮則在正文將「仁和等十六縣、所、場」改爲「仁和等十縣、湖州一所、仁和等五場」。

柯劭忞將原稿本從39萬字刪到11萬字，削去了吳廷燮原稿70%的內容。大多數情況下，他並未在稿本上解釋刪除原因或總結自己的審改原則，而是直接進行刪削。不過他在個別地方也進行了解釋說明，如第3786頁「乙卯，以杭州將軍額爾侵尅兵餉，奪職逮治」一句，他先是把後半句改爲「侵兵餉，褫職逮問」，後來又把全句框刪，並眉批「此事無下文，當刪」。

〔註336〕第3683頁。
〔註337〕第3697頁。
〔註338〕第3919頁。
〔註339〕第4002頁。
〔註340〕第3969頁。
〔註341〕第4164頁。
〔註342〕第5140頁。
〔註343〕第5278頁。
〔註344〕第4017頁。
〔註345〕第4242頁。
〔註346〕第4968頁。

　　其批注有的要求改錯字：「凡『廠』字皆从『尚』」〔註347〕、「『衮』从『厶』不从『口』，『穎』人名、館名从『禾』，『潁』地名从『水』，『辰』上不从『丿』，『互』中无『竊』，『柬』、『速』从『口』，己：『自己』，巳：『辰巳』，已：『已往』」〔註348〕；有的要求注意格式：「不提行」〔註349〕；有的要求補充內容：「南巡漏還都日月，查實錄補。」〔註350〕

　　有的地方，柯劭忞並不獨斷，而是使用跟吳廷燮商量著辦的語氣。如第5448頁，他眉批道：「仁宗二字似可不用，並此一句皆不用，亦可酌之。」「此一句」指「仁宗尊上為太上皇帝」，「仁宗」二字被圈掉，仁宗作為嘉慶帝死後的廟號，用在授受大典這裡確實不安，但柯劭忞只是說「似可不用」。「太上皇帝」這個信息點，在前文乾隆六十年十二月戊寅朔的上諭中已經說明，這裡有所重複，整句刪掉，確實可以。但吳廷燮沒有接受第二個意見，這句話最終被保留在《清史稿·高宗本紀》中。

　　此外，柯劭忞修改的主要內容有：

　　改病句：如將「大婚孝賢皇后」改為「娶孝賢皇后」〔註351〕；將「關節事露處斬」改為「坐交通關節處斬」〔註352〕。

　　添加：如在「令鄂爾泰復任」後加上「以鄂爾泰因病請假也」〔註353〕，這是進行解釋說明。該本紀的論贊也是柯劭忞所添（詳見第3章第6節）。

　　刪減：如將「違誤軍機」改為「失機」〔註354〕，將「赴兆惠軍歸順」直接改為「降」〔註355〕，將「失機僨事正法」改為「失機處斬」〔註356〕，「豫為勘掘」改為「防之」〔註357〕。這些刪改尚無不可，但他將「秋獮木蘭，上奉皇太后啟鑾」改為「上奉皇太后秋獮木蘭」〔註358〕，刪掉了「啟鑾」這個動詞，使得時空概念含糊不清，《清史稿校註》多次指出了這類句子存在的問

〔註347〕第 3127 頁。
〔註348〕第 3748 頁。
〔註349〕第 3085 頁。
〔註350〕第 3746 頁。
〔註351〕第 2978 頁。
〔註352〕第 3809 頁。
〔註353〕第 2979 頁。
〔註354〕第 3879 頁。
〔註355〕第 4045 頁。
〔註356〕第 4091 頁。
〔註357〕第 4175 頁。
〔註358〕第 4500 頁。

題，但對本條卻忽略而未註〔註 359〕。

　　改用詞：柯劭忞將「無故自戕」改爲「畏罪自殺」〔註 360〕，如此較合情理。他還將「奪職」改爲「褫職」〔註 361〕，將「投誠」〔註 362〕、「歸順」〔註 363〕、「內附」〔註 364〕均改爲「來降」。

　　特別值得注意的是，他將「不軌」〔註 365〕、「糾眾滋事」〔註 366〕、「滋事」〔註 367〕均改爲程度較重的「作亂」，觀點與吳廷燮有明顯不同。這涉及眾多起事起義的評價問題，較爲典型的如回民蘇四十三起義，吳廷燮原文爲「回人蘇四十三等滋事」，被他改爲「回匪蘇四十三等作亂」〔註 368〕，性質大變。

　　還有，柯劭忞雖要求謄抄者「勿漏干支」〔註 369〕，但自己在刪削過程中甚爲隨意，謄寫人在這方面也不甚用心，《清史稿‧本紀》因漏干支而致誤之處歷歷可見。

　　吳廷燮和柯劭忞的審改尚達不到有錯必糾的程度，如林爽文起義，原稿本誤寫爲「廣東彰化縣」〔註 370〕，二人均未改正，但在修改本中就變成了正確的「福建彰化縣」〔註 371〕，或許是謄寫人自行改正的。

　　該稿本第 5251 頁有一夾簽：

　　　前數頁均繫「祁」字，今仍書「祁」字，以便前後一律，如係「祇」字之誤，即將前後一律改正，此爲人名，不宜前後兩歧〔註 372〕爲妥。

白祥淦謹簽

〔註 359〕第一冊，第 462 頁。
〔註 360〕第 4431 頁。
〔註 361〕第 3720 等頁。
〔註 362〕第 3812 頁。
〔註 363〕第 3815 頁。
〔註 364〕第 4094 頁。
〔註 365〕第 3735 頁。
〔註 366〕第 3820 頁。
〔註 367〕第 3811 等頁。
〔註 368〕第 4974 頁。
〔註 369〕第 5063 頁。
〔註 370〕第 5160 頁。
〔註 371〕第 5930 頁。
〔註 372〕原文此處畫一圓圈，表示句讀，似無必要。

「黎維祁」的「祁」字，在 5250 頁被吳廷燮改爲「祗」字，繕寫人白祥淦發現了前後不一致的問題，專門指出，態度認眞，值得肯定。

2.6.2.2 修改本內容

該本所用的稿紙，版心從「清史館」變爲「清史卷」，內容亦有修改，夾簽較多，且均不是吳廷燮或柯劭忞的字體。

開篇在正文「高宗純皇帝」之前，有一個後貼上去的簽識（貼簽），加上了弘曆的全部諡號「高宗法天隆運至誠先覺體元立極敷文奮武欽明孝慈神聖純皇帝」，並有眉批「本紀第　，照此字樣增排」〔註373〕。

第 5454 頁正文「戊申，上詣雍和宮供獻」，「供獻」二字右側被點了點，下一頁的夾簽上用行楷字體寫有：「『供獻』二字似應再酌」，下爲正楷字體「行禮」二字。查《清史稿》，此句確被改爲「戊申，上詣雍和宮行禮」。

第 5463 頁夾簽：「進世宗香句似可酌」，前頁正文「朝鮮國王李昑遣使進世宗香」中的「世宗」二字被框刪。

第 5469 頁正文「朱軾卒」後添「上親奠」，又改爲「上親臨賜奠」，下頁夾簽：「朱軾卒後上親奠。既書視疾，似親奠亦應書」，所指即前頁正文「丙午，上臨大學士朱軾第視疾」一句。

第 5481 頁夾簽：「此有字疑誤，因《高宗本紀》全爲柯鳳老調去，只得查《東華錄》，而又不載此條，其實此條無關緊要，儘可刪去」。翻閱正文，不知其所指爲何處，但該夾簽透露出兩個重要信息，即柯劭忞（柯鳳老）在審改時使用了清國史館《高宗本紀》，而《東華錄》亦爲清史館員核查史事時所用的工具書。

第 5483 頁夾簽：「授爵似可用封字　鄂爾泰、張廷玉兩條一律，請酌」，前頁正文中「授鄂爾泰爲三等伯」、「授張廷玉爲三等伯」被改爲「鄂爾泰封三等伯」、「張廷玉封三等伯」。

第 5486 頁夾簽：「趙宏恩以納賄奪職，似應書」，但正文中並未添加，《清史稿》中也未見此內容。

第 5515 頁正文中「清史稿 本紀第　高宗本紀二」被刪去，眉批「此接上寫」，可見該謄抄時已確定《清史稿》之名。

第 5726 頁夾簽：「原稿四月朔爲乙亥，六月朔爲癸酉，自乙亥至癸酉

〔註373〕第 5451 頁。

前一日壬申，共五十八日，四、五兩月皆小建也，以此據之，則五月朔日當是甲辰。」前頁正文本來漏寫日期，作「五月朔」，中間又添了「甲辰」二字。可見此處添加審改者並未翻查史料，而是根據曆法推算，其結果是正確的。

第 5734 頁夾簽：「定邊將軍兆惠等以霍集占首級來上，並俘酋捫多索丕等至京。丁巳，上御午門行獻俘禮。命霍集占首級懸示通衢，宥捫多索丕等罪。己未，布魯特阿濟比遣使錫喇噶斯等入覲。」核《清史稿》，此處添加並非在前頁，而應在 5723 頁二十五年春正月後。《清史稿校註》指出，實錄及清國史館本紀均記載爲「函送首級」，史稿用「以……首級來上」詞意略異。〔註 374〕

第 5746 頁夾簽：「上文凡封某嬪皆刪去，此處應留否，請酌。」前頁正文中「甲寅，冊封拜爾噶斯氏爲愼嬪，霍卓氏爲容嬪」一句被刪，未入本紀。

第 5863 頁夾簽：「甲子，皇四子履郡王永珹薨。」正文中並未添入，此前其出繼允祹一事亦未記載，此人事迹未入本紀。

第 5888 頁眉批「下文王燧處斬請核」，正文中「四十六年……二月……庚午」後「王燧論絞」處畫有三角，後面寫著「四十八年有處斬，請查核。」其後確實有「四十八年……二月甲子，賜陳輝祖自盡，王燧處斬」一句，時隔兩年，此人先論絞後處斬，審改人恐怕其中有誤，要求查核。稿本對是否進行了查核並未記載，這兩句都保存在《清史稿》之中。我查閱了《清實錄》，確實如此，沒有問題。

第 5922 頁正文添「……丙戌，以明亮爲烏什參贊大臣，慶桂爲塔爾巴哈台參贊大臣」。

該本還有多處添加，限於篇幅，不再列舉。

2.7 《仁宗本紀》

2.7.1 《仁宗本紀》稿本的基本情況

《清史館未刊紀志表傳稿本專輯——本紀》第十三冊中收錄了一個《仁宗本紀》稿本，爲《仁宗本紀卷一》至《仁宗本紀卷六》，臺北故宮文獻編號

〔註 374〕第一冊，第 435 頁。

為 201000063～201000068。

該本各卷封面上均標有「吳廷燮纂」字樣，並蓋有「已鈔」、「復鈔」〔註375〕章，除卷二外，均有「閱」〔註376〕字樣。其內容繕寫在版心標有「清史館」字樣的方格稿紙上，每頁 8 列 20 行，無標點。該本共計 849 頁，約 13 萬字，其中稍有修改和刪節，均為吳廷燮筆迹。

《清史稿・仁宗本紀》篇幅很短，僅有約兩萬字，覈其內容，並非此稿本的縮略。金梁在《清史稿校刻記》中稱「太祖、聖祖、世宗、仁宗、文宗、與宣統六紀為奭君良復輯」，可見《仁宗本紀》另有奭良的覆輯本，不知何故該本並未影印。

2.7.2 從稿本到《清史稿・仁宗本紀》

添內容

如第 6521 頁吳廷燮在「三成」前添上他的官職「葉爾羌幫辦大臣」。6256 頁吳廷燮在頁眉處添了一段正文：「癸未，以額勒登保等奏，命固原提督毋移駐漢中，添設西鄉營游擊、沔縣營都司、鋼廠營守備各一，移設鎮坪鎮都司一，分隸陝安鎮及漢中協轄。以漢中一協、寧羌、平陽、略陽、漢鳳四營歸提督專轄。」此事過細，應入志而非本紀。

改錯字

吳廷燮改正了一些錯字：如 6016 頁「止」改為「上」、6032 頁「永」改為「承」、6095 頁「唐」改為「康」、6186 頁「殄」改為「珍」、6188 頁「發」改為「癸」、6275 頁「閱」改為「關」、6384 頁「徙」改為「從」、6831 頁「山可山風」改為「岢嵐」等。

添漏字

如 6275 頁「茶」後添「宴」、「陣亡」後添「受傷」，6771 頁「永寶二府」後添「改食粵鹽」等。第 6268 頁眉批「查『廟』字正否？脫字否」一句，並非吳廷燮或柯劭忞字體。該頁正文中「乙亥，命陣亡官兵於直省各府城廟內附祀」的「廟」字，被吳廷燮改為「關帝、城隍等廟」。

刪內容

如 6073 頁吳廷燮刪「壬子，故三等子穆克登額子元順襲」。

〔註375〕 第 6001、6097、6235、6371、6517、6705 頁。

〔註376〕 第 6001、6235、6371、6517、6705 頁。

改用詞

如 6138 頁吳廷燮將「諭綏靖鎮篳苗匪」中的「綏靖」改爲「撫定」。實錄、國史、蔣、王《東華錄》中均未見此記載。

其他

第 6406 頁吳廷燮眉批「以丹巴多爾濟違例」，但正文中「審訊丹巴多爾濟」並未改動。

2.8 《宣宗本紀》

2.8.1 《宣宗本紀》稿本的基本情況

《清史館未刊紀志表傳稿本專輯——本紀》第十四、十五兩冊中依次收錄了兩個《宣宗本紀》稿本，臺北故宮文獻編號分別爲 201000078～201000083和 201000090～201000092，可分稱爲 078 稿本和 090 稿本。078 稿本分爲 6卷，編目標爲《宣宗本紀首卷（實爲「卷首」)》至《宣宗本紀卷六》。090 稿本原爲一卷，被分成 3 卷，編目標爲《宣宗本紀一》至《宣宗本紀三》。

078 稿本第一卷封面寫有「已覆查」，「凡『○』者照抄，『「』者至『」』者均不抄」，「凡賑災蠲欠貸賑均書，緩徵不書；……將軍都統 xxx 均書，提鎮不書；……均不書」，都是柯劭忞的字迹，省略部分過於潦草，未能辨清。其餘各卷封面未有批註，亦無署名。該本繕寫在版心標有「清史館」字樣的方格稿紙上，每頁 8 列 20 行。其中十二年至十四年、二十五、二十六、二十九、三十年內容每日分段，提行另寫。稿本中有大量刪節及部分修改，爲吳廷燮和柯劭忞筆迹。文中以畫「○」的形式對保留的部分進行了標點。該本近九百頁，全文約 14 萬字，其中第二卷有缺損，第 7086～7090 頁（載道光元年正月至三月史事）下半部分爲空白。

090 稿本無封面，正文第一頁右側欄外寫有「清史稿」、「本紀十七」、「宣宗本紀一」〔註377〕字樣；編目劃出的第二卷亦無封面，正文第一頁右側寫有「宣宗本紀二」〔註378〕；第三卷封面有柯劭忞所寫「宣宗本紀卷之三」，正文第一頁右側欄外寫有「清史稿」、「本紀十九」、「宣宗本紀三」〔註379〕字樣。

〔註377〕第 7837 頁。
〔註378〕第 7917 頁。
〔註379〕第 8005 頁。

該本內有一些刪改，爲柯劭忞筆跡，經對照，其最終內容與刊行的《清史稿·宣宗本紀》基本一致。該本十一至十五年內容繕寫在版心標有「清史館」字樣的方格稿紙上，每頁 8 列 20 行，其餘繕寫在版心標有「清史卷」字樣的方格稿紙上，每頁 10 列 21 行，均無標點，共 233 頁，約 4.5 萬字，與《清史稿·宣宗本紀》字數略同。經對照內容，090 稿本原文爲 078 稿本修改後的謄清，故以下稱 078 稿本爲原稿本，090 稿本爲修改本。

2.8.2 原稿本內容

在第 6852 頁側寫有「博聖時繕」，6884 頁側寫有「胡鎮繕」，7382 頁側寫有「張嵩振繕」，7408 頁側寫有「文懋繕」，7448 頁側寫有「劉廷梆」，這分別爲各部分繕寫人的署名。

吳廷變對原稿本內容有所添加，如第 7002 頁添「三音諾顏正盟長郡王德木楚克扎布等以不嚴緝搶劫賊盜下部嚴議」，7007 頁添「己卯，上臨和孝固倫公主第賜奠」，7286 頁添「丁丑，諭壽康宮太監等，不准以內外事在太后前信口談論，並宮內各處領太監中擅往壽康宮、敷春堂。」7340 頁添「壬辰，陳端正法。甲午，定運河廳西岸隄禁種菜蔬章程。」7382 頁添「乙酉，定查禁糧船水手滋事章程」。7395 頁添「丁酉，停派中書筆帖式赴各省頒詔，改爲嗣後出驛頒發」。7396 頁添「丁卯，定公佈鉛子庫盤查例」（該句後被柯劭忞刪去）。7397 頁添「戊午，諭皇太后六旬萬壽，內廷親·郡王、御前、軍機大臣、內務府大臣均准遞如意」（該句後被柯劭忞刪去）。

吳廷變對原稿本內容亦有所修改，如第 7278 頁將「定貢院考派都察院滿漢各一員稽查例」改爲「定貢院考試教習及拔貢、翻譯等小場稽查彈壓各例」等等。又如該頁「上謁天神壇祈雨」及 7280 頁「上步謁社稷壇祈雨」，吳廷變將其中的「謁」改爲「詣」。

柯劭忞負責總閱，原稿本卷首封面寫的「凡賑災蠲欠貸賑均書，緩徵不書；……將軍都統……均書，提鎮不書……」，就是他的審改原則。在第 6863 頁他又眉批「凡展緩皆不書」，在該頁正文中刪去「緩徵江南徐州府屬修掃借用庫銀」一句。

柯劭忞在審改中去掉了部分細節，如第 7223 頁原文爲「大學士蔣攸銛以審辦鹽梟率誤降侍郎」，柯劭忞將「以審辦鹽梟率誤」改爲「以讞獄誤」。7296 頁「土盜勾結猺匪滋事」改爲「盜匪作亂」。7367 頁「給盛京……水災

口糧並修屋費」改爲「賑盛京……水災」。7373 頁「給……被水軍民口糧」改爲「賑……水災」。7498 頁「英船佔據廣東官通地方」改爲「英船入廣東海港」。7710 頁「番族拒斃官弁土兵多名」改爲「作亂」。7800 頁「英員文翰」改爲「英人」。

他對文稿進行精練，如第 7237 頁將「解任」改爲「免」，7315 頁「生擒」改爲「獲」，7418 頁「緣事解任」改爲「免」，7454 頁「重其所輕各予處分」改爲「予處分有差」，7523 頁「英師駛入」改爲「英船入」，7542 頁「各碼頭」改爲「口岸」，7543 頁「應辦事宜」改爲「防務」，7544 頁「議息兵」改爲「議和」，7708 頁「因事解任」改爲「免」。在 7408 頁柯劭忞將「濟登州等三府歉收民食」改爲「賑登萊青三府饑」，不但精練，而且增加了有效信息。也有反面的例子，如他將 7320 頁「大勝」改爲「大敗之」，反而繁複。

他還對一些稱謂進行了修改，如第 7101 頁「逆黨巴布頂等陷英吉沙爾」，柯劭忞將「逆黨」改爲「回酋」，該頁還有他寫的一眉批「查添」，不知所指。7110 頁原文「大兵殲賊於阿克蘇……」，柯劭忞將不合體例的「大兵」改爲「官軍」。7172 頁原文「皮察克布魯特阿仔和卓投誠」，柯劭忞將「投誠」改爲「來降」。7278 頁將「伏法」改爲「伏誅」。7281 頁將「剿連州猺匪失機奪職」，改爲「剿連州猺賊失利褫職」。7284 頁「謀逆」，7285 頁「滋事」，均被改爲「作亂」。

他規範了文稿中的一些用語，如第 7520 頁將「字」改爲「信」，7521 頁將「字片」改爲「書信」。7542 頁「英師侵廣東省河」改爲「英兵船入廣東省河」，7550 頁「開封省城」改爲「河南省城」，7752 頁「佛蘭西」改爲「法蘭西」。

有些地方，柯劭忞在審改中改變了原稿的文義。如第 7308 頁將「就擒」改爲「伏誅」。7392 頁「命查明各省逋賦全行豁免」改爲「並免各省逋賦」。7445 頁將「凱音布奏剿平涼山夷匪阿合」改爲「涼山夷匪平」，造成了時間錯誤。7536 頁將琦善下部嚴議的原因由「以堵御無方」改爲「以虎門陷」。7565 頁「英船侵臺灣淡水雞籠」被改爲「英船入臺灣淡水雞籠」。

原稿本無論贊，第 7834 頁柯劭忞添「論曰」，詳見第 3 章第 8 節。

2.8.3 修改本內容

第 7843 頁柯劭忞在「以秦承業爲翰林院學士」的「學士」前添「侍讀」

兩字，並眉批「不可刪『侍讀』」。

7851 頁圈刪「協辦大學士吳璥乞病，允之」，7881 頁道刪「命王鼎以一品銜署工部左侍郎」，兩頁上均有眉批「複」字。

7885 頁原為「張格爾糾安集延、布魯特匪徒入卡，喀什噶爾回眾回應之」，柯劭忞將前一個「匪徒」改為「回眾」。

7887 頁原文為「慶廉奏阿察他克臺之捷。辛丑，阿克蘇肅清，免附近回莊本年應交麥石」，柯劭忞改為：「慶廉奏敗賊於阿察他克臺。辛丑，免阿克蘇附近回莊本年應交麥石。」

7888 頁原文「十一月戊子」之後，本為「官軍殲賊於阿克蘇之柯爾坪」，被改為「長齡等奏敗賊於阿克蘇之柯爾坪」，如此方符合繫日原則。同樣的例子還有 7890 頁「戊申，官軍殲賊於阿克瓦巴特」，被改為「戊申，長齡等奏敗賊於阿克瓦巴特」。

7888 頁還有一句：「己丑，以臺灣匪亂平，加孫爾準太子少保。」「匪亂」二字被圈刪。

7899 頁為一夾簽：「李㳚，九午紀作李玿。」前頁正文中朝鮮國王名字被改為王字旁。

7907 頁夾簽：「『人葠』原稿本作『葭芹』，改作『人葠』，格初稿當是『薆芪』二字，『葭』為『薆』之或體，『芹』為『芪』之誤字。」前頁正文「丁巳，越南國王以母老乞人葠，上嘉資之」，「人葠」被改為「葭芪」。

7822 頁柯劭忞由簡改繁，將「粵」改為「廣東」，「閩」改為「福建」。

7939 頁原文：「己丑，楊芳奏瓊邊匪首桑樹格等伏誅。」「楊芳奏」三字被點刪，造成了史實錯誤。

第 8000 頁，柯劭忞將「洋船停泊外洋」後的「不必開放槍砲」省略為「勿問」。

8263 頁柯劭忞眉批「此地方應辦之事，不是特論大事，不必書」，正文「永定河決」之後的「命納爾經額堵治之，並撫恤災民」被刪除。

8058 頁原文：「丁未，徐廣縉奏英罷議進城。癸丑，封徐廣縉子爵、葉名琛男爵，均一等世襲。諭嘉獎粵東百姓深明大義。」「英」字被添為「英人」，「粵東百姓」被省為「粵人」，關鍵是「癸丑」被點刪，這不符合繫日原則，《清史稿校註》指出了癸丑之誤（參見附表 8 第 660 行），但未論此稿本。

2.9 《文宗本紀》

2.9.1 《文宗本紀》稿本的基本情況

　　《清史館未刊紀志表傳稿本專輯——本紀》第十六、十七兩冊中依次收錄了兩個《文宗本紀》稿本。第一個稿本分爲 6 卷，編目標爲《文宗本紀卷一》至《文宗本紀卷六》，臺北故宮文獻編號爲 201000093 至 201000098，可簡稱爲 093 稿本。第二個稿本分爲兩卷〔註380〕，編目標爲《文宗本紀上》和《文宗本紀下》，臺北故宮文獻編號爲 201000499 和 201000500，可簡稱爲 499 稿本。

　　093 稿本第一卷封面寫有「文宗本紀卷一」、「閱」〔註381〕字樣，其餘各卷標題格式與第一卷相同。第二卷封面有「吳廷燮纂輯」、「閱」字樣，並蓋有「已鈔」、「復鈔」〔註382〕章；第三卷封面有「吳廷燮」、「閱」字樣，並蓋有「已鈔」、「復鈔」〔註383〕章；第四卷和第五卷封面有「閱」字樣，另僅蓋有「已鈔」〔註384〕章；第六卷封面只有「閱」〔註385〕字，並未蓋章。該本繕寫在版心標有「清史館」字樣的方格稿紙上，每頁 8 列 20 行，無標點。其內有少量添改、眉批和夾籤，爲吳廷燮筆迹，此應爲吳廷燮原稿本，共 920 頁，合計約 14 萬字。

　　499 稿本封面上有「本紀二十」、「文宗本紀」、「丁卯年六月二十一日交」、「奭良覆輯」〔註386〕字樣，正文第一頁上「清史」、「本紀九」、「文宗本紀一」被改爲「清史稿」、「本紀二十」、「文宗本紀」〔註387〕，原第一卷封底亦注有「奭良覆輯」字樣，但被框刪〔註388〕；編目劃出的第二卷無封面，正文第一頁上「清史」、「本紀九」、「文宗本紀下」先是被改爲「清史稿」、「本紀二十一」、「文宗本紀二」，復被圈刪，眉批寫有「接前排」〔註389〕字樣，與前合成

〔註380〕該書 2007 版原爲兩卷，被合成一卷，但編目依舊標爲《文宗本紀一》和《文宗本紀二》。
〔註381〕第 8068 頁。
〔註382〕第 8172 頁。
〔註383〕第 8264 頁。
〔註384〕第 8464、8607 頁。
〔註385〕第 8757 頁。
〔註386〕第 8991 頁。
〔註387〕第 8992 頁。
〔註388〕第 9061 頁。
〔註389〕第 9063 頁。

一卷。可見此爲奭良覆輯本，提交於 1927 年 7 月 19 日。該本內有少量刪改，爲柯劭忞筆迹，經對照，其最終內容與刊行的《清史稿·文宗本紀》基本一致。此覆輯本繕寫在版心標有「清史卷」字樣的方格稿紙上，以「、」進行了標點，每頁 10 列 21 行，共 138 頁，合計約 2.9 萬字，與《清史稿·文宗本紀》字數略同。

2.9.2 吳廷燮原稿本

2.9.2.1 吳廷燮的修改

第 8074 頁吳廷燮將不夠規範的「二阿哥、三阿哥」改爲其名，將誤字「賞」改爲「常」。8124 頁將誤字「論」改爲「豁」；8140 頁「宣」改「宜」；8150 頁「廣」改「庚」，8411 頁改「體」爲「龍」，8413 頁「坛」改「壇」，8475 頁「諒」改「諄」，8574 頁「雲」改「雪」，8608 頁「垣」改「坦」，8615 頁「唐」改「康」，8654 頁「論」改爲「諭」，8656 頁「沿」改「治」，8673 頁「開」改「閩」，8833 頁「蓄」改「耆」。8641 頁他將正文「李自休誅」改爲「李月伏誅」，並眉批「李月不錯」。8767 頁他眉批「額羅金一作額爾金」，並在正文「羅金」前補一「額」字。8802 頁吳廷燮眉批「庚長 凡寫作『廣』字者皆改」，前後數頁此別字均被改正。8865 頁他眉批「商 後『啇』字皆照此改」，改正了正文中的錯字。

8079 頁他添「以穆彰阿等充監修總裁等官……」。8393 頁將「那拉氏」補全爲「葉赫那拉氏」。8396 頁在「壬寅，賊陷陽谷」後添「等縣」二字。8461 頁添「戊午，封貴人他他拉氏爲麗嬪，綽羅氏爲婉嬪」。

8122 頁他將正文中的「乙丑」改爲「丙寅」，並框刪下面的「常雩祀天於圜丘」。8155 頁他將「廣東盜船在石浦洋面遊駛」後面的「並擄捉商船水手勒銀取贖，知府羅鏞帶招漁船〔註390〕隨同師船將盜船擊走之」簡略爲「肆劫，知府羅鏞擊走之」。8474 頁他將「解往山東高唐州軍營備軍需」省爲「備山東高唐州軍需」。8488 至 8492 頁，吳廷燮將文中反覆出現多次的「逆首李開方就擒」、「以馮官屯逆匪蕩平」之類內容只留一處，其餘刪除。

8325、8407 頁他將「米里堅」的「米」改爲「美」。8437 頁將「英米佛三國」改爲「英美法三國」；8438 頁將「嘆咪」改爲「英美」。第 8444、8450 頁亦對此譯名問題進行了修改。

〔註390〕此「船」字本漏，由繕寫人補在右側。

8558 頁原文「怡良奏英司稅李國泰（應爲李泰國）請購辦輪船」之後的「以備剿逆，諭酌之」，被吳廷燮改爲「備剿，諭勿隳術中」。8624 頁他將「逈西回匪被剿」後的「輸誠」改爲「乞降」。8786 頁「密防英人」之後的「修照於粵」，吳廷燮改爲「通粵逆」。8836 頁正文「俄以兵入烏蘇里，強佔卡倫，諭景淳募刨夫集西丹等作爲民團抵禦」之後的「不露官爲起釁」，被吳廷燮改爲「示非由官起釁」。

8942 頁吳廷燮眉批「月分均接寫，不另提行」。

2.9.2.2 柯劭忞的修改

第 8664 頁，此處第一次出現了柯劭忞在《文宗本紀》中的字跡，他眉批「前已見」，正文中「准河南被旱地方漕米昨徵小麥」一句，「昨」字先被改爲「改」字，然後整句被框刪。

8773 頁柯劭忞將正文「賊由柳桂竄湖南永州」中的「柳」改爲「郴」，並眉批「是否『郴』字」。

8890 頁正文「格繃格」的第二個「格」右側被柯劭忞的毛鋒濃墨點了一點，吳廷燮眉批「『格』名不錯」。

2.9.2.3 另一字體的修改

該本的修改之處還有一種行楷字體，未能識別出其作者。其修改主要有：

第 8080 頁行楷眉批一「遵」字，正文中別字「尊」左側被點一點。同樣，8086 頁他眉批一「月」字，正文誤字「日」被改爲「月」。

在 8265 頁他眉批「接寫，不提行，以下同」。第 8465 頁爲卷四首頁，頁側有「衡璋繕」三字，行楷眉批「惟年分提行，餘俱應接寫不提行，以下仿此」。8950 頁他眉批「此下接寫三月」，8961 頁眉批「接寫夏四月」，8971 頁眉批「接寫五月」，8978 頁眉批「接寫六月」。

8291 頁行楷眉批「鎮江失守前已見」，正文中「瓜口、鎮江失守」被框刪，代以「以」字。如此無形中糾正了時間錯誤，因原文是「癸丑，瓜口、鎮江失守，楊文定退至江陰，奪職仍留任」，更正後爲「癸丑，以楊文定退至江陰，奪職仍留任」。

8723 頁行楷眉批「克復浦城後又見」，8726 頁眉批「克復浦城重見」，正文「福建官軍克復浦城」被框刪。

8969 頁正文「以浙江寧波設立新關徵收洋稅，停江海關代徵該關稅鈔」，吳廷燮改「該」爲「其」，行楷眉批「其字亦未妥」，吳廷燮又改「其」爲「浙海」。另「新關」前加有「浙海」二字，未知是第一次改加，還是第二次改加。

該本無論贊。

2.9.3 奭良覆輯本

2.9.3.1 被修改的內容

第 8992 頁正文「道光十一年生」中間添「六月初九日」，此爲又一種字體，筆劃圓潤，與前均不同。正文「居孝和睿皇后喪，在圓明園苫次有疾」被柯劭忞點刪，改爲「不豫」。

8993 頁柯劭忞將「湖南土匪李沅發」之後的「起事」改爲「作亂」。

8995～8996 頁柯劭忞框刪「初，秀全以傳教聚眾不法，巡檢捕送縣中，其時大吏畏事（另一字體改「畏事」爲「習爲諱飾」），牧令以徵收賠累，接審多費，竟置不辦，久之其黨楊秀清、馮雲山、蕭朝貴、韋昌輝、石達開（有一句讀，似無必要）劫出秀全，遂於金田起事」。

8998 頁柯劭忞將「廣西土匪鍾亞春就擒」改爲「獲廣西匪首鍾亞春，誅之」，改變了原義，造成了新的史實錯誤。

9003 頁柯劭忞框刪「甲午，周天爵奏剿平泗城股匪，陳亞等投誠」之後的「賊目馮子材甚爲出力」，隱去了馮子材的這段歷史。

9006 頁柯劭忞將「建號太平天國」的「建」改爲「僭」。

9026 頁柯劭忞將「雲南東川回匪」、「福建臺灣土匪」、「廣西全州土匪」的「滋事」全部改爲「作亂」。

9046 頁「釋張亮基於戍所」被框刪。其原因應是前未述遣戍事。

9063 頁柯劭忞眉批「接前排」，正文刪去「文宗本紀二」字樣。

9064 頁柯劭忞將「雲南賓州回匪」的「滋事」改爲「作亂」，並刪去奭良評論「是時，滇回四起，迭奉明旨嚴辦，而兵力不足，唯事姑息，馴至督撫不能制」。另外，本頁「安徽匪陷六安」後的「是時，捻匪附於髮逆，肆擾皖豫益棘」亦被圈刪。

9066 頁柯劭忞眉批「xx 未克也」，正文「己酉，安徽道員金光筯攻復正陽關，賜巴圖魯勇號」一句，「復」先被改爲「克」，然後整句被刪，下文敘

金光箸殁於攻正陽關之役。

9116頁正文「圓明園災」後的「常嬪薨」，先被框刪，又加三角恢復。

該本論贊由奭良撰寫，柯劭忞修改，涉及咸豐帝形象刻畫，詳見第 3 章第 9 節。

2.9.3.2 關於史事評論

該本中的史事評論有一定價值，但不合審改人認可的本紀體例，均被刪除。除了前已述及的內容，相關評論還有：

第 9056 頁「丁卯，命總兵張國樑幫辦向榮軍務」之後的「國樑驍健善戰，能得士心，至是膺特簡焉，未盡其用也」的評論被圈刪，「心」字原爲「力」。

9097頁正文「戊戌，詔夷人雖經懲創，仍宜設法撫馭，即派恒福專辦撫局，僧格林沁仍辦防務」之後的說明性文字「是時，朝廷慮患甚微，美人亦言英志必報，須厚與撫恤，亟與換約，庶可弭患，其時主戰者多，未能以上聞也」被框刪。

9100頁咸豐八年戊午科場案「乙酉，詔曰：『王大臣續陳審明科場舞弊之大員父子，及遞送關節之職員，分別定擬。此案程炳采於伊父程庭桂入闈後，接收關節，令家人轉遞場內，程庭桂並不舉發。程炳采處斬，程庭桂免死，遣戍軍臺。謝森墀、潘祖同、潘敦儼等俱免死，發遣新疆』」之後的說明性文字「是獄也，端華輩主之，專陷柏葰，程庭桂罪浮於柏葰而罰輕，受關節者，並從輕比，聞者不厭，然鄉會兩闈，積年科場請託之弊，因之肅歛焉」被圈刪。「積年科場請託之弊，因之肅歛焉」本爲「自道光季年以來，請託盛行，公無忌諱，至是嚴法創之，始肅歛焉」。此段改了一次，終被刪除。

9108頁正文「辛酉，詔和春分兵援浙」之後的說明性文字「是時，江南兵力本不厚，加以師久力疲，既令分援，又令裁汰，和春前有援賊回竄之奏，賊已陷廣德，理當益兵，樞廷顧不知也」被框刪。

9109頁原文有「甲子，何桂清疏言，撥銀十萬兩接濟和春，此後餉項無着，請飭嚴杜浮冒，詔和春行王瀋核實酌發前發兵勇口糧，按月扣還，又詔蘇州新募潮勇，即時遣散，從此軍心渙散，益壞裂焉」。「從此軍心渙散，益壞裂焉」的評論性文字先被圈刪，後前句則被框刪，可見是經過了兩次審改。

9112 頁正文「命邵燦、劉繹、晏端書、龐鍾璐各在原籍舉辦團練」之後的評論「其時上意使民不爲賊而爲兵，然成效少而齟齬者多，唯龐鍾璐能致迎皖之師焉」被框刪。

9114 頁正文「李世忠以擒叛將薛成良擢授江南提督」後圈刪說明及評論性文字：「薛成良前據李若珠報在邵伯湖殲斃，茲又報皖北就擒，當時文報不足憑率如此。」

9118 頁「癸酉，敕樂斌、英桂回任」之後的「以西巡之議緩也」被圈刪。

2.10 《穆宗本紀》

2.10.1 《穆宗本紀》稿本的基本情況

《清史館未刊紀志表傳稿本專輯——本紀》第十八、十九兩冊中依次收錄了兩個《穆宗本紀》稿本。前一個稿本分爲 7 卷，編目標爲《穆宗本紀一》至《穆宗本紀七》。後一個稿本分爲 2 卷，編目標爲《穆宗卷一》和《穆宗卷一》。

前一稿本第一卷封面寫有「穆宗本紀卷一」〔註391〕字樣。其餘六卷標題格式與第一卷相同，另均蓋有「已鈔」、「復鈔」章。第二卷封面有「閱」〔註392〕字樣；第三卷封面有「閱」字樣，另寫有「此本錯謬太多，該書記即行撤差」〔註393〕；第四卷封面有「閱」、「發謄」〔註394〕字樣；第五卷封面有「閱」字樣，另寫有「尚有數處問明再謄」〔註395〕；第六卷封面有「閱」、「發謄」〔註396〕字樣；第七卷封面有「閱」字樣，另寫有「此卷錯字仍須細校」。〔註397〕該本繕寫在版心標有「清史館」字樣的方格稿紙上，每頁 8 列20 行，無標點，共 892 頁，合計約 14.2 萬字。該本雖無署名，但其中的添改多爲吳廷燮筆迹，應爲吳廷燮原稿本。

〔註391〕第 9133 頁。
〔註392〕第 9277 頁。
〔註393〕第 9475 頁。
〔註394〕第 9617 頁。
〔註395〕第 9740 頁。
〔註396〕第 9834 頁。
〔註397〕第 9934 頁。

後一稿本第一卷封面上有「穆宗卷一」、「本紀」、「丁卯年四月二十七日交」、「李哲明覆輯」〔註 398〕字樣；第二卷封面上有「穆宗二」、「本紀」、「丁卯年五月初一日交」、「李哲明覆修」〔註 399〕字樣。可見該本爲李哲明覆輯本，分別提交於 1927 年 4 月 27 日和 31 日。該本繕寫在版心標有「清史卷」字樣的方格稿紙上，每頁 10 列 21 行，以「、」進行了標點。該書 2007 年版第一卷所印內容不全，自同治二年五月中至五年年底均缺，第二卷從同治六年開始，十一年六月至九月中亦有兩頁缺失，2008 年版則無此問題，應該爲裝訂錯誤。該本共計 244 頁，約 5.1 萬字。稿本內有一些刪改，爲柯劭忞筆迹，經對照，其刪改後的內容與最終刊行的 4.1 萬字的《清史稿・穆宗本紀》基本一致。這與金梁在其《清史稿校刻記》中稱「穆、德二紀爲李君哲明復輯，柯君皆多刪正」相符。

2.10.2 吳廷燮原稿本

該本的眉批和夾簽是一種行楷字體，尚未識別出其作者，該審改者與吳廷燮採取「你提我改」或者「你問我答」的方式，頗爲整齊。

如第 9295 頁眉批：「法公使何名？似應書。」正文中「法新公使至京」被吳廷燮改爲「法使哥士耆回國，柏爾德密代之」。

9441 頁夾簽：「粵逆李侍賢、李世賢，是一是二？」吳廷燮旁注：「侍王李世賢。」

9482 頁夾簽：「接連兩日皆予稅務司休士功牌、珍物。是否有誤？」前頁正文中衍的一條「以稅務司休士盤獲逆函予一等功牌及珍物」，被吳廷燮框刪。

9513 頁眉批：「『不克』兩字能用於賊兵否？」該頁正文（髮捻各逆竄圍嘉祥）「不克」被吳廷燮改爲「未陷」。

9516 頁夾簽：「英法公使因何事回國？應敘明否？」吳廷燮旁注：「原奏無事。」

9541 頁眉批「疑係『年』字」，正文「軍」字被吳廷燮改爲「年」字。第 9807 頁該審改者眉批「『之日』下二字不明」，吳廷燮在正文中添改兩行字。第 9829 頁眉批「『減』字上似有『脫』字」，吳廷燮在正文添一「脫」

〔註 398〕第 10032 頁。
〔註 399〕第 10178 頁。

字。

10016 頁眉批「大久保，是否『久大』？且此三字是姓猶名？須查」。吳廷燮將正文「久大保」改爲「大久保利通」。

9519 頁正文「山丹」的「丹」字右側點有三個點，吳廷燮眉批：「山丹，縣名。」9855 頁正文「設復」右側點有一點，吳廷燮眉批「設復，謂復設台站」。9901 頁正文「寧靈」右側點有一點，吳廷燮眉批「寧靈，新設廳名，治金積堡」，正文中亦加「治金積堡」四字。9947 頁正文（越南）「黎裔」右側點有一點，吳廷燮眉批「黎氏後裔」。9967 頁正文「台路」右側點有一點，吳廷燮眉批「內地爲驛路，口外爲台路」。9986 頁正文「台差」右側點有一點，吳廷燮眉批「台站之差」。9989 頁正文（福建廠）「營」右側點有一點，吳廷燮眉批「廠、營各分造」。

除此以外，該稿本中多爲吳廷燮自行修改，多數是改正錯字。亦有修改內容者，如 9605 頁正文「法國與朝鮮構兵，並給各國照會」一句被點刪，吳廷燮改爲「法使來文疑中國袒護朝鮮，錄往覆照會通知各國」。亦有精練，如 9642 頁「以疾乞免」改爲「乞病」。亦有刪除整句，如 9682 頁框刪「裕瑞卒，以定安爲綏遠城將軍」。他還提醒謄寫人注意格式，如 9782 頁眉批「九年提行」。

2.10.3 李哲明覆輯本

從字體辨別，該本的審改主要是由柯劭忞完成的。他用道直接刪去了約一萬字的篇幅。其他修改如第 10033 頁，他將（李鴻藻）「充師傅」改爲「授讀」，將贊襄政務八大臣中漏書的「杜翰」補入。10064 頁，柯劭忞將（陳玉成）「伏誅於延津」改爲「解京師，詔於途磔之」。10039 頁，（大行皇帝梓宮）「由山莊起駕」被他改爲「返京師，……」，省略的文字核《清史稿》，應爲「免承德及宛平各府縣田賦」，但此處書寫過於潦草，難以識別。頁腳有一行淡墨行楷小字「全認不清，祈自注意」，應該是謄寫人的提醒。類似問題還有 10228 頁，柯劭忞關於張汶祥刺馬案的眉批也太過潦草，另一人無奈地批註「看不出來」。

10211 頁有另一種正楷字體的眉批「案：本紀作『董侍有』，遵改」，該頁正文中的（董）「福祥」被改爲「侍有」。

2.11 《德宗本紀》

2.11.1 《德宗本紀》稿本的基本情況

　　《清史館未刊紀志表傳稿本專輯——本紀》第二十至二十二冊中依次收錄了三個《德宗本紀》稿本。第一個稿本內容不全，僅至光緒八年，分為 3 卷：《德宗本紀卷一》至《德宗本紀卷三》〔註 400〕，臺北故宮文獻編號為 201000432～201000434；第二個稿本分為 10 卷，為《德宗本紀一》、《德宗本紀卷二》至《德宗本紀卷十》，臺北故宮文獻編號為 201000435～201000444；第三個稿本共有 3 卷，為《德宗本紀一上》、《德宗本紀一下》和《德宗本紀二》〔註 401〕，臺北故宮文獻編號為 201000503～201000505。以下分稱這三個稿本為 432、435、503 稿本。

　　432 稿本繕寫在版心標有「清史館」字樣的方格稿紙上，每頁 8 列 20 行，無標點，封面分別寫為「德宗本紀卷一」〔註 402〕、「德宗本紀卷二」〔註 403〕、「德宗本紀卷三」，前兩卷無署名，第三卷封面標有「瑞洵纂」〔註 404〕字樣。該本共計 305 頁，約 4.8 萬字。其分卷有問題，卷一末尾「己丑」〔註 405〕與卷二開頭「申諭各省墾荒田……」〔註 406〕史事相連，並非完結之處。該本未見修改，有些空格缺字，應為謄清本，經對照內容，並非 435 稿本或 503 稿本的謄清。

　　435 稿本用紙與 432 稿本相同，亦無標點。卷首無封面，其餘封面分別標為「德宗本紀卷二」至「德宗本紀卷十」，有「瑞洵」字樣及另一字體的「閱」字〔註 407〕。該本共計 993 頁，約 15.8 萬字，內有大量修改之處。

　　核對 432 稿本和 435 稿本的內容，二者表述不一，互有詳略，之間並無承襲關係，應為兩次分別編纂。瑞洵一人為何如此編纂兩次，尚不得而知。其中描述載湉的用語與《東華續錄》、《清國史·德宗本紀》和《清德宗實錄》

〔註 400〕該書 2007 年版將該卷與第二個稿本的卷三印反。
〔註 401〕該書 2007 年版編目誤標為《德宗一》、《德宗一》和《德宗二》。
〔註 402〕第 10278 頁。
〔註 403〕第 10360 頁。
〔註 404〕第 10466 頁。
〔註 405〕第 10358 頁。
〔註 406〕第 10361 頁。
〔註 407〕第 10678、10773、10867、10983、11063、11165、11295、11386、11488 頁。

均有明顯不同（詳見第三章第 11 節），當另有所本。

503 稿本封面上標有「德宗一」、「本紀」、「奭良、柯劭忞、李哲明」、「丙寅年十一月二十日交」﹝註408﹞字樣。可知其提交於 1926 年 12 月 24 日。該本繕寫在版心標有「清史卷」字樣的方格稿紙上，每頁 10 列 21 行，大多以「、」進行了標點。正文共計 311 頁，在刪改前約為 6.5 萬字。核對內容可見，該本的底稿即是 435 稿本的謄清。該本上修改刪削較多，部分為柯劭忞筆迹。經過這些修改之後，其內容與刊行的 5.5 萬字的《清史稿·德宗本紀》大致相同。金梁在《清史稿校刻記》中稱「穆、德二紀為李君哲明復輯，柯君皆多刪正」，「太祖、聖祖、世宗、仁宗、文宗、與宣統六紀為奭君良復輯」，從該本署名可見，奭良也參與了此覆輯本的工作。

2.11.2　432 稿本

缺字

該本的卷一和卷二從筆迹上看為一人謄寫，卷一第一頁欄外有「史錫蕃繕」﹝註409﹞字樣。這兩卷中有不少空格，與其他稿本不同。有的與祭祀相關，如第 10282 頁「至大行皇帝□□前」。10291 頁「辛亥，祈穀於上帝。□□□□□行禮。」10299 頁「丁酉，上詣觀德殿穆宗毅皇帝几筵前、永思殿大行嘉順皇后□□前行清明大祭禮」。10317 頁「孟冬時享太廟，遣□□□□□恭代行禮。」10446 頁「以孟□時享太廟」。

有的是人名，如 10300 頁「隆□為鑲藍旗漢軍都統」；10409 頁「以恭□署烏魯木齊都統」、10421 頁「恭□奏……」，此處應為「恭鏜」；10429 頁「吏部主事吳可□」，此處應為「吳可讀」，且下頁即有該名，並未空缺；10432 頁「回子郡王愛買提愛克拉□都」。

其他空格還有：10283 頁「通商事□大臣」，10313 頁「允崇實之請，□天各處……」，10317 頁「俟李瀚章到滇並□擊柏郎等情秉公查辦」，10354 頁「乙未，□勝軍出關」，10361 頁「允山西添募營勇填□」，10362 頁「外國□臣均暫緩舉行」，10372 頁「□越匪徒」，10399 頁「運籌西□餉械」，10407 頁「即行□速奏聞」；10442 頁「額魯特領隊大□托克托奈」。

10436 頁似有一空格，但細看之下是個淡淡的「原」字，在「原有額兵」

﹝註408﹞第 11578 頁。
﹝註409﹞第 10279 頁。

一句，應是薄紙貼上然後影印出現的效果。

卷三字迹與前不同，也有幾處空格：10507 頁「吉林添練兵□」；10514 頁「朝廷□小爲懷」；10554 頁「此□議□淮引川鹽能否即行……且將來如果□淮亦必須酌定限期」；10561 頁「署福建提督關鎭□」。

這些空格的成因未明，這裏將其羅列出來也未見規律，猜測可能是原稿潦草，謄清人不識其字，於是空下待補而最終未補所至。

夾簽

該本僅有一處夾簽，在卷三的 10475 頁：「『食課』不解，仍照實錄錄寫，待請問《戶部則例》，必有。」前頁正文有「蠲緩陝西咸寧等六十八廳州縣錢糧食課」一句。可見這是瑞洵自己寫的備忘錄，他編纂該部分依據的史料是《清實錄》，爲了弄清楚「食課」一詞的意思，他準備去查《戶部則例》。

2.11.3　435 稿本

435 稿本中有很多夾簽，主要涉及以下內容：

指出應刪者

第 10589 頁夾簽：「撤銷加級暨免太醫職俱是循例之件，似可不載」。前頁正文中框刪「奉兩宮皇太后懿旨，允惇親王奕誴請，撤銷十一月十五日加賞王大臣等及王公中外大小官員加級恩旨。以未能保護聖躬，奪太醫院左右院判李德立、莊守和職，帶罪當差」。

10596 頁夾簽：「賞勇號暨花翎某銜，似可略」，10594～10595 頁框刪「以剿平全黔苗匪，賞道員劉嶽曙清字勇號」。

10603 頁夾簽：「予建祠統載禮志，似不必散見紀中，其有特例者書之可也，請酌」，10600～10601 頁框刪「從丁寶楨之請，命禮部議加河神封號並建栗大王祠」。

10611 頁夾簽：「大東溝匪平已見前，宜刪」。前頁「甲寅，奉天大東溝匪平」被框刪。

10625 頁夾簽：「凡祈雨雪之類，歲中一書以見義，似不必頻頻書之，請酌。明注」。可見此爲李哲明書寫的夾簽，凡與該簽字體相同者應俱爲其所寫。前頁「丙辰，祈雨」之後的「復祈雨」被框刪。

指出時間錯誤

第 10633 頁夾簽：「乙亥之必不得有辛酉朔，不知何以致誤，前後諦審，

俱不相應，查《續東華錄》，五月夏至日于爲庚申，此可據改。依次求之，壬
申當爲丁巳，辛未當爲丙辰，庚午當爲乙卯，再上一日爲甲寅，則不誤矣。
明注」。前兩頁的幾處干支被修改，可見李哲明審改時對稿本的時間錯誤是有
所關注的。

10638 頁夾簽：「予劉德從祀非此年，應書於後，禮部覆奏摺甚詳，張伯
行並書亦太懸隔。」10636～10637 頁刪「丙辰，予漢儒河間獻王劉德、原任
禮部尚書張伯行並從祀文廟」。10670 頁正文添「予漢儒河間獻王劉德從祀文
廟」。

10654 頁夾簽：「壬戌一條，又見下文四月辛卯，文同，底本派莊王代亦
同，可疑。查《東華錄》，載四月一條，不載此條，此處似可刪去，請 大酌。
明注」可見李哲明審改的態度是較爲細緻的。前頁正文中有「壬戌，常雩，
祀天於圜丘」一句，下文四月之句在 10657 頁。

10868 頁的夾簽爲楷體：「祈穀日當屬辛卯，即庚寅之次日，以實錄失
載，此係查據方本論旨，太常寺題正月十五日祭壇，又查實錄，十五日確是
庚寅，必有差錯，候核。」前頁正文「庚申」右側本添小字「祈穀於上帝」，
被框刪。

11204 頁夾簽：「實錄祈穀書於初六日壬寅，是日實辛丑，非壬寅也，詳
查二十一年歲暮祫祭在十二月二十八日甲午，則次日二十九爲乙未，是月小
建，次年正月朔決爲丙申，乃誤爲丁酉，致祈穀竟不以辛，茲特改正並書，
此二十二年實錄原稿本，月朔每有錯誤，並一律遞改，仍核。」前頁改正多
個干支，這是在修史中發現了實錄的錯誤，並進行修止。11222 頁夾簽也是如
此：「九月三十日辛酉，十一月朔壬辰，則十月朔當爲壬戌，實錄稿本誤爲癸
亥，茲逐日更正。」

關於翻譯用詞

第 10641 頁夾簽：「『哈拉套改』不誤。此譯音之字，若翻成『垓』字則
合：哈拉套垓」，10639 頁正文有「官軍剿平奉天西北邊境哈拉套改賊巢」，審
改者指出此譯法不夠典雅。

刪改

第 10660 頁夾簽分爲兩段，第一段：「凡朝鮮、越南等屬國進方物，回賞
國王例係閃緞、粧緞、舒緞、蟒緞，罕見有賜珍物者，此係據實錄本書，
今覆勘尚覺欠妥，故酌易之。」前頁正文頒賞越南國王本有「珍物」，此二

字被刪。第二段是「孫日萱建祠，實錄書爲予河南官紳鴻臚寺少卿孫日萱建祠，『官紳』二字亦未妥，茲酌改」。正文中書爲「殉難鴻臚寺少卿孫日萱」。

10674 頁夾籤：「『縣』下應添『知縣』二字再加『設』字」。前頁正文「置奉天奉化縣一員」被改爲「置奉天奉化縣，設知縣一員」。

10777 頁夾籤：「前後藏達賴、班禪來人似不應書使，候 X〔註410〕。如此變通改書似較渾含，未悉可否。」10775 頁正文「乙亥，達賴剌麻」之後的「以穆宗毅皇帝大事遣使進貢物，優詔褒答，並賚哈達、緞匹諸物」被改爲「遣人來貢，進哈達、佛香，命獻惠陵，降敕褒答，並賚哈達、緞疋諸物」。

11244 頁夾籤：「查明實是楊情清，此名不通，且此條事由亦太冗雜，凡死事應書事最著者，此可刪。」前頁正文「丁未，予雲南剿匪防邊勘界陣亡瘴故員弁候選訓導楊情清等議卹」，「情」字右側點有一點，全句被點刪。

解釋說明

第 10703 頁夾籤：「查會典官本均書『筵燕』，實則『宴』字亦不錯」，前頁正文「燕」字爲後貼上。

10722 頁夾籤：「天功扁字係照實錄書，查『功』、『工』通用，似無挌，仍候裁酌。」前頁正文「御書天功寅亮匾額」的「功」字旁點了一點。

10751 頁夾籤：「查實錄本書曾紀澤奏籌辦伊犁事宜各折片云云，此係照書。」前頁正文有「曾紀澤奏籌辦伊犁事宜，分界宜以力爭，通商似可酌允」一句。

10755 頁夾籤：「庚辰，責軍機大臣上諭末云：著交各該衙門議處。以有親王，似是應歸宗人府議處，故云下府部議」。前頁正文「下府部議」四字被框，「府」字被加點。

又如 11265 頁夾籤：「此諭『無動爲大』四字，不誤」。11271 頁夾籤：「此行無誤，已詳查是年是月上諭方本及諭折彙存矣」。11273 頁夾籤：「陵迫爲尤，原文如是」。

精練

第 10731 頁夾籤：「允英人請，免安集延逆裔死刑，錮之於蘭州獄」。前頁正文爲「總理各國事務衙門奏：英使威妥瑪奉其國主命，懇將安集延逆酋

〔註410〕該字未影印上。

阿古柏子孫改從寬典。詔於甘肅省城監禁」。修改之後從 42 字減少到 18 字。

關於史料來源

第 10924 頁夾簽：「越南王自殺、法人立其弟一事，係據實錄稿本，惟其弟下應書其名（小字旁注「原稿無之」），其改元咸宜亦恐有誤，應候查正。」下面另有兩行小字「錄稿係據雲貴總督函案，現查外交檔亦無原函，無法再搜求矣」。從中可以看到稿本編纂的一些史料來源。前頁正文爲「越南國王阮膺登自殺，法人立其弟爲國王，改元咸宜」。在《清史稿》中，已無「改元咸宜」四字。

11015 頁的夾簽寫在格紙上，分爲四行：

親耕籍田，自是年三推畢加一推。　　不誤。

廣「山」東學額，是「廣」字之誤。　　已改正。

賑四川安、雲陽等縣水災。　　安縣、雲陽縣，擬去安字。

錫綸下部議一條，係照原函引例之文，惟溢於冗。　　已改。

此篇前問後答，反映了稿本的審改過程。

11179 頁夾簽：「此是議歸遼初訂交還條約，至十月辛巳，李鴻章函與日本使臣互換歸遼條約，則是約之成而互換簽押也。」前頁正文「壬辰，日本歸我遼南地」後加一「初」字，將三國干涉還遼的背景與該日史事分開。

11182 頁夾簽：「萬餘人，覆查。原函不誤。」11180 頁正文「撫恤江浙運漕稽候剝船戶萬餘人」。

改用詞

第 11191 頁夾簽：「『罷職不敘』字樣見於《大清律例》之式，如嫌生硬，即改『永不敘用』，然該史例則止當一『罷』字足矣，擬刪『不敘』二字，候核。」11196 頁夾簽內容類似：「『不敘』二字擬刪。」

考證史事

第 11419 頁小楷夾簽：「熱河增置三縣，初據實錄本書。嗣經詳查，二十九年錫良奏升設府縣，旋經松壽奏隆化、阜新均暫緩設而委員代辦朝陽府事，管朝陽縣所有各地方，一切民事仍歸朝陽縣經理，暫不改縣名，亦無庸分界限，此仍留朝陽、未設阜新、隆化之證。至阜新三十一年始置，隆化之設且在宣統元年，是是年止應書升置朝陽府及建平一縣，若按實錄遽書增設，必與後來奏案牴牾，茲改正。」

11425 頁夾簽:「蘇元春之拿問,在是月己未初七,而到部在癸亥十一,不及六天,何以如此之速?豈先來京候逮耶?茲應僅通書於到部之日。全書類此者不勝僂指,要須多加推敲,方少錯誤。」前頁正文「己未……逮廣西提督蘇元春」被點刪,「癸亥」後「下蘇元春於獄」改為「逮已革廣西提督蘇元春下於獄」。

第 11436 頁夾簽:「奉天海龍城升府,增置遼原州、柳河等十縣係二十八年六月十五日部議准行,此實錄誤書,已更正書於二十八年,此刪。」11434頁正文框刪「升奉天新民、海龍兩廳為府治,置遼原州及綏中、鎮安、彰武、西豐、西安、東平、臨江、輯安、興仁九縣暨彰武縣、分防縣縣丞。移通化縣縣丞於柳河縣、康平縣鄭家屯主簿於後新秋,通化縣帽兒山巡檢於八道口,懷仁縣通溝巡檢於岔溝門」。

添內容

前兩卷多為添在一紙條上再貼在行間,如第 10595 頁貼添「請廷臣會議大行後嗣頒立鐵券,斥之」;10607 頁貼添「奉天匪首宋三好踞大東溝倡亂,將軍崇實討平之」;10608 頁貼添「旋諭禁苛派擾累」;10643 頁貼添「以四川州縣民教鬥,諭魁玉等持平訊結」;10646 頁貼添「實力剿除,悉心整飭吏治武備」等等。

也有例外,如 10665 頁貼添「先是,劉錦棠攻克達版及託克遜賊巢,並復吐魯番城,至是」,同時,該頁正文直接添有「諭左宗棠主持」等字。10739頁正文「以議辦邊防」後直接添「請籌餉節流」。

第三卷開始又均為直接添內容,如 10815 頁添「是月賑安徽、浙江、江西水災」;10817~10818 頁添「稽崇厚貽誤於前,曾紀澤力爭於後,茲定新約,應就原圖指向酌定新界,清安會商」;10842 頁添「先是,御史陳啓泰奏太常寺卿周瑞清包攬雲南報銷,御史洪良品、給事中鄧承修以事涉樞臣景廉、王文韶,相繼論劾。先後命惇親王、閻敬銘、潘祖蔭、張之萬、麟書、翁同龢、薛允升會同察辦。至是覆陳,瑞清等罪如律」。

被添改的內容亦有刪改,如 10738 頁正文「苗匪平」被改為「苗匪為亂,官軍剿平之」,又刪為「苗匪平」。11869 頁添「祭先師孔子。戊申,祭大社大稷」,被框刪。11900 頁添「賑江西浮梁等州縣水災」,「州縣」二字旁寫一「處」字。11906 頁添「皇太后懿旨賞醇親王子載灃不入八分輔國公」,「皇太后」三字被框刪。

其他所添內容還有：第 10968 頁添一行「是夏，增置新疆……等官」。11250 頁添「是春，山東膠州灣租借與德意志，奉天旅順口、大連灣、遼東半島租借於俄羅斯」。11266 頁添「是夏，廣東九龍半島、山東威海衛俱租借於英吉利」。11422 頁添「是月，置山西興和、陶林（欄外有字，未影印上）三廳，興和、五原各設撫民同知一員，陶林設撫民通判一員」。11441 頁添「命陳璧會同五城御史辦理練勇局事宜」等。

改誤字漏字

如第 10635 頁眉批「『幅』誤『蝠』，遵改」，正文中的「蝠匪」被更正為「幅匪」。10879 頁夾簽：「脫『廣』字，遵添」，前頁正文「東」被更正為「廣東」。

2.11.4　503 稿本

該本中的改動多為柯劭忞筆迹，其刪改的主要內容及原則是：

精簡

如第 11716 頁柯劭忞將「覆陳疏卜游、保迂陵、峻中洪、建減壩、治上游等事」改為「工程」，省了 17 字。

刪細節

如第 11777 頁柯劭忞刪「先是，康有為事發，楊深秀等繫獄，詔軍機人臣、御前大臣會刑部、都察院嚴訊，或言宜立正典刑。至是，不俟請讞，即令駢誅，遂殺深秀、銳、旭、光第、嗣同」，改為「楊深秀、楊銳、林旭、劉光第、譚嗣同俱處斬」。

11867 頁柯劭忞將「安徽巡撫恩銘為道員徐錫麟槍擊，以創死」改為「安徽候補道徐錫麟刺殺巡撫恩銘」。

改病句

第 11791 頁正文本有語病：「大索康梁，毀所著書，或閱其報章置重典。」柯劭忞改為「大索康有為、梁啟超，毀所著書，閱其報章者並罪之」。

繁改簡

如第 11812 頁原文（各國聯軍）「撤京師駐兵」，柯劭忞改為「去京師」。

簡改繁

如第 11811 頁「詔從各國議，停順天、奉、黑、晉、豫、陝、浙、贛、湘

省考試五年」，柯劭忞眉批「應書省名」，將各省簡稱寫成全稱。

改變原義

第 11826 頁原文是（湖南都司劉長儒坐）「不能保護教士棄市」，柯劭忞改爲「不保護教士處斬」，意思有細微差別。

改入列傳

第 11723 頁柯劭忞刪「先是，我軍艦遇日船於大東溝，逆擊，沈其三艘，覆兵千數。相持間，敵魚雷艇攻定遠未及，而致遠管帶鄧世昌駛輪進，中魚雷，世昌與都司陳金揆溺焉。屬經遠管帶林永升中礮亡，世昌已獲救，義不獨生，自沈死」，眉批：「此應詳於列傳。」鄧世昌之死的具體情況尚是懸案，此記載與《清史稿‧列傳》有些差異，有一定史料價值。

改入外交志

第 11738 頁柯劭忞刪「初，馬關之約，割盛京自鴨綠江後抵安平河口、至鳳凰城、海城及營口以南城邑、并遼東灣東岸、黃海北岸諸島嶼讓日本，俄法德三國滋不平，駐日三使，咸有責言，沮其議，且以兵艦集長崎及遼海煙臺爲戰備。日人恐，乃許還地。至是，復訂約交還焉」，眉批「入外交志」。

改入食貨志

第 11741 頁柯劭忞刪「戶部條上考覈錢糧〔註411〕、整頓釐金、裁汰制兵、鹽斤加價、刪節薪費、重抽煙菸酒稅釐數事，詔各疆吏切實奉行」，眉批「入食貨志」。11835 頁柯劭忞刪「十一月丙戌，詔以庫儲虛竭，責蘇、粵、直、川、魯、豫、贛、浙、鄂、湘、皖、晉、陝、桂、滇、閩十六省，歲共增解款三百二十萬，於州縣浮收房田契稅取給之。以直隸整理煙酒兩稅，歲入甚鉅，諭各省仿行。……甲辰，商部奏擬商會章程，允行」，亦眉批「入食貨志」。

改入交通志

第 11871 頁柯劭忞圈刪「先是，蘇杭甬鐵路允由英人承修，已立草約，尋浙紳合呈自辦，久無成議，所集股款不敷，英人迭次執言，始分借款造路爲兩事。至是，諭外務部妥訂章程，兼令英公司仍許浙紳購股，敕督撫勸導諸紳共維大局，勿固執強爭」，眉批「入交通志」。

〔註411〕稿本漏此句讀。

義賑不書

第 11743 頁柯劭忞刪「己丑，加放霸州、寶坻等處義賑」，眉批「義賑不書」。

2.11.5 瑞洵編纂過程及相關人物史事表述

2.11.5.1 瑞洵編纂過程

在第 11075 頁 435 稿本中有一封給瑞洵的信：

> 光緒十六年庚寅有日食，係在五月己巳朔，京師日食三分四十三秒，
> 初虧酉正二刻一分下偏右，復圓戌正初刻三分在地平下
>
> 敬求
>
> 轉交　　是年確有日食，實錄稿本無之，因託崇查攷得之，當不誤（瑞洵筆迹）
>
> 瑞大人閱
>
> 　　　　　　　　前欽天監博士、《會典圖》（上）協修崇源謹上

前頁正文添有「己巳朔，日有食之」。此信是反映當時修史過程的珍貴史料。

2.11.5.2 瑞洵史事表述

瑞洵於光緒年間擔任科布多參贊大臣，是諸多史事的親歷者，其初稿中有不少筆墨反映此類內容，個別保存在《清史稿》中，大多則在審改中被刪除：

435 稿本第 11134 頁爲一「粘條」，原文內容是：「正月辛丑，瑞洵奏阿拉克別克河口克色勒烏雍克地方，俄人蓄意圖占，要索太甚，近復在彼丈地造房，自立鄂博，並擬築城。經己力爭詰阻，議允暫停候查，各遣大員定期前往會同覆勘。請敕外務部照會俄使催辦勘界，以重置索而杜狡謀。諭外務部迅速查核辦理。二十年正月。」其中部分字句又有修改。旁邊是瑞洵的一段小字：「瑞洵曩在北路軍營，經辦之事雖有可記者，亦多從刪削。蓋以本紀最貴謹嚴，又秉筆恰爲本人，尤宜格外矜宥，引嫌猶第二義也。至此條較有關係，鈞裁存否可耳。」另一字體在上面眉批：「應纂入。」前頁復眉批：「粘條五行餘應添寫在此。」在 503 稿本中，該句被寫爲「辛丑，俄人圖占克色勒烏雍克丈地造房，自立鄂博，經瑞洵詰阻，允俟中俄遣員定期會勘，諭外務部迅告俄使如約勘界，以杜狡謀」〔註412〕，被柯劭忞用道

〔註412〕第 11716 頁。

刪除。

435 稿本 11274 頁有蠅頭小楷所添（二十四年……七月……戊寅）「翰林院侍講學士瑞洵言南漕改折，有益無損，請飭妥議施行，又每年預提折價，於津通一帶購米，以實倉庾，並裁併衛弁屯田，由地方官徵租，命慶親王奕劻、孫家鼐會戶部妥議以聞」。該句在 503 稿本中被誤繫於「丁丑」，寫為「侍講學士瑞洵言南漕改折，有益無損，又每年預提折價購米，以實倉庾，並裁併衛弁屯田，由有司徵租，命奕劻、孫家鼐會戶部妥議」，亦被柯劭忞用道刪除。〔註413〕

11310 頁正文本有：（二十五年……九月……）「辛亥，以崇勳為科布多參贊大臣，賞副都統銜。壬子，崇勳免，以瑞洵為科布多參贊大臣，賞副都統銜。」兩個「賞副都統銜」先被點刪，後整句被框刪。

11337 頁 435 稿本正文刪（二十六年……七月……癸亥）「瑞洵請回京報效，詔止之」。該頁還有「丁卯，詔求直言，瑞洵請留取道赴任索倫領隊大臣志銳襄理防務，不許」，此句雖未刪，但 503 稿本已無該句。

11397 頁 435 稿本正文有：（二十七年……夏四月）「乙卯，瑞洵請索還塔爾巴哈台借占阿勒台山烏梁海游牧地方，以安插哈薩克人眾，命親往覆勘清查安輯。」在 503 稿本中，該句被改為「初，塔爾巴哈台借占阿勒台山烏梁海游牧地，至是，瑞洵請索還，以處哈薩克人眾，命瑞洵親勘定之」〔註414〕，被柯劭忞用道刪除。

11426 頁在 435 稿本正文（二十九年……六月……庚辰）「瑞洵言北路地方改設行省有害無利，約舉隔閡、蠹擾、疑懼、苦累諸患，上是之，罷議」之前添「先是，政務處議北路改置行省，下其章於烏里雅蘇台、科布多，令將軍大臣籌備，至是」，「罷議」二字則被點刪。該句未刪，但 503 稿本已無此句。

11433 頁 435 稿本正文有（二十九年……冬十月……）「戊午，以英秀接收阿勒台借地，率議展緩，命瑞洵往按察之，接收事宜仍令瑞洵經理」。在 503 稿本中，該句後半句被精練為「命瑞洵往按，仍經理之」。〔註415〕此事最後被保存在《清史稿》中，惟去掉了「仍經理之」。

〔註413〕第 11775 頁。
〔註414〕第 11823 頁。
〔註415〕第 11833 頁。

11481 頁 435 稿本正文有（三十一年……十一月……）「己未，以隨從擾累台站，奪前科布多參贊大臣瑞洵職，謫戍軍台」。該句在 503 稿本中被精練為「前科布多參贊大臣瑞洵坐隨從擾累褫職謫戍」。不過整句被柯劭忞用道刪除，雖旁邊又畫三角表示恢復，但《清史稿》未用。

11485 頁 435 稿本正文有（三十一年……十二月……）「丙辰，用科布多辦事大臣錫恒言，逮瑞洵下獄」。該句在 503 稿本中被縮為「丙辰，逮瑞洵於獄」，結果和前句同，整句被柯劭忞刪除，旁邊又畫三角恢復，但《清史稿》亦未用。

11556 頁 435 稿本正文有（三十四年……夏四月……）「壬申，釋瑞洵於獄，仍戍軍台」。該句在 503 稿本中「仍」字被圈刪，其餘未動，但《清史稿》未用。

2.11.5.3 趙爾巽及趙爾豐史事表述

作為清史館館長的趙爾巽，在光緒朝與其弟趙爾豐均是重要的歷史人物。瑞洵在其初稿中對他們的相關史事進行了表述，柯劭忞在審改時又有修改：

第 11459 頁夾簽：「光緒三十年秋七月己卯，命署戶部尚書，十一月辛巳，賞尚書銜留京當差，茲遵酌改（行間小字：「移前」），未知合否，候核。調端方為湖南巡撫應歸卜文，以免參差。」前頁正文本為「辛巳，調錫良為四川總督、魏光燾為閩浙總督、丁振鐸為雲貴總督，賞趙爾巽尚書銜、署戶部尚書，湖南巡撫缺調端方代之，命陸元鼎署江蘇巡撫……」被改為「辛巳，命趙爾巽留京，賞尚書銜，調錫良為四川總督、……、調端方為湖南巡撫……」。

11469 頁正文「以趙爾巽為盛京將軍」一句，未作改動。

11846 頁正文本有（三十一年……二月……）「癸丑，趙爾巽疏陳通簡、真實、專分、合任、信斷、知本、重祿十二事，上韙之，下政務處隨時取旨施行」一句，被柯劭忞以道刪除。此事《清實錄》僅載為「遵旨覆陳十二事」，未載十二事內容，較稿本為略。

稿本所載趙爾豐的第一個史事亦被柯劭忞刪除：（三十二年……六月……）「辛巳，裏塘逆番普中乍娃等肆亂，建昌道趙爾豐擒斬之。」〔註416〕

〔註416〕第 11857～11858 頁。

這使得趙爾豐在《清史稿》中的出場晚了一個月：「秋七月戊戌，置川滇邊務大臣，以趙爾豐任之，賞侍郎銜。」〔註417〕

11882 頁柯劭忞刪：（三十三年……秋七月……）「丙辰，以藏番抗命，諭趙爾豐嚴密籌備，趙爾巽遣重兵駐巴塘、裏塘。」11884 頁又刪「冬十月癸丑朔，前藏察木多瞻對番侵三崖德格，趙爾巽等請剿，諭以邊事宜慎，當檄令解退，倘執迷抗拒，再議進兵」。11885 頁復刪「丙寅，趙爾豐等言，藏番退兵，詔勿問，以德格土司多格生吉之弟印翁降白青怙惡，命捕治之，仍以多格生吉為土司承襲。辛未，藏番據由土薄鹽井，再諭趙爾豐勒令退兵」。

從上述刪削來看，柯劭忞在這方面還是頗有史德的，並未給趙氏兄弟過多保留史事。

2.12 《宣統皇帝本紀》

2.12.1 《宣統皇帝本紀》稿本的基本情況

《清史館未刊紀志表傳稿本專輯——本紀》第二十二冊中依次收錄了兩個《宣統皇帝本紀》的稿本，其名均為《宣統帝本紀》，臺北故宮文獻編號分別為 201000480 和 201000481。

第一個《宣統帝本紀》稿本封面上用正楷標明「丁卯年七月十九日交」、「奭良覆輯」，在正楷標題「宣統帝本紀」左側寫有「此稿不用」四字行書。〔註418〕可見其為 1927 年 8 月 16 日奭良提交的覆輯本，且並未採用。該本繕寫在版心標有「清史卷」字樣的方格稿紙上，每頁 10 列 21 行，無標點，內容基本無修改，共 40 頁，約八千字。

第二個《宣統帝本紀》稿本封面上「宣統帝本紀」之下本有「卷一」二字，被以框刪去，右側寫有兩行行書「此本提前速排印，又本紀前亦速排」。〔註419〕正文第一頁標題「宣統帝」被改為「清史稿　宣統皇帝本紀」，另有大量各種筆跡的刪改，經對照，其最終內容與刊行的《清史稿·宣統皇帝本紀》基本一致。該本繕寫在版心標有「清史館」字樣的方格稿紙上，每頁 8 列 20行，亦無標點，共 145 頁，原文約 2.3 萬字，修改後的正文約 2.2 萬字。該本

〔註417〕第 11858 頁。
〔註418〕第 11890 頁。
〔註419〕第 11934 頁。

未署名，金梁在其《〈清史稿〉校刻記》中稱本紀「德宗及宣統二朝爲瑞君洵原稿，而太祖、聖祖、世宗、仁宗、文宗、與宣統六紀爲奭君良復輯」〔註420〕，並未提及還有其他作者，該本應爲瑞洵原稿。

2.12.2 瑞洵原稿本

2.12.2.1 主要修改之處

第 11943 頁框刪「軍機大臣世續、張之洞、鹿傳霖、袁世凱俱晉加宮銜，賞用紫韁，近支宗親、中外大臣、恭親王溥偉等」（錫賚有差），行楷改爲「貝勒載洵、載濤加郡王銜，皇太后父公桂祥食雙俸，大學士以次」。

11949 頁小楷添「美利堅國開萬國禁煙會議於江蘇上海，端方蒞會」，似爲謄寫人所補。同前行楷字體則將（陳璧）「坐溺職奪郵傳部尙書」改爲「被劾罷」。

該本夾簽較多，均爲同一種字體的行書，從下述兩則指出史料來源的內容來看，似應爲瑞洵所寫。11950 頁爲一長達三百字的夾簽，內容是關於清代堂子祭禮的，非常重要。但其行書字體較難識別（未能識別的用 x 表示，下同），且部分內容未能影印上（用 X 表示，【　】內的內容爲根據上下文所補，下同）：「【堂】子之祭乃清朝先代循用通禮，有元日之拜天，有春秋立杆大 XX 月祭，有尙錫神月祭，所祭之神即天神，x 舊制 x 承，遇大事 XX 春秋季月必祭天，xx 歲首最先展禮，故出師告遣，凱旋告至，X 必有事於堂子，典禮至爲隆重。乾隆修通禮，初未載堂子祭禮，至 XX 修 x，詒於南郊、北郊大祀之後增致祭堂子之禮，遂據《皇朝文【獻】通考》，爲元日謁拜、春秋二季立杆致祭之篇，而於大內祭神之禮，向 Xxx 詳。宣統元年，禮學館乃疏請補載，亦未成書。今修清史則 Xx 祭禮，揆諸告朔餼羊之義，未宜舍 x，至先朝原多親詣且 X 未分付皇子及親郡王、貝勒、貝子、公曁 xx 一品文武各官行禮，殆後則悟 X 代，故此 xx 遣官亦梗，舊記未竟。堂子之祭，應否增入本紀，謹俟【鈞】裁」。

11953 頁夾簽：「貢燕係照原奏，錄後：農工商部函廈門貢燕擾爾滋事一折，著閩浙總督採辦 xx 催正開銷」。前頁正文有「罷福建廈門貢燕」，《清史稿》存該句。

11961 頁正文「以助款興學、培植桑梓，予四川總督趙爾巽、駐藏大臣兼

〔註420〕《意見彙編》（上冊），第 208 頁。

邊務大臣趙爾豐優敘，並以趙爾巽捐廉贍族，賞御書『誼篤宗親』匾額」被改爲「四川總督趙爾巽、駐藏大臣趙爾豐助款興學，下部優敘。趙爾巽捐廉贍族，賞御書『誼篤宗親』匾額」，內容同《清史稿》。

11975 頁夾簽：「例須發粥廠煖廠，若書米石，處所甚多，詳敘不合體例，改撮書以期簡括。」前頁正文原爲「癸卯，京師內外城設廠煮粥濟貧民，歲以爲常」，後被改爲「癸卯，京師朝陽、安定、西直門外開廠煮粥濟貧民，發粟二千五百石有奇」。內有「米石」資料，可見其修改於夾簽書寫人審改之前。之後，又根據夾簽意見刪掉了「朝陽、安定、西直門外」，該句保留在《清史稿》中。

11979 頁正文「韓人安重根刺殺日本前朝鮮統監伊藤博文於哈爾濱」一句，「刺殺」先被細筆改爲「以彈藥狙擊」，復被改爲「以槍擊斃」，最終被柯劭忞用粗筆改爲「戕」。11981 頁的夾簽分爲三段，第一段述此修改：「重根一條，據秦總纂云只須改一『戕』字即得，蓋本諸《春秋》宣十八年邾人戕鄫子於鄫上傳於注。『戕』字，卒暴之名，『槍斃』字樣，謂新名詞不應入本紀，其字似亦可採，特照述之以備甄 x。」可見清史館總纂秦樹聲也爲《宣統皇帝本紀》纂修做出了貢獻，同時可以看到當時修史者對採用「新名詞」的保守態度。其實，「槍斃」一詞還是進入了《清史稿·本紀》，且時代更早，在《仁宗本紀》中，即有「丙午，勒保奏進克普坪，槍斃匪首，解南籠圍」〔註 421〕一句。

11981 頁夾簽的第二段：「二板房之役成績較著，擬刪『投誠者一十八支』一句，似更爲包括，候核。」柯劭忞用粗筆在後回答「不必刪」。該條兩稿本均有，奭良覆輯本在 11903 頁，「十八支」一句未動；瑞洵原稿本在 11980 頁，卻被刪爲「四川西昌、會理交界二板房夷匪爲亂，官軍剿平之」，《清史稿》沿之，並未按照負責本紀的總纂柯劭忞之意見辦理。

該頁夾簽第三段述及帝后葬制和劃一問題，也很重要：「前史於帝后之葬，皆書葬於某陵，以皆異代所修，茲准此例，若『奉安』字樣，則臣工尊崇君上之辭，似不宜用，不惟此也，現翻全史所有本紀，似皆應改歸一律，方昭畫一。管見是否，仍候尊裁。」前頁正文「孝欽顯皇后梓宮奉安有日，遣官祭告天地、太廟、奉先殿、社稷、先師孔子」一句被框刪。

11986 頁爲一長達二百餘字的夾簽，第一行部分文字未影印上（用 X 表

<hr>

〔註 421〕《清史稿校註》，第 547 頁。

示，可推測出的在【 】內），另有個別字未能識別（用 x 表示）:「隆裕皇太后徽號，光緒三十四年十一月丁未，內閣具函恭擬徽號曰裕隆皇太后，至宣統元年十一月戊申，皇帝始詣長春宮進奏書，次日己酉進冊寶，庚戌頒詔，乃當內閣連上徽號之次日。戊申，即降諭以登極加上皇太后徽號，推恩行慶桸 X 臣工。實則止閣臣擬徽，尚未及進奏書冊瑤也。當時辦法【未】免急遽淩獵，茲以事理衡度，應書於進冊寶之日，下即 X 書，翼日頒詔天下，乃合其前之光緒三十四年十一月丁未一條，應不書，並將次日加恩臣工一條內，並刪加上七字至受徽 X 見於宋本紀。是否？請核。」前頁正文「皇太后受徽於長春宮」被改爲「上兼祧母后皇太后徽號曰隆裕皇太后」。11942～11943 頁正文「丁未，上兼祧母后皇太后徽號曰隆裕皇太后」被框刪，「以登極加上皇太后徽號」被點刪。

11988 頁的夾簽考證史事:「戴鴻慈以尙書協辦大學士，係據《政紀》所書，上諭實是如此。以八月乙亥法部尙書任命直軍機，而以廷傑爲法部尙書，戴實已開缺矣。」前頁正文有「丙寅……戴鴻慈以尙書協辦大學士。」

12011 頁夾簽:「此條係照錫良原函辦法書之。」經核原文，未知所指。

12017 頁正文（丁丑，廣西岑溪匪亂，官軍剿定之），「匪首陳榮安伏誅」一句，本被框刪，又畫二角表示恢復。《清史稿》從之，此人之名被保留在本紀中。

12022 頁正文原爲（宣統二年……十二月……）「癸未……命錫良、張人駿、瑞澂會同憲政編查館王大臣參訂外省官制，尋復簡李經羲」，後在「李經羲」後又添「趙爾巽」之名。最終刪除了所有人名，簡化爲「命各省總督會同憲政編查館王大臣參訂外省官制」。12023 頁爲一夾簽:「年四月丁丑，詔趙 會陳夔龍、張人駿、瑞澂、李經羲與憲政編查館大臣商訂外省官制，已書於是日。此處可刪。」查稿本 12038 頁，宣統三年四月丁丑確有「命趙爾巽會同……」一條，句側有一銳角符號，但並未刪除，且出現在《清史稿》中，僅少一「命」字。可見夾簽中「趙」字後空格處爲避諱清史館長趙爾巽之名。由於 12022 頁之條也未刪除，這兩句並存於《清史稿》中，造成一事兩書之誤，而《清史稿校註》並未校出。

12025 頁夾簽:「『裁吉林水師營官丁』，係據吉撫陳昭常函，錄下方:陳昭常函，吉林水師營船隻停修，擬將官丁各缺裁撤，分別傳補。下所司知之。」前頁正文有此條，且保留在《清史稿》中，該夾簽與前「貢燕」條都可看到

當時修史的史料來源。

12031 頁正文「丁亥，頒浙江惠興女學堂『貞心毅力』扁額」爲另一字體所添，與上下文字體不同，但並非添在旁側，而是填在事先留下的空格裏。

12034 頁行間小字添「乙卯，度支部尙書載澤與英、美、德、法四國銀行締結借款契約」，字體和 11949 頁所添小楷相同，似均爲謄寫人所補。

2.12.2.2 辛亥革命及相關人物表述

辛亥革命是宣統年間最重大的歷史事件，最終決定了清朝的命運。該本中關於辛亥革命描述的修改約有 20 處，主要是修改所用字詞，並未增刪太多史事，其敘事的詳略基本上是由瑞洵初稿所決定的。

瑞洵在初稿中即採用「甲寅，革命黨謀亂於武昌」〔註422〕的表述，出現了時間錯誤，參見附表 12 第 158 行。而對於各地新軍的起義，初稿均用某地新軍「叛附於革命軍」字樣，後被改成某地新軍「變」。

關於辛亥革命中涉及的人物及其評價，初稿的表達與終稿則有不少差別：

關於黎元洪，初稿原文爲「武昌軍民推陸軍第二十一混成協統領官黎元洪領湖廣」，「推」字被改爲「擁」字。〔註423〕「推舉」和「擁戴」意義差別不大。

關於錢能訓，初稿原文爲「陝西……護巡撫布政使錢能訓遁」，「遁」字被改爲「自殺不克，遂走潼關」。〔註424〕錢能訓起初並未逃遁，而是出兵鎮壓，爲革命軍擊潰。其自殺未遂確是事實，但「走潼關」似隱含有以圖恢復之意，實際上未見行動，錢氏後來在民國北洋政府多次出任要職。此處增加細節，並將貶義的「遁」字換成中性的「走」字，評價大變。

關於瑞澂被治罪一事，初稿述爲：「壬申，瑞澂既失守武昌，避登兵艦，仍命權總督事，戴罪圖功。至是，復奏言兵艦煤盡，駛往九江，復至上海。詔逮京，下法部治罪。」〔註425〕此段第一句繁冗，因前已述「詔奪瑞澂職，仍命權總督事，戴罪圖功」〔註426〕。在修改中不但刪除了此句，下句瑞澂的奏言也被刪去，改爲「以瑞澂潛逃出省，偸生喪恥，詔逮京，下法部治罪。」

〔註422〕第 12057 頁。
〔註423〕第 12059 頁。
〔註424〕第 12061 頁。
〔註425〕第 12064 頁。
〔註426〕第 12058 頁。

〔註427〕初稿似有爲瑞澂開脫之意，終稿則直接指斥，兩處用語反差極大，聯繫到瑞洵爲瑞澂之兄，其筆法大可玩味。

關於程德全，初稿原爲「江蘇巡撫程德全叛附於革命軍，自稱都督」。修改時在前面添了「蘇州獨立」四字，又被用點刪除，復加三角符號表示恢復，「叛附於革命軍」六字則被點刪，全句變爲「蘇州獨立，江蘇巡撫程德全自稱都督」。〔註428〕這與《清史稿·宣統皇帝本紀》「江蘇巡撫程德全以蘇州附革命軍，自稱都督」有所不同，應爲刊刻前又進行了修改。

關於孫寶琦，初稿「乙酉，山東巡撫孫寶琦請定共和政體」之後的「遂自稱都督」被刪去，改爲「旋宣告獨立」〔註429〕。其後爲「孫寶琦罷獨立，自劾戴罪，詔原之」。〔註430〕對此，孟森評論爲「宣告字，又一書法，最滑稽者，此一獨立。」〔註431〕

清史館館長趙爾巽，辛亥革命時爲東三省總督。原稿中「趙爾巽白請罷斥，詔不許」一句，被改爲「趙爾巽以川事引咎請罷，詔不許」。〔註432〕其弟趙爾豐時署四川總督，四川保路運動是武昌起義的先聲，趙爾巽因此請罷，似乎如此修改方爲明晰，但《清史稿校註》指出，根據《宣統政紀》，是日趙爾巽是因成立保安會而「自請罷斥」，故此處修改疑誤。〔註433〕關於東北時事，初稿還有一句「是月（九月），奉天立保安會，推總督趙爾巽爲會長，爾巽總督如故，尋吉林、黑龍江並立保安會」〔註434〕被全部刪除。

被追贈爲「民國大將軍」的吳祿貞被害事，初稿中未能確定日期，被繫於「黑龍江並立保安會」一句後，記爲「署山西巡撫吳祿貞道京師，次石家莊，爲其下所殺。御史溫肅劾祿貞包藏禍心，反形顯著。詔陳夔龍按查」。修改時將其改在「戊子」日「趙爾巽以川事引咎請罷，詔不許」之後，寫爲「吳祿貞以兵至石家莊」〔註435〕，其餘俱同。如此修改不但符合了本紀繫日書事

〔註427〕第 12064 頁。

〔註428〕第 12069 頁。

〔註429〕第 12071 頁。

〔註430〕第 12076 頁。

〔註431〕孟森《清史應否禁錮之商榷》，《國學季刊》第三卷第四期，轉引自《意見彙編》（下冊），第 613 頁。

〔註432〕第 12072 頁。

〔註433〕《清史稿校註》，第 1052 頁。

〔註434〕第 12074 頁。

〔註435〕第 12072 頁。

的體例，而且「以兵」二字較初稿更爲明晰。

關於張紹曾和「十九信條」，初稿中「信條經資政院奏定，實由張紹曾脅迫，舉朝大恐，故有是舉」〔註436〕一句被刪除。該句爲解釋說明性文字，說明了灤州兵諫的重大意義。

關於藍天蔚，初稿中「前陸軍協統領官藍天蔚自稱關東大都督」〔註437〕一句被刪除，使這位灤州兵諫中的重要人物沒有在《宣統皇帝本紀》中出現。

關於徐紹楨史事，初稿中「初，江蘇附革命軍，巡撫程德全自稱都督，鐵良等據守江甯，統制徐紹楨已先叛，及張勳戰不利，還鎮江，會援軍至，共推徐紹楨爲總司令，程德全更躬自督師，悉眾攻雨花臺、紫金山諸隘，踞天保城，江甯乃陷」〔註438〕一段被刪除。

關於馮國璋，初稿本來未述「以馮國璋爲察哈爾都統」，該句爲修改時添上的。〔註439〕

關於連魁和松鶴，初稿中本爲「丁巳，革命軍至荊州，將軍連魁、右翼副都統松鶴開城迎降」。〔註440〕後半句在審改中被刪除，隱去了二人之事。

關於袁世凱，其遇刺事初稿爲「暴徒某以藥彈道擊袁世凱，不中」，修改時刪去「暴徒」字樣，改爲「袁世凱道遇炸彈，不中」。〔註441〕另外，該書12085頁有一夾簽：「『袁世凱全權與民軍商酌條件』一條，酌改刪去，只請候X」，實際上正文「己酉，皇太后懿旨，授袁世凱全權與民軍商酌條件奏聞」〔註442〕一句並未修改。

2.12.2.3 論贊

該稿本原無論贊，最後一頁另外附紙，以不同於前的正楷字體書寫了「論曰」，原文是：「帝沖齡嗣服，監國攝政，軍國機務，悉由處分，大事並白太后取進止。大變既起，遽謝政權，天下爲公，永存優待，遂開千古未有之奇。虞賓在位，文物猶新。是非論定，修史者每難之。然孔子作春秋，不諱魯哀，

〔註436〕第 12075 頁。
〔註437〕第 12075～12076 頁。
〔註438〕第 12077 頁。
〔註439〕第 12078 頁。
〔註440〕第 12079 頁。
〔註441〕第 12082 頁。
〔註442〕第 12084 頁。

所見之世，且詳於所聞，據事直書，不加褒貶，一朝掌故，烏可從闕。儻亦為天下後世所共鑒歟？」〔註443〕

「不諱魯哀，所見之世，且詳於所聞，據事直書，不加褒貶」一句，復被行書字體改為「筆則筆，削則削，所見之世且詳於所聞」，即與《清史稿‧宣統皇帝本紀》的論贊相同。「不諱魯哀」原含貶義，據金梁在 1934 年所寫的《〈光宣列傳〉書後》一文中的回憶，《清史稿》刊行前，代理館長柯劭忞不同意設立《宣統皇帝本紀》，他力爭之：「且孔子作春秋，不諱定哀，又何說耶？於是始論定焉。」〔註444〕此論可能出於金梁之手。

2.12.3 袁良覆輯本

袁良覆輯本篇幅較短，約為原稿本的三分之一，記載也較簡略。不過封面雖標有「此稿不用」，實際上《清史稿》在刊刻時，還是參考了這一版本的，如開篇稱溥儀「於德宗為本生弟子」，即為該本用語〔註445〕，而原稿本在修改後為「德宗之猶子也」〔註446〕，如此種種，不一而足。該版本也有其研究價值。

對辛亥革命時間的記載，該本較原稿本準確：「甲寅，瑞澂電陳革命黨來漢謀亂，事覺於武昌。」〔註447〕甲寅是 1911 年 10 月 11 日，乃瑞澂電奏日期，武昌起義是在前一天。

當時的戰爭是非常殘酷的，瑞洵原稿本中，記載了「資政院言漢口之役，官軍慘殺人民」〔註448〕一句，對此有所表露。《清史稿》照其印刷。袁良覆輯本中沒有此句，而對當時戰爭中的反滿史事有所記錄，稱西安之戰中，「叛軍屠滿城，聚百十嬰兒於一院，悉刃之」〔註449〕。我以為，兩者均記方為客觀，但不宜在本紀中過度渲染，僅書「屠滿城」三字已足。

其餘原稿本中沒有記載的史事還有：「廕昌至漢口，輕進為叛軍所困，張彪力戰捄之得出，廕昌主治新軍最先最力，一試而蹶，乃請還京」〔註450〕，

〔註443〕第 12093 頁。
〔註444〕金梁《道咸同光四朝佚聞》，見《史料七編》，臺北：廣文書局，1978 年影印。
〔註445〕第 11891 頁。
〔註446〕第 11935 頁。
〔註447〕第 11925 頁。
〔註448〕第 12069 頁。
〔註449〕第 11925 頁。
〔註450〕第 11926 頁。

原稿本中並未解釋蔭昌爲何還京。又如：「始監國頗私於二弟，而信載澤。載澤任度支，踞鹽政，而庇其戚瑞澂。瑞澂敗，監國意沮，慶親王乃援進袁士（應爲「世」）凱焉。」〔註451〕「慶親王輸四十萬即世凱昨昔之賂也，賂即出於隆裕之犒軍。」〔註452〕該本「趙爾巽疏以川事引咎請罷」之後還有「並言端方巧滑，難任艱巨，報聞」〔註453〕。奭良精通掌故，熟悉朝局，作爲趙爾巽的表侄，對有些情況更爲瞭解，但部分說明性文字並不符合本紀體例。

該本中也有一些錯誤，如其記載端方和其弟端錦「行次資州爲部下所殺」是在「己卯」〔註454〕，而原稿本繫於「丙寅」，根據《清史稿校註》，此事在初七日辛丑，兩本均不對〔註455〕。又如「丁巳，袁世凱奏言與方方議和」，「方方」應爲「南方」，此事應在「戊午」。還有，「滿、漢、回、藏待遇條件七」中的「漢」應爲「蒙」字之誤。〔註456〕

該本的論贊爲：

> 論曰：沖君嗣服，迨令五禩，而值新政叢生之會，編憲政、易刑律、拓軍政、定國樂、選議員、更官制，雖以英君誼辟，當之猶虞不給，矧乃屬諸昧於體要、甘爲傀儡之人，庸有濟乎？傳曰：君以此始，必以此終。悲夫！〔註457〕

與前述稿本論贊頌揚遜位不同，奭良羅列了宣統年間實行的諸多新政，但僅僅指出清朝滅亡是由於當權者「昧於體要、甘爲傀儡」，較爲片面。

瑞洵和奭良雖同爲前清滿洲遺老，但《清史稿‧宣統皇帝本紀》原稿本與覆輯本對辛亥革命記載的不同表述，反映出二人不盡相同的政治立場和歷史觀點。瑞洵稿本中對其兄瑞澂和清史館館長趙爾巽等人事迹的修改，表現出史家秉筆直書原則和「爲親者諱」、「爲尊者諱」傳統的衝突與鬥爭。奭良稿本中諸多評論雖不合本紀體例，但作爲時人的記載，卻爲我們留下了一些寶貴的史料。

〔註451〕第 11927 頁。
〔註452〕第 11929 頁。
〔註453〕第 11928 頁。
〔註454〕第 11929 頁。
〔註455〕《清史稿校註》，第 1053 頁。
〔註456〕第 11930 頁。
〔註457〕第 11930～11931 頁。

第 3 章 《清史稿・本紀》編纂中對皇帝形象的刻畫

作爲傳統紀傳體史書的《清史稿》，沒有爲歷代清帝編纂專傳，皇帝的言行事迹主要在其本紀中記載。史家在本紀編纂過程中，根據自己的史觀，通過增刪史事、改變用語，塑造了書中的皇帝形象。

3.1 努爾哈赤

3.1.1 金兆蕃涉及人物形象刻畫的修史思想

清史館成立之初的體例討論中，金兆蕃起草了非常詳盡的《擬修清史略例》，表述自己的修史整體思路，見解深刻，多有可取之處。雖然他的有些觀點並未被採納〔註1〕，但在參與前五朝本紀初稿編纂過程中，他的一些修史思想得到了實踐的機會。下面僅對涉及本紀編纂和皇帝人物形象刻畫的部分加以闡述：

金兆蕃分析了修史的兩方面資料來源，認爲清代官修史書均是「立臣子之朝，而筆削其君父之事」，「隱惡揚善」是其撰述的基本原則。學者必須「博覽詳諮，寬搜而嚴取」，仔細加以分析。而私修史書的內容也不能輕信，由於清朝嚴酷的文字獄，「士夫直筆，詘於文網」，「民間妄語，流爲丹青」，必須深入考證。爲此，修史應「徧考官書」、「甄采群籍」。特別是清入關以

〔註1〕 參見趙晨嶺《〈清史稿〉僅成一稿的教訓》，《清史鏡鑒》（第三輯），第 127 頁。

前，「事迹蒙昧，開國方略，不免隱飾，博物典彙，多采傳聞」，尤其需要留意。

金兆蕃對史料原文如何處理的態度較爲靈活。他認爲，皇帝的重要詔令按慣例應當記入本紀，「若事係重大，而語未雅馴，不妨刪削迻譯」，不必拘泥，只要「易其文不變其意」〔註2〕，亦無不可。其本紀初稿中收錄了大量詔令，經與實錄、王錄、清國史館本紀等當時修史的參考資料相對照，確實沒有原樣照搬，而是進行了一定的文字加工。

3.1.2 《太祖本紀》稿本對努爾哈赤形象的刻畫

3.1.2.1 《太祖本紀》稿本的開篇

作爲紀傳體史書中的編年體部分，本紀首先需要按日記載該朝代每天發生的軍國大事。同時，由於傳統正史中沒有歷代皇帝的個人傳記，本紀還必須兼顧傳記的敘述功能，只是限於體例，大多數時候，皇帝的人物形象被隱藏於字裏行間，淹沒於錯綜複雜的史事之中。除了本紀的開頭和結尾，史家難有專門篇幅進行綜述。由此，本紀開頭的整體描述和結尾的論贊也就作爲刻畫皇帝形象的基調，起著畫龍點睛的核心作用。

《太祖本紀》兩稿本開頭對努爾哈赤的整體描寫是有區別的，第 117～118 頁原稿本爲：「……孕十三月而生……太祖儀度威重，剛果能斷，夙所睹記，久而不忘，時稱聰睿貝勒。」〔註3〕而第 80 頁覆輯本爲：「……孕十三月而生……太祖儀表雄偉，志意闊大，沈幾內蘊，發聲若鐘，睹記不忘，延攬大度。」《清史稿》同之，兩種寫法意義相近而用詞不同。

查《清國史》，其記載爲「……孕十三月而生……生而龍顏鳳目，偉軀大耳。聲若洪鐘，英勇天挺。凡所睹記，經久不忘，人稱爲聰睿貝勒」。〔註4〕原稿本與覆輯本的描寫均源出於此，但各自做了一定加工，覆輯本保留努爾哈赤聲如洪鐘的描寫，而原稿本強調「聰睿」，似乎更勝一籌。覆查更原始的《滿洲實錄》、《太祖武皇帝實錄》、《太祖高皇帝實錄》，可見「儀度威重，剛果能斷」出於《太祖高皇帝實錄》，而「志意闊大，沈幾內蘊」的用詞未見出處，可能是奭良自己總結的。

〔註2〕 金兆蕃《擬修清史略例》，見《清史述聞》，第 172 頁。
〔註3〕 第 7 頁謄清本同。
〔註4〕 第一冊，第 2 頁。

3.1.2.2《太祖本紀》稿本的論贊

原稿本末尾並非是《清史稿》各紀之後格式整齊的「論曰」，而是一段六百多字的結語，該文對研究金兆蕃、鄧邦述對努爾哈赤的基本認識很有幫助，茲錄於下：

> 太祖奮起孤露，兄弟登隴定策，日夜思復祖父仇，外基強敵，內見忌族人。嘗有賊夜至，犬警而吠。太祖令子女潛避，持刀叱之曰：「外至者誰也？既至何不入？爾不入，我且出，爾能攖我刃耶！」因舉刀擊牖，復撼以足，若將自牖出者。既而啟戶出，賊驚走。一夕，方寢，聞戶外聲有異，持弓矢潛出，伏煙突旁偵之，電下照，遂擊賊僕，陽言盜牛來也，縱使去。一夕，夜已分，婢篝燈坐竈旁，乍然乍滅。太祖心怪之，衷甲佩刀，攜弓矢出，夜黑，熟視若有人伺籬隙，射之，貫足踣，縛而撻之，亦縱使去。迨威德漸著，異謀始息。太祖戰必先士卒，攻瓮郭落、追尼勘外蘭，被創；戰訥中把穆‧喀富爾住齊，爲敵窘。艱難困苦，大小數十戰，無不躬在行間。兵：初起十三甲而已；徇固倫，兵百人，甲三十副；討薩木占，兵三百；克董鄂、侵哲陳，兵五百；及晚年圍廣寧，袁崇煥登陴，謂汗言兵二十萬，當有十三萬云。地：景祖以上，居赫圖阿喇，爲城主，太祖初居虎攔哈達南岡十餘年，取旁近諸城堡，滅哈達，乃還赫圖阿喇，破輝發，兼烏喇，又十餘年，遷界凡，又併葉赫，東自海，西至明遼東，北記科爾沁，嫩、烏喇江，南暨朝鮮，爲滿洲國。始公言仇明，一戰下遼瀋，收遼河東諸城堡，又遷遼陽，再戰入廣寧，得遼河西諸城堡，乃建城遼陽東太子河濱爲東京，最後又遷瀋陽，土厚宜耕牧，產東珠、人參、紫貂、玄狐，與明爲市，撫順、清河、寬甸、靉陽商旅大集。太祖又以意制人參，俾久儲，民用益饒。太祖年二十五起兵，起兵二十四年，受蒙古喀爾喀諸部上尊號，又十年，即皇帝位，即位十一年，乃崩。太宗嗣立十年，更定國號曰大清。又七年，太宗崩，世祖嗣立，會明亡，遂有中國。〔註5〕

結語中首先敘述了努爾哈赤起兵初期針對他的幾次刺殺事件，通過情景描寫

〔註5〕 第195～198頁，因第196～198頁原文獻下有缺損，部分文字照第72～75頁
　　　膳清本補足。

烘托出他當時的危險處境和沉著果敢，之後讚揚他身先士卒，總結了其軍隊從「十三甲」發展到十三萬人、其疆域逐漸擴大且「民用益饒」的歷程，指出努爾哈赤的功績爲其後清朝的建立和發展打下了極爲堅實的基礎。其書寫內容雖然豐富，語言也很生動，但句式零亂，作爲一朝本紀的結尾並不合適。

覆輯本中用力最深處是結尾的論贊部分，原稿本的結語被完全捨棄，變成了格式較爲整齊的「史臣曰」，又被改爲「論曰」，其內容與《清史稿‧太祖本紀》相同，即：

> 太祖天錫智勇，神武絕倫。蒙難艱貞，明夷用晦。迨歸附日眾，阻貳潛消。自摧九部之師，境宇日拓。用兵三十餘年，建國踐祚。薩爾滸一役，翦商業定。遷都瀋陽，規模遠矣。比於岐、豐，無多讓焉。〔註6〕

此處僅用百字，便總結出了六百字結語中的大部分內容，並通過清初史事與周初的比較，對努爾哈赤進行了高度評價。

3.1.2.3 其他有關努爾哈赤形象刻畫的內容

第 84 頁覆輯本有一段非常生動的描寫：

> 包朗阿之孫札親桑古里懼，解甲與人。太祖斥之曰：「爾平日雄族黨間，今乃畏葸如是耶！」去之。獨與弟穆爾哈齊、近侍顏布祿、武陵噶直前衝擊，殺二十餘人，敵爭遁，追至吉林岡而還。太祖曰：「今日之戰，以四人敗八百，乃天祐也。」

該段文字用語言和行動顯示了努爾哈赤的英勇頑強，對其形象刻畫很有幫助，被保留在《清史稿》中。而 14 頁原稿本未載札親桑古里事及兩句語言描寫，不及覆輯本生動。

107 頁覆輯本有一處夾簽，在正文「何和里卒」後增添了一句，其內容是：

> 上聞之慟，曰：「天何不遺一人送朕老耶！」

此句充分表現了努爾哈赤晚年對於開國近臣紛紛先他而逝的悲涼之情，確爲點睛之筆。

187 頁原稿本添了一段關於遷都瀋陽的描寫：「諸貝勒大臣有以歲荒食匱

〔註 6〕 第 109 頁。

為疑者，上曰：『瀋陽形勝地，西侵明，自都爾弼渡遼河，路近且直；北伐蒙古，二三日即達；南略朝鮮，可自清河入。山可獵，水可漁，林木可宮室，建都無便於此者，朕意定矣。』」這幾句話寫出了努爾哈赤的深謀遠慮和當機立斷，對於刻畫其人物形象有一定幫助，但不見於覆輯本及《清史稿》。

3.2 皇太極

柯劭忞在審改金兆蕃等編纂的《太宗本紀》初稿時，通過增敘史事將皇太極的人物形象刻畫得更為豐滿，但他意圖把皇太極塑造成完人，對某些史事進行刪削，結果讓史書記載偏離了歷史真實。

3.2.1 《太宗本紀》稿本與柯劭忞的審改原則

雖然目前尚未發現柯劭忞設計清史纂修體例的原始材料，但他在審改中多用眉批強調其修改之處，有時直接解釋自己增刪改動正文的緣由，從中可見其史學思想。《太宗本紀上、下》中，此類材料非常豐富，其中和皇太極形象刻畫密切相關的審改原則主要有以下兩個方面：

第一，詳略上，強調太宗紀記載宜詳。

稿本第 240～241 頁上方，柯劭忞親筆添加了皇太極和麻登雲的一段對話：

> 甲寅，宴明降將麻登雲等於御幄，謂之曰：「明主視爾等將士之命如草芥，驅之死地。朕屢遣使議和，竟無一言相報，何也？」登雲對曰：「明帝幼沖，大臣各圖自保，議和之事，儻不見聽，罪且不測，故懼不敢奏。」上曰：「若然，是天贊我也，豈可棄之而歸。但駐兵屯守，妨農時為可憫耳。且彼山海關、錦州防守尚堅，今但取其無備城邑可也。」

其眉批稱：「按：太祖、太宗紀記載宜詳，與世祖以下之本紀不同，此事必應載入。」〔註7〕

此事如此記載可見於清國史館本紀〔註8〕，柯劭忞僅更改了幾處用詞。初稿作者並未意識到此番宴席上的對話有何重要，而柯氏考慮到入關前史料較

〔註7〕 第 241 頁。
〔註8〕 《清國史》，第一冊，第 27 頁。

爲稀少，且此段話能充分展示皇太極的重農思想與戰略意識，因此增添。與此相類的還有他在其他地方眉批的「此條必當補入」等。

第二，筆法上，強調聖德事必不可刪。

稿本第 292 頁上方，柯劭忞也添加了一件史事，爲《清史稿》的讀者留下了皇太極的另一段話：

> 甲辰，佐領劉學誠疏請立郊壇及勤視朝。上曰：「疏中欲朕視朝勤政，是也。至建立郊壇，未知天意所在，何敢遽行，果成大業，彼時議之，未晚也。」

柯劭忞眉批：「此聖德事，必不可刪。」〔註9〕

此事如此記載亦可見於清國史館本紀〔註10〕，柯劭忞僅添一「及」字。他眉批此事「不可刪」而非注明「應載入」，且「不應刪」、「宜從國史」、「宜留」之類的眉批在別處反覆出現〔註11〕，恐怕是他把清國史館本紀放在案頭作爲參照的工具書，潛意識裏已把其當作審改的依據了。

3.2.2 《太宗本紀》審改對皇太極形象的影響

3.2.2.1 《太宗本紀》稿本的開篇

《太宗本紀上》原稿開頭，鄧邦述、金兆蕃對皇太極個人進行了整體描述：「儀表奇偉，顏如渥丹，嚴寒不栗。三歲聰睿絕倫，七歲，太祖詢以家政，言即當理。長益神勇，善騎射，性耽典籍，諮覽弗倦，仁孝寬惠，廓然有大度。臨事沈毅，用兵如神。」〔註12〕首先是外貌描寫，說明皇太極身材魁梧，面色紅潤，不畏嚴寒。從歷史記載來看，這確實是他的體貌特徵，一些研究文章中還用以結合病理來推斷其死因〔註13〕。然後介紹皇太極的性格，評價他神勇、仁孝、寬惠、大度、沈毅，能文能武。爲了說明他的早慧，還專門敘述其幼年家事。

這段外貌描寫應當來源於清國史館本紀，但略有不同。《清國史》爲：「天表奇偉，顏如渥丹，嚴寒不栗。龍行虎步，舉止非常。甫三歲，聰睿絕倫，

〔註9〕 第 292 頁。
〔註10〕 《清國史》，第一冊，第 37 頁。
〔註11〕 如第 204 頁，206 頁，208 頁，214 頁，217 頁，224 頁等。
〔註12〕 第 203 頁。
〔註13〕 如《皇太極——命喪中風「清始皇」》，《醫藥世界》2000 年第 2 期，第 15 頁。

七歲，太祖委以家政，鉅細當理，甚鍾愛焉。長益神勇，善騎射，仁孝寬惠，廓然有大度。臨事沈毅，用兵如神，性耽典籍，諮覽弗倦。」〔註 14〕稿本將「天表」改爲「儀表」，刪去「龍行虎步，舉止非常」，將「性耽典籍，諮覽弗倦」提前。尤其是把七歲就被「委以家政，鉅細當理」，改爲更可信的「詢以家政，言即當理」，頗見功力。

該稿本在修改時，用圓點刪除了「三歲聰睿絕倫，七歲，太祖詢以家政，言即當理」這句，以楷書將「聰睿絕倫」四字添在「儀表奇偉」之後，而下文「長益神勇」一句未動。這樣就使得「長益」無所依託，《太宗本紀一》照此謄錄，並未修改，《清史稿》依樣刊印，結果成爲一處文理欠通的敗筆。

最後「臨事沈毅，用兵如神」一句，亦被點刪，與前不同的是頭尾均被框起，該頁上方有柯劭忞的眉批「應入後」〔註 15〕，字迹、點及框均多有毛鋒，與前述的楷書和圓點迥然不同，可見爲兩人分別修改。

這個「應入後」的「後」在何處，柯劭忞並未明言。但對照他爲《太宗本紀》重撰的論贊，即可明瞭。

3.2.2.2《太宗本紀》稿本的論贊

《太宗本紀下》末尾，金兆蕃、鄧邦述寫下了一段四百多字的結語，作爲對皇太極的總結和評價，其文對研究二人所刻畫的皇太極形象很有幫助，茲錄於下：

> 太宗神武出於天縱，而性不嗜殺，仁人愛物，德惠勤施。十七年間，席太祖弘業，闢地數千里，戰勝攻取，三入中原，破郡縣百。數十謀臣，勸定大計，輒邊緩之。明雖殘弱，猶懇懇議和，書凡七八上，至願以汗自居，位察哈爾上。吁！愛民之心，何其誠也。明之君臣，不知天命，及錦州松杏淪沒，始通懇款。太宗復書，以誠意相告，判界胥遠，互市連山，無逾分苛酷語。明顧首鼠，繼且誅陳新甲以鉗其下之口。雖明祚告終非盡人事，而太宗要可謂無愧德者矣。永平之役，阿敏戮降官，屠城中居民，棄士卒逃歸，太宗憤懣不食，爲泣下。朝鮮既克，先歸，誡諸將勿虐降民，諸將不能從。比師還，怒責其罪，不以功多貸也。蒙古諸部，聞風景附，無

〔註 14〕　第一冊，第 20 頁。
〔註 15〕　第 203 頁。

> 一夫不獲其所，德之感人遠哉。征伐之餘，興賢禮士，漢官駸駸嚮用。天聰初政，即免漢人爲奴，改編民籍，旋漢人爲各部承政，無歧視意。洪承疇、祖大壽，皆明邊重將，傾心降服，優禮過情，卒籍其力。智勇寬仁，恢有大度，崩未及耆，嗣服遂入主中國。非貽謀之遠、能若此乎？〔註16〕

一如開篇，該結語對皇太極的武功和仁德進行了高度評價，但引述諸多史事進行強調，過於細碎，作爲一朝本紀的結尾有些繁冗。正如《太祖本紀》稿本一樣，該部分也在審改中被完全捨棄。在稿本末尾，柯劭忞親筆重撰了論贊，雖字迹潦草，但歷歷可辨，內容與《清史稿・太宗本紀》完全一致，即：

> 論曰：太宗允文允武，內修政事，外勤討伐，用兵如神，所向有功。雖大勳未集，而世祖即位期年，中外即歸於統一，蓋帝之詒謀遠矣。明政不綱，盜賊憑陵，帝固知明之可取，然不欲亟戰以剿民命，七致書於明之將帥，屈意請和。明人不量強弱，自亡其國，無足論者。然帝交鄰之道，實與湯事葛、文王事昆夷無以異。嗚呼，聖矣哉！〔註17〕

此論移用了前述的「用兵如神」，不過多敘述具體史事，僅用一百五十字，便總結出前面四百字結語中的大部分內容，並通過當時明清局勢與夏商、商周易代之時的類比，對皇太極的文治武功讚揚備至。

3.2.2.3《太宗本紀上、下》審改中對皇太極形象的刻畫

3.2.2.3.1 增加正面史事

本著記載宜詳和多述「聖德」的原則，柯劭忞爲《太宗本紀》稿本補充了大量史事，絕大多數都爲《清史稿》吸收，這些史事大致可以分爲以下幾類：

3.2.2.3.1.1 強調施行仁政

如稿本第 243 頁，柯劭忞添了一段：「先是，阿敏既屠永平官民，以其妻子分給士卒。上曰：『彼既屠我歸順良民，又奴其妻子耶！』命編爲民戶，以房舍衣食給之。」並眉批「此條必當補入」。此事如此記載可見於清國史館本

〔註16〕第 374～376 頁。
〔註17〕第 376～377 頁。

紀〔註18〕。又如 219 頁，添「敕國人貧不能娶者，給庫銀爲娶妻費」；242 頁，添「己丑，諭諸臣厚撫俘衆」等。

3.2.2.3.1.2 強調重視農業

除了前述「妨農時爲可憫耳」的例子，又如 217 頁添加的「九月甲子朔，諭國家大祀大宴用牛外，其屠宰馬騾牛驢者悉禁之」。此事亦可見於清國史館本紀〔註19〕。

3.2.2.3.1.3 強調賞罰分明

如第 213 頁柯劭忞將皇太極迎接阿敏一事改爲「阿敏等自朝鮮凱旋，上迎於武靖營，賜阿敏御衣一襲，餘各賜馬一匹」，增加了不少細節描寫。229 頁添「己丑，敘克城功，將士賞賚有差」。230 頁添「有蒙古兵殺人而褫其衣，上命射殺之」。

3.2.3.3.1.4 強調愛惜士卒

如天聰元年甯遠之役，游擊覺羅拜山、備禦巴希戰死，柯劭忞添「上臨其喪，哭而酹之」〔註20〕。又如第 235 頁，添「諸貝勒大臣請攻城，上曰：『攻則可克，但恐傷我良將勁卒，余不忍也。』遂止」。

還有下面的對話，描述皇太極尊重歷史記載，吸取歷史經驗，用史事和反例勸勉將領體恤士卒。此事在幾乎所有關於皇太極的著述中都被高度重視，也正是由於柯劭忞的「搶救」，這些內容才在《清史稿‧太宗本紀》中被保存下來：

> 入庫爾纏直房，問所修何書。對曰：「記注所行政事。」上曰：「如此，朕不宜觀。」又覽達海所譯武經，見投醪飲河事，曰：「古良將體恤士卒，三軍之士樂爲致死。若額駙顧三台對敵時，見戰士殁者，以繩曳之歸，安能得人死力乎！」〔註21〕

通過豐富的語言描寫和細節描寫等手法，柯劭忞強化了皇太極給人的正面印象，其人物形象更加豐滿，且越發生動，可謂躍然紙上，呼之欲出了。

3.2.2.3.2 刪削反面史事

柯劭忞在審改中刪去了一些他認爲「不必述」或者「不應書」的內容，

〔註18〕《清國史》，第一冊，第 27～28 頁。
〔註19〕《清國史》，第一冊，第 22 頁。
〔註20〕第 215 頁。
〔註21〕第 244～245 頁。

其中不少屬於皇太極及其政權的反面史事。金兆蕃、鄧邦述在初稿中，有不少地方述及後金（清）軍在攻城略地中焚燒房屋，而柯劭忞則將其盡數刪改。如天聰四年正月，原稿中有「壬辰，移師昌黎，焚近城廬舍」，柯劭忞將「焚近城廬舍」用點刪去〔註22〕；「壬寅，移師馬蘭峪」後面「焚其廬舍及近城屯堡」一句，柯氏改為「毀其近城屯堡」。〔註23〕此事清國史館本紀未載，實錄及王錄均載為「環城房屋及鄰近屯堡俱焚之」〔註24〕。

又如 225 頁正文「略明錦州、寧遠」後「燒其集聚」四字被柯劭忞刪去，改為如清國史館本紀的文字「諸路還」〔註25〕，並眉批「不應書」。而此事實錄記載為「焚其積聚，秣馬田野中」〔註26〕，王錄記為「燒其積聚，秣馬蹂躪」〔註27〕。雖然此役由濟爾哈朗統兵，但此事述與不述，無疑對皇太極的形象有一定影響。

另外，柯劭忞在審改中強調「史法」、「史語」，對《太宗本紀》初稿進行了一些符合本紀規範的刪改。由此，一例對皇太極正面形象刻畫不利的史事也被模糊化了。原稿記載，崇德三年八月甲午，禮部承政祝世昌「以奏俘獲良人妻女不宜為娼獲罪，削職論辟，免死，謫邊外，殺同謀者啓心郎孫應時」，柯劭忞將其因何獲罪及「殺同謀者啓心郎孫應時」刪除，改為「以罪褫職」，並眉批「此事或書於刑法志，或書於其人本傳」。〔註28〕雖然《清史稿》各本紀中不述大臣獲罪原因是他堅持的定例，但如此事得以記載，則皇太極的正面形象將有所貶損。

3.2.2.4《太宗本紀一、二》審改中對皇太極形象的刻畫

《太宗本紀上、下》在修改後被謄清為《太宗本紀一、二》，審改者在此稿本上繼續刪改，又增加了一些史事，皇太極的人物形象被刻畫的更加鮮明。其中強調施行仁政、重視農業、賞罰分明和愛惜士卒的例子都有不少，限於篇幅，茲不再述。

〔註22〕 第 239 頁。

〔註23〕 第 240 頁。

〔註24〕《太宗文皇帝實錄》，見《清實錄》第二冊，中華書局，1985 年影印，第 89 頁；王先謙《東華錄》，見《續修四庫全書》三六九‧史部‧編年類，上海古籍出版社，2002 年影印，第 74 頁。

〔註25〕《清國史》第一冊，第 24 頁。

〔註26〕《太宗文皇帝實錄》，第 73 頁。

〔註27〕 王先謙《東華錄》，第 68 頁。

〔註28〕 第 331 頁。

　　值得注意的是，《太宗本紀一、二》在審改中除了繼續增加正面史事之外，還增添了下面兩種表現手法：

　　一是通過添加「遣」、「命」、「嘉納」之類的動詞，修正時間錯誤的同時，強調皇太極的政略戰略和虛心納諫。如第 488 頁「勞薩、吳拜等略廣甯」前加「遣」，「濟爾哈朗、多鐸築義州城，駐兵屯田，進逼山海關」前加「命」。又如在 419 頁「甯完我請設言官、定服制」之後，加上如同清國史館本紀的「上嘉納之」〔註 29〕，不但交代了下文，補足了語意，而且表現了皇太極的從諫如流，也可歸於此類。

　　二是通過側面描寫，借他人之口表現皇太極的仁德。如 411 頁原文爲「壬寅，阿魯伊蘇忒部貝勒爲察哈爾所敗，留所部於西拉木輪河，偕我使察漢喇嘛來朝」。結果「貝勒爲察哈爾所敗」被改爲「聞上善養民」，其爲形勢所迫的行爲就成了主動歸附，同時「阿魯伊蘇忒部……留所部於西拉木輪河」，又成了《清史稿》中一處文法不通的敗筆。又如 500 頁皇太極與洪承疇、祖大壽的對話，二次審改中不但將對話內容進一步細化，而且將結尾的「承疇等泣謝」改爲「承疇曰：皇上眞仁主也」。洪承疇的話在實錄中述爲「皇上此諭，眞全仁之言也」。〔註 30〕清國史館本紀述爲「皇上眞至仁之主也」。〔註 31〕《清史稿》仿其如此審改，使得皇太極的高大形象進一步得以昇華。

　　金兆蕃和鄧邦述都曾出仕民國，從金兆蕃的著述來看，其人思想較爲開明，而審改者柯劭忞雖非不食周粟，但他在修史中卻抱有一定的遺老心態。柯劭忞在審改中通過增敘史事使皇太極的人物形象更爲豐滿，但他一味強調「聖德」，意圖把皇太極塑造成完人，對某些史事進行刪削，突出了形象的典型性而忽略了歷史人物的複雜性，結果讓史書記載偏離了歷史眞實。

3.3 福臨

3.3.1 《世祖本紀》稿本的開篇

　　《世祖本紀上》開篇的形象描寫原爲：「母孝莊文皇后，方娠，紅光繞身，盤旋如龍行，即視無所覯。誕之前夕，夢神人抱子納后懷曰：『此統一天下之

〔註 29〕《清國史》，第一冊，第 30 頁。
〔註 30〕《太宗文皇帝實錄》，第 824 頁。
〔註 31〕《清國史》，第一冊，第 62 頁。

主也。』窘以語太宗，太宗喜甚曰：『是奇祥也，生子必建大業。』翼日上生，紅光燭宮中，香氣經日不散，上生有異稟，頂髮聳起，龍章鳳姿，神智天授。六歲嗜書史，目數行下。」〔註32〕柯劭忞將「即視無所覩」改為與《清國史》相同的「侍者趨侍，即視無所覩」，並框刪「六歲嗜書史，目數行下」，此句《清國史》作「六歲即嗜書史，不由師授，一目數行俱下」〔註33〕，「不由師授」可謂過分誇張，弄得神乎其神了。

3.3.2 《世祖本紀》稿本的論贊

稿本第736～737頁有一段總結：

> 上英明天縱，寬仁大度。沖齡踐祚，會明運告終，我師入中原，驅除闖寇。齊晉秦豫，傳檄而下。攝政王多爾袞，迎上入關，定鼎燕京，順天應人，海內景附。順治八年，始親大政。時天下粗定，上以民生蕉萃、軍旅迄興，與為休息，蠲租免逋，府無虛月。鑒明季吏治之窳，整飭綱紀。御史張煊，劾吏部尚書陳名夏，同官譚泰與名夏朋比，主其獄，論煊死。尋發其覆，誅譚泰，而以煊子世其官旌之。逐馮銓、戍陳之遴、罷劉正宗，除奸斥佞，無不當者。勤於問學，述綴斐然，皆昭達理要，旁及釋典。有脫屣天下之心，親撰遺詔，引咎自責。彌留之頃，神明湛寂。雖端敬皇后薨未逾年，遽以哀悼致疾，然詒謀聖子，大啟鴻業，睿謨丕烈，夐乎遠矣！

該段被柯劭忞框刪，代之以他在738頁撰寫的「論曰」：

> 順治之初，睿王攝政。入關定鼎，奄宅區夏。然兵事方殷，休養生息，未遑及之也。迨帝親總萬幾，勤政愛民，孜孜求治。清賦役以革橫征，定律令以滌冤濫。蠲租貸賦，史不絕書。鑒明季吏治之窳，剔除積弊，獎進廉能。踐阼十有八年，登水火之民於衽席。雖景命不融，而丕基已鞏。至於彌留之際，省躬自責，布告臣民。禹、湯罪己，不啻過之。《書》曰：「亶聰明作元后，元后為民父母。」其世祖之謂矣。

此論贊有多處修改，「鑒明季吏治之窳，剔除積弊，獎進廉能」一句被刪除，結尾也被反覆修改，弄得模糊不清，經仔細辨認，其最終版本即為《清史稿》所用內容。

〔註32〕第521頁。
〔註33〕第一冊，第68頁。

3.3.3《世祖本紀上、下校注》中的福臨形象刻畫

奭良在《世祖本紀上、下校注》中指出的問題，有不少都涉及順治帝的形象刻畫，如：

關於開篇。奭良批註：「方娠云云至必建大業，謹按：馬遷述漢高之祥，意近於謗，沈約攄宋武之瑞，或嗤其誕，宜取通鑑不書符瑞之例從刪。『大業』句應酌，是時國基大定，入關如拉朽，況值闖亂，天與人歸，似難歸美。『紅光』二句，或是實事，然亦帝者之恆矣。」奭良舉出司馬遷《史記》及沈約《宋書》中分別敘述漢高祖、宋武帝祥瑞之事的不良效果，認為應按照司馬光《資治通鑑》的先例「不記符瑞」。不過他並不否認福臨誕生「紅光燭宮，香氣經日不散」的可能性，只是說「然亦帝者之恆矣」，不值一書，不必大驚小怪。

關於幼年即位。《世祖本紀上校注》指出：「生不書年，即位宜書年。」〔註 34〕福臨的生年在《太宗本紀》中有記載，而不論是《世祖本紀上、下》稿本還是《清史稿‧世祖本紀》卻都沒有記載，對其即位時的年齡也沒有提及，不但史事不清，而且影響了形象刻畫，的確是一大缺失。《世祖本紀上、下》稿本的末尾雖然提到他「沖齡踐祚」，但在審改中被刪除，「論曰」中只說「順治之初，睿王攝政」，而通篇沒有交代其原因。

關於細節描寫。稿本第 631 頁「癸未，羅什、博爾惠有罪，論死」之後原為「上聞之，不忍其死，群臣執不可，伏誅」。奭良在《世祖本紀上、下校注》中認為可直書「羅什、博爾惠有罪伏誅」，「擬節『上聞之』三句，既親政矣，斯乃虛文，羅什何官宜書」。奭良認為順治已經親政，應該可以自己作主，「聞之不忍其死」幾句「乃虛文」。這種觀點沒有考慮到清初政治權力的分配，其時議政王大臣會議分量很重，還沒有發展到皇帝可以乾綱獨斷的階段，而且順治帝當時剛剛親政，恐怕不能馬上就不考慮大臣的意見而自行其是。此事如何書寫，不但能反映清初的政治格局，而且對福臨的形象刻畫有一定影響。結果此句被柯劭忞改為「上欲宥其死，群臣執奏不可，遂伏誅」。雖然羅什官職依然未書，但柯劭忞保留的細節對福臨的形象刻畫有幫助。

關於「罪己詔」。奭良認為：「責躬之詔頻煩，擬略節。」〔註 35〕順治親政三年之後，陸續發佈了一些責備自己施政行事不妥的詔書。稿本中多次引

〔註34〕第 511 頁。

〔註35〕第 516 頁。

用此類詔書，雖然所佔篇幅較大，但這是當時的歷史事實，也是該紀的一大特色，為刻畫順治形象所必須。奭良認為其「頻煩，擬略節」，我覺得其詞可節但其事不應略。柯劭忞在審改中並未節略這些內容，反而在第 724 頁添加了一段長文，通過語言描寫進一步刻畫了順治帝的形象：「覺羅巴哈納等以旱引罪自陳。上曰：『朕以旱災迭見，下詔責躬。卿等合辭引罪，是仍視為具文，非朕實圖改過意也。卿等職司票擬，僅守成規，未能各出所見，佐朕不逮。是皆朕不能委任大臣之咎。自後專加委任，其殫力贊襄，秉公持正，以副朕懷。』」此話非常誠懇且意義深刻，被保存在《清史稿》中，增加了史書的鏡鑒作用，效果不錯。

　　關於總論。奭良指出：「總論『有脫屣天下之心』。故老丫髻山之說漸即消滅，紀中忽著此句，大啟後世之疑。按：世祖手定遺詔，曾命蘇克薩哈四大臣之一持呈孝莊閱定頒行。見於王錄。凡人若決然捨去，即不應斤斤於身後名也。向在瀋陽值盰哂聖容敬瞻一次，實具早夭之象。吳偉業賦清涼山詩，身早歸田，傳聞之詞，不足引據。伏請裁酌。」順治帝遺詔與前面反覆出現的罪己詔一以貫之，體現出福臨善於自省的個性特點。奭良認為總論中「有脫屣天下之心」一句不妥，容易讓讀者產生順治出家的聯想。根據王先謙《東華錄》的記載，遺詔乃順治帝親手起草，他命蘇克薩哈送呈孝莊太后閱定之後方才頒行。如果出家，則「不應斤斤於身後名也」。奭良認同病逝之說，因為他曾經在盛京皇宮看到過福臨的畫像，評價是「實具早夭之象」。吳偉業的《清涼山贊佛詩四首》流傳很廣，但他在順治十四年即辭官歸里，奭良指出其「身早歸田」，故「傳聞之詞，不足引據」。奭良還認為：「世祖勤政，嚴於貪吏，引近漢臣，論皆未及。」〔註 36〕「勤政」等內容在柯劭忞起草的論贊中有所體現，重用漢臣則未有述及。

3.4 玄燁

3.4.1 《聖祖本紀》稿本的開篇

　　稿本第 741 頁的開篇為：「上天表奇偉，隆準嶽立，耳大聲洪。方六齡，偕世祖皇二子福全、皇五子常寧問安。世祖命言志，常寧甫三齡，未對。福

―――――――――――
〔註 36〕第 517 頁。

全對：『願爲賢王。』上言：『待長而效法父皇，黽勉盡力。』世祖遂屬意焉。」

《清史稿》則更爲精練：「天表英俊，岳立聲洪。六齡，偕兄弟問安。世祖問所欲。皇二子福全言：『願爲賢王。』帝言：『願效法父皇。』世祖異焉。」值得注意的是「屬意」變成了「異」。兩者意思不同，前者直接表明順治帝有傳位之意，後者並不明顯。從福臨傳位時「皇帝想到了一位從兄弟」〔註37〕的說法來看，《清史稿》的寫法更爲準確。

核實錄、《清國史》及王錄，這些史料在玄燁出生前後均有較多的祥瑞描寫，且均用「屬意」一詞。

3.4.2 《聖祖本紀》稿本的論贊

第 1759～1768 頁的總論原文近 1200 字，爲：

> 上即位年八歲，朝太皇太后，問所願，對曰：「願天下乂安，生民樂業，享太平之福。」幼即嚮學，輒以學庸訓詁詢左右，通其大意，且所讀書必字字成誦，四子書畢讀《尚書》、《周易》，深求其義理，經筵進講，一句一字不苟，有所疑，與諸臣反覆討論，必貫徹而後已。尤嗜讀宋儒性理諸書，升朱子次十哲，定其遺書，以風天下，兼通天文、輿地、音韻、歷象、演算法、測繪之學，編制審定諸書四部，都凡五千三百卷有奇。而《古今圖書集成》又二萬卷。上嘗曰：「人主以講學明理爲先務。披閱典籍義理無窮。」曰：「人心至靈，出入無鄉，一刻不親書冊，此心未免旁騖，朕在宮中，手不釋卷，正爲此也。」曰：「凡事待學而成，而學成於敬愼，朕學皆自敬愼得之。」曰：「人主何求不得，當存一段敬畏之意，庶治事不至舛誤，即有舛誤，自能省改。」曰：「治天下當寬裕仁慈，以因人性不可拂逆。」曰：「治天下以養民爲本。」曰：「治天下要在安靜，不可矜奇立異，徒爲大言。」曰：「治天下不當過驟，日積月累，久之自有成效。」上崇尚節儉，嘗曰：「天下物力有限，當爲天下惜之。」宮中妃嬪以下媼婢，充使令供灑掃者凡一百三十四人，初年光祿寺歲用銀百萬，工部歲用銀倍之，減爲數十萬，又減爲十數萬。而勤於民事，嘗曰：「每歲方春，念稼事息息不忘，至秋成乃已（2690

〔註37〕魏特《湯若望傳》，商務印書館，1949 年版，第 325 頁。

頁謄清本誤爲「巳」），入冬，内地慮雪少，塞外又慮雪多。」嘗遇旱於宮中，長跪三晝夜，日惟淡食，不御醯醬，乃步禱天壇，雨驟至，衣韈盡濡，後各省奏事人至，皆言同於是日得雨。出巡見民方被水，以水藻爲食，取而嘗之，示與民同疾苦。值歲饑輒命蠲賦，四十八年户部上其籍，蠲萬萬以上，四十九年後復蠲米二百萬石，銀七百七十萬兩有奇，又命滋生人丁永免加賦。其治獄，嘗曰：「囚論死，朕常冀其可生，反覆詳審，求其生而不得耳。」初年以滿洲多殺人獄，命本旗以便宜決之，自是知畏法，至四十八年遂無一犯者，晚年秋讞勾決，歲但二三十人，幾於刑措。其用人，先心術，次才學，特重廉吏，于成龍、張伯行、陳鵬年、趙申喬、陳璸輩屢或遇彈劾，務爲保全，諸將有功尤愛惜之，趙良棟屢言賞薄，優容終其身，藍理以貪黜，身後免其追逋，禪將能力戰者，詔書屢屢言之，俾相與矜寵。其用兵，初年吳三桂叛，應者半天下，或請誅主戰諸臣，上躬任之，調遣諸軍自遠移近，次第徐進，師行相繼，而士馬不疲。征噶爾丹，預籌轉餉，師賴以克濟。嘗駐師滾諾爾，雨雪交作，上以諸軍未結營，雨服露立，俟諸軍結營竟，乃入行帳，諸軍皆舉火，乃命進膳，又遣侍衛以橐駝載營帳炊具，待輓運後至者，使得居以爨。師自甯夏還，乘舟循河而下，以乾餱不足，日獵獸網魚，追射雁鶩而食二十餘日，至湖灘河朔。上初年，明桂王猶在緬甸，李自成餘黨伏鄖襄山中，次第戡定，而三桂及耿精忠、尚之信同時爲亂，精忠、之信降而死，三桂死而其孫世璠敗滅。自是，東克臺灣，北禦羅刹，西北走噶爾丹，收喀爾喀，西定衛藏，南徠安南、暹羅。晚年發兵擊策妄阿喇布坦，事未竟而上薨崩。

奭良對該總論很不滿意，用約550字的夾簽指出了其中的一些問題：

「上即位年八歲」，當書於紀首。對所願可不書，書則書於紀首。

「輒以」字未安，「詢左右」字可省。

「必字字」，「必」字省。「四子書」，「四子」二字，前人以爲未安。

進講下直接反攻。「測」字見於原勘河隄，「繪」字無考。

審定諸書如《曆數淵源》（應爲《曆律淵源》）、《幾暇格物》，編皆確有心得、妙造精雕，如《圖書集成》、《淵鑒類函》、《韻府》、《字典》

之類，皆廷臣編纂，只可詳於《藝文》。

無數「曰」字，非紀體，尤非論體。〔註38〕

諸善政有見於紀中者，但可以一二語括之，或重舉其要者。

廉吏內于成龍不知指何人？清端未遭彈劾，襄勤則勞臣也，陳璸亦未遭劾。

趙良棟非止優容終身，且寵祿其子孫，當時滿臣未敢望也。黃氏略相仿。如賜金、賜船，皆異數。

藍理不必入。當時矜寵武臣多不勝書，就加名號將軍者已八、九人。藍理則罪浮於功，鹿洳恐不能諱。

初年桂王已俘，即在緬何濟？闖孽多隸吳部，其在郎施與譚彭合者即十三家營也。要亦麼麼，襄無之。〔註39〕

尚之信之反與吳、耿非同時也。袁枚之文爲人所訶久矣。

耿、尚降而死，惜之乎？

「南徠」一句，湊殊不必，尚有荷蘭助師船，西洋貢獅子，然摠不必。

策妄之事，何言未覚？彼踞藏二年，我師至，一戰而遁，再戰而潰，西路襲擊之師至於烏魯木齊、至於吐魯番，俘獲而還，但未北進耳。蓋我聖祖本無欲取之心，直謹備之而已，況犁庭之功在異代也。頌揚之文乃以不足之語終之，竊所未喻。〔註40〕

其夾籤爲行書，較爲潦草，個別地方即使對照謄清本仍不可解，不過其大意是明瞭的，其中包括寫法問題、史實問題，也有人物評價問題。這些指摘既顯示了奭良的史識，也反映出他的立場和觀點。

　　該總論的後半部分，根據奭良的部分意見進行了刪改。「于成龍、張伯行、陳鵬年、趙申喬、陳璸輩」、「趙良棟屢言賞薄」、「藍理以貪黜，身後免其追逋」、「精忠、之信降而死，三桂死而其孫世璠」、「晚年發兵擊策妄阿喇布坦，事未竟而上薨崩」等內容被框刪，最終成爲：

〔註38〕　第 1760 頁。
〔註39〕　第 1765 頁。
〔註40〕　第 1767 頁。

其用人，先心術，次才學，特重廉吏，或遇彈劾，務爲保全，諸將
有功尤愛惜優容，裨將能力戰者，詔書屢屢言之，俾相與矜寵。其
用兵，……而三桂及耿精忠、尚之信同時爲亂，先後敗滅，自是，
東克臺灣，北禦羅刹，西北走噶爾丹，收喀爾喀，西定衛藏，南徠
安南、暹羅，功德昭顯，爲升平世。〔註41〕

儘管經過修改，該總論也未能保留至《清史稿》中。《清史稿·聖祖本紀》的
論贊爲：

論曰：聖祖仁孝性成，智勇天錫。早承大業，勤政愛民。經文緯武，
寰宇一統，雖曰守成，實同開創焉。聖學高深，崇儒重道。幾暇格
物，豁貫天人，尤爲古今所未覯。而久道化成，風移俗易，天下和
樂，克致太平。其雍熙景象，使後世想望流連，至於今不能已。《傳》
曰：「爲人君，止於仁。」又曰：「道盛德至善，民之不能忘。」於
戲，何其盛歟！

其字裏行間中已經看不出總論的絲毫蛛絲馬迹了，從風格判斷，此論贊應是
柯劭忞重新撰寫的。

3.4.3 其他有關玄燁形象刻畫的內容

3.4.3.1 稿本與《清史稿》形象刻畫詳略的不同

經對校，兩者刻畫玄燁形象的側重點有很大的不同，如稿本第 980 頁「癸
卯，諭旌卹死事官」。《清史稿》則引用諭旨具體內容「癸未，詔：『軍興以來，
文武官身殉封疆，克全忠節，其有旅櫬親不能歸，妻子不得養者，深堪軫惻。
所在疆吏察明，妥爲資送，以昭襃忠至意。』」雖然時間錯誤（參見附表 4 第
245 行），但諭旨內容詳細，有助形象刻畫。

《清史稿》中有「二十八年己巳春正月庚午……獻縣民獻嘉禾」一句。
稿本 1221 頁在此句後還有內容：「上顧從行者曰：『古聖王不貴金玉而貴五
穀。五穀民之命也，朕甚寶之。』」此處通過語言描寫刻畫了玄燁形象，較《清
史稿》敘事完整，更有意義。

《清史稿》中如此記載：（五十年二月……）「次河西務，上登岸步行二
里許，親置儀器，定方向，釘椿木，以紀丈量之處。諭曰：『用此法可以測量
天地、日月交食。演算法原於易。用七九之奇數，不能盡者，用十二、二十

〔註41〕 第 1764～1768 頁。

四之偶數，乃能盡之，即取象十二時、二十四氣也。』」而稿本僅有「上閱河道，至河西務陸行」一句。〔註42〕但該年三月群臣請上尊號事，稿本卻有一長諭，爲《清史稿》所無：「朕自幼讀書，持身以誠敬爲本，治天下務以寬仁爲本。恪守此心五十年，夙夜無間。雖細事毋或敢怠。觀古帝王，御天下既久，能有終者蓋鮮。朕春秋漸高，血氣漸衰，而朝乾夕惕，與日加增。正恪愼保終，爲斯民圖治安。尊號特虛文耳。往史所載，徒爲儒者譏。朕勿取也。」〔註43〕《清史稿》的記載很精練：「王大臣以萬壽節請上尊號。自平滇以來，至是凡四請矣。上謙挹有素，終不之許。」

又如《清史稿》中與康熙五十二年千叟宴相關的三條諭旨，稿本均未記載。可見兩者敘事各有詳略，均有可取之處。

3.4.3.2 夒良夾簽中的玄燁形象刻畫

夒良書寫的夾簽中有許多涉及到康熙帝人物形象刻畫問題：

3.4.3.2.1 行爲描寫

3.4.3.2.1.1 行爲描寫綜論

夒良指出：（順治十三年）「十一月祀圜丘，冲人親行似宜具書，時享、祫祭（1780 頁謄清本誤爲「有」）同，而以後則可省。」〔註44〕稿本第 755 頁本爲「十一月丙子朔，祀天於圜丘」。《清史稿》改爲「上親祀天於圜丘」，點出了其意義。

（康熙十一年）「此赤城之往實奉太皇太后行，據王錄，山行屢下馬扶慈輦，此帝王所僅見者，以宜書。」〔註45〕稿本 857 頁爲「正月……辛未，上奉太皇太后幸赤城湯泉」，《清史稿》補「過八達嶺，親扶慈輦，步行下山」一句，凸顯了人物形象。

夒良擬文：（十一年三月）「上恤扈從士卒，賜食、賜醫、賜車、賜營（1875頁謄清本誤爲「瑩」）帳炊釜及資秣。」〔註46〕稿本 859 頁原文是「上恤從行兵，賚以御膳。羊有疾病，命太醫治之。番上者行官與車、處官與營帳炊釜，當代還京與資斧、散餘秣」。夒良所擬雖短，但不盡爲事實，所醫者爲羊而非

〔註42〕 第 1565 頁。
〔註43〕 第 1565～1566 頁。
〔註44〕 第 751 頁。
〔註45〕 第 858 頁。
〔註46〕 第 858 頁。

士卒。《清史稿》未收此條，對康熙帝的形象刻畫有一定影響。

「二十七年正月己卯，『上允其所請』，擬易『上勉從之』，當日上志甚堅，因廷臣援例陳請始爾勉從，『允其請』似含有樂就之意，未盡事實。」〔註47〕稿本 2183 頁有「正月，諸王大臣、大學生（應爲「士」）等屢疏議循舊制，喪服以日易月。己卯，上允其請」。奭良所擬對於形象刻畫較爲重要，但《清史稿》該月僅有「戊子，上居乾清門外左幕次。乙未，釋服。丁酉，聽政」三句，未收該條。對「乙未，釋服」，奭良也有不同意見：「是時上猶幕居，猶未薙髮，且青衣聽政，謂之釋服，恐未安，上諭有此二字，但此以塞諸臣之請耳，王錄不書。」〔註48〕

（二十七年四月）「乙丑除髮，計一百一十七日，此一朝之制，何可不書。」〔註49〕稿本 2190 頁爲「己酉，上奉太皇太后之喪移厝暫安奉殿」。《清史稿》添改爲：「己酉，上躬送太皇太后梓宮奉安暫安奉殿。其後起陵，是曰昭西陵。回蹕至薊州除髮。」

（二十八年）「二次南巡，松江連幸，蘇甯籲留，是歷史所無者，似可書。」〔註50〕稿本 1224 頁原有「上駐蘇州，民獻土物，上取米一握，果一枚，溫諭遣之」，1225 頁又有「上駐江甯府……民獻土物，上取米一握，溫諭遣之」。《清史稿》添改爲：「松江百姓建碑祈壽，獻進碑文。江南百姓籲留停蹕，獻土物爲御食，委積岸上。令取米一撮，果一枚，爲留一日。」

（三十六年）「四月丙辰，上御舟行黃河，當從後諭詳之，此歷史所無者。」〔註51〕稿本 1361 頁爲「上自達希圖海御舟泛黃河……」，《清史稿》變換筆法，述爲：「先是，上將探視寧夏黃河，由橫城乘舟行，至湖灘河朔，登陸步行，率侍衛行獵，打魚射水鴨爲糧，至包頭鎮會車騎。」增色不少。

奭良批註：「四十九年正月壬午，擬文：皇太后七旬，侍宴於慈甯宮，上親起舞進爵。」〔註52〕稿本 1551 頁爲「宴於皇太后宮，上親起舞進爵」，敘事不明。《清史稿》未載此條，影響了人物刻畫。

（四十九年六月）「是月命修字典，失（2502 謄清本誤爲「先」）書。」

〔註47〕第 2184 頁。
〔註48〕第 2184 頁。
〔註49〕第 2184 頁。
〔註50〕第 1227 頁。
〔註51〕第 1360 頁。
〔註52〕第 1552 頁。

〔註53〕《清史稿》加「乙亥，命編纂字典」一句。

（五十一年二月）「范時崇議治海盜，令沿海水師鈐束漁船，上（2527 頁謄清本漏「上」字）不允。此不允卻宜書，以見凡涉萬民之政，斷不行也，以此立政，猶有鄉紳領漁船而收稅者。」〔註54〕《清史稿》前文略有異，且添入了諭旨內容：「……范時崇疏陳沿海漁船，只許單桅，不許越省行走，交地方文武鈐束。上曰：『此事不可行。漁戶併入水師營，則兵弁侵欺之矣。盜賊豈能盡除，竊發何地無之？只視有益於民者行之，不當以文法爲捕具也。』」形象凸顯。

（五十一年）「三月，御經筵卻（2527 頁謄清本誤爲「節」）可書，高年而御講筵，史策罕見，未易事也。」〔註55〕1581 正文「丁酉，上御經筵」一句本被框刪，但《清史稿》中保留了該句。

（五十七年）「六月，李光地卒，恤典甚優，即不書亦當書諡」、「十一月，陳璸卒，追授當書贈。」〔註56〕稿本 1686 頁僅書「李光地卒」四字，《清史稿》在其後添：「命皇五子恒親王胤祺往奠茶酒，賜銀一千兩，徐元夢還京護其喪事，諡文貞。」第 1693 頁關於陳璸內容稍多：「陳璸卒，上獎其廉，追授禮部尚書」，而《清史稿》刪去「上獎其廉」，改爲「贈禮部尚書」，添「諡清端」。

3.4.3.2.1.2 關於火災

奭良認爲：（二十五年十二月）「視康邸火可不書。」〔註57〕稿本 1184 頁正文有「癸酉，康親王傑書邸火，上親臨救視」。

（二十六年）「二月正陽門外火可勿書。」〔註58〕稿本 2173 頁有「己未，正陽門外火。庚申，定八旗都統等直宿例，備火也」。

（三十二年二月乙亥朔）「顯親王府火可不書」〔註59〕，稿本 1292 頁有「顯親王丹臻府火，上親臨救視」。

這三條、尤其是第一、三兩條，對康熙帝形象刻畫有一定意義，但《清

〔註53〕第 1552 頁。
〔註54〕第 1580 頁。
〔註55〕第 1580 頁。
〔註56〕第 1684 頁。
〔註57〕第 1182 頁。
〔註58〕第 2174 頁。
〔註59〕第 1293 頁。

史稿》皆未載。

3.4.3.2.1.3 關於公主

奭良認爲:「幸公主第不書,視疾送殯均省」〔註60〕、「公主之子受封可不書」〔註61〕、「公主第本不宜書(2456頁謄清本誤爲「可」)」〔註62〕、「駐公主第不書」〔註63〕、「送公主喪不應書」〔註64〕。此類內容表現的是玄燁的家庭關係和濃厚親情,《清史稿》僅保留了一處幸公主第,其餘均未書。

3.4.3.2.2 語言描寫

3.4.3.2.2.1 日常語言描寫

奭良批註:(二十三年十月)「丙辰,乘河船幸金山,上顧群臣曰:『昔攻岳州,取長沙,皆賴此船之用,今但供巡幸耳。』擬文。爲此已足。」〔註65〕稿本2142頁爲「幸金山,乘沙船以渡,上顧侍臣曰:『兵興時復岳州、克長沙,皆用此舟。今宇內粗定,昔時戰艦,但供巡幸,然安不忘危、治不忘亂,朕乘此舟,未嘗不念艱難用兵時,非以遊觀爲樂也』」。奭良刪去「治不忘亂」等句,玄燁之言只剩感慨意味,失去了中心思想,並不高明。而《清史稿》爲「此皆戰艦也。今以供巡幸,然艱難不可忘也。」甚是簡明。

(三十六年三月)「趙良棟卒,當書予諡。」〔註66〕《清史稿》並未添其諡號,而是加了一句:「上聞之,嗟悼良久,語近臣曰:『趙良棟,偉男子也。』」此言不但刻畫了趙良棟的形象,也提升了康熙帝的形象,極爲傳神。

(三十六年四月)「諸降人請賀,上曰:『我之臣工慶賀固當,爾等向受噶爾丹之恩,請賀未可也。』大義凜然,只此已足。」〔註67〕稿本1363頁爲「上以諸降人嘗爲噶爾丹屬,命毋賀」。《清史稿》的寫法則更短:「厄魯特降人請慶賀。止之」。

3.4.3.2.2.2 關於諭旨

除了前述的日常語言描寫之外,諭旨如何記載對皇帝形象刻畫有著重要

〔註60〕 第1408頁。
〔註61〕 第1489頁。
〔註62〕 第1502頁。
〔註63〕 第1519頁。
〔註64〕 第1552頁。
〔註65〕 第2141頁。
〔註66〕 第1355頁。
〔註67〕 第1362頁。

意義。

　　奭良在夾籤中認為：（十七年）「六月丁酉，代償兵債一論，似宜詳書。」
〔註68〕此事《清史稿》詳述為「詔曰：『軍興以來，將士披堅執銳，盛暑祁寒，
備極勞苦，朕甚憫焉。其令兵部察軍中有負債責者，官為償之，戰歿及被創
者恤其家。』」而稿本 2014 頁正文為「丁酉，詔慰出征將士，負債者代償，
被創者厚恤」，提煉得非常精當。

　　奭良指出：（十八年七月）「是月壬戌諭廷臣，本為地震交儆，節述未明。」
〔註69〕查稿本 2039 頁為：「庚申，京師地震，詔修省求言，發帑賑民居傾損
者。壬戌，復集廷臣諭曰：『小民疾苦，有司不時上聞，大臣朋比徇私；將帥
行師，破城邑，俘子女，焚廬舍，恣為暴；庶獄不速讞，讞又弗允；滿洲諸
王貝勒家人，侵小民生理。數端皆害政大者，其明著為禁令。』」敘述較為簡
略，兩句間僅有一「復」字表示二者關係，確實存在一定問題。《清史稿》改
為：「庚申，京師地震，詔發內帑十萬賑恤，被震廬舍官修之。壬戌，召廷臣
諭曰：『朕躬不德，政治未協，致茲地震示警。悚息靡寧，勤求致災之由。豈
牧民之官苛取以行媚歟？大臣或朋黨比周引用私人歟？領兵官焚掠勿禁歟？
蠲租給復不以實歟？問刑官聽訟或枉平民歟？王公大臣未能束其下致侵小民
歟？有一於此，皆足致災。惟在大法而小廉，政平而訟理，庶幾仰格穹蒼，
弭消沴戾。用是昭佈朕心，願與中外大小臣工共勉之。』」雖用字較多，不過
也更加清晰。

　　（二十二年二月）「嘉守永興功，諭旨宜述數語，以見上於功罪未嘗不分
曉。」〔註70〕稿本 2116 頁為「甲申，命守永興將士毋議罪」，《清史稿》無此
條。

　　（二十五年二月）「庚午，諭三法司慎庶獄，此乃面諭之舉，當日廷臣面
對者多（2160 頁騰清本誤為「有」）訓誡之詞，至再至三，記注罔或不入，今
修本紀則不宜大書丕（2160 頁騰清本誤為「不一」）書矣。」〔註71〕稿本 2162
頁有「庚午，誡三法司慎庶獄，毋尚苛刻」，《清史稿》未收此條。

　　奭良擬文：（二十八年）「正月，諭南巡免供億，禁饋遺，嚴約束。」「乙
未駐揚州，諭曰：『民間飾彩以迎，雖出敬愛，然損物力，前途其悉罷之。此行

〔註68〕　第 2021 頁。
〔註69〕　第 2038 頁。
〔註70〕　第 2115 頁。
〔註71〕　第 1172 頁。

不設警蹕，便民爲瞻望，然勿喧擁。』」〔註72〕稿本 1221 頁前諭內容略同，但甚繁，有七十二字，奭良節爲十餘字，甚見功力，但此條《清史稿》未載。稿本 1223 頁後諭稍繁，但其中「朕視宇內民皆赤子也，使比戶豐饒，朕心自樂」一句，對形象刻畫有意義。《清史稿》則是另一種表述：「朕觀風問俗，鹵薄不設，扈從僅三百人。頃駐揚州，民間結彩盈衢，雖出自愛敬之誠，不無少損物力。其前途經過郡邑，宜悉停止。」僅表述了前一半內容，不可謂佳。

（二十九年）「十一月庚寅之諭，儆戒之而已，卒未實行，蓋親親之義，似可勿書。」〔註73〕稿本 1255 頁正文爲「庚寅諭：『曩在祖宗朝，阿敏棄灤州、永平，代善使朝鮮違命，阿濟格軍嘩，皆命對簿。今裕親王等將還師，大學士、議政大臣其具故事以聞』」，《清史稿》未收此條。

奭良認爲：（三十年五月）「上回鑾，秦築長城一詔，擬不書，設險亦大義。」〔註74〕稿本 2245 頁有「上發七溪，諭從臣曰：『昔秦築長城，以土石禦邊。我朝施恩於喀爾喀，使捍衛朔方，較長城堅也』」。這是康熙帝治邊思想的集中反映，非常重要，而《清史稿》未載，影響了形象刻畫。

（四十二年四月）「乙亥，戒約八旗一條，原諭甚諄切，約其文則不如指」〔註75〕。稿本 1462 頁此條爲 24 字：「諭八旗都統等戒約所部毋酗酒、毋賭博、習於侈費，以致貧困。」查《清實錄》原諭約 280 字，在《清史稿》中節爲 70 字：「諭八旗人等：『朕不惜數百萬帑金爲旗丁償逋贖地，籌畫生計。爾等能人人以孝弟爲心，勤儉爲事，則足仰慰朕心矣。倘不知愛惜，仍前游蕩飲博，必以嚴法處之。親書宣諭，其尚欽遵！』」。雖然較稿本篇幅長些，不過確實爲康熙帝形象刻畫增色不少。

稿本 1525 頁爲：（四十六年十月）「甲申，行圍……乙酉……蒙古諸部進駝馬，上卻之，諭曰：『朕教養爾等，人皆富庶，物盡蕃滋，爾等進獻，朕心嘉悅，與收無異，爾等其益勤生計，圖孳息，以稱朕意。』」奭良簡化爲「甲申，上行圍，蒙古進駝馬，上卻之，諭曰：『爾等富庶（2472 頁謄清本誤爲「產」），朕心嘉悅，與收無異』」〔註76〕，出現了時間錯誤。而《清史稿》僅記爲「辛巳……外藩獻駝馬，卻之」，不但出現了另一種時間錯誤（參見附表

〔註72〕 第 1222 頁。
〔註73〕 第 1257 頁。
〔註74〕 第 2244 頁。
〔註75〕 第 1455 頁。
〔註76〕 第 1519 頁。

4 第 898 行)，還影響了形象刻畫。

　　(五十一年三月)「失書『翻譯假官誤作僞官』一條，宜據王錄全錄，自通商以來，以譯文之不審及舌人之失詞，誤事多矣，聖諭眞匭鑒也。」〔註77〕《清史稿》照此添加了「論大學士：『翻譯本章，甚有關係。昨見本內『假官』二字，竟譯作『僞官』，舛錯殊甚。其嚴飭之。』」

　　稿本 1599 頁正文：(五十二年四月)「辛巳，諸臣議禁民間開礦，上不允，曰：『天地間自然之利，當與民共之，要在有司處置得宜，不使生事耳。』」奭良對此高度評價：「記開礦一諭，剪裁而合原恉(2543 頁謄清本誤爲「情」)，能如此則高簡矣！」〔註78〕但《清史稿》未收此條。

　　稿本 1638 頁正文有 (五十五年四月)「庚戌，上駐兩間房。辛亥，諭從臣當擇潔水以飲，塞外早寒，攝生宜愼」。奭良認爲「飲水衛生，此面諭偶及之詞，何煩紀載」〔註79〕。此條未出現在《清史稿》中。

　　奭良指出：(五十六年十一月)「辛未，上御乾清宮一諭，共一千五百餘字，太長，似宜節刪，如刪節，諭王掞　條甚好。」〔註80〕查稿本該諭自 1662 頁至 1673 頁：「朕少時稟賦甚壯，不知有疾病……此諭已備十年，若有讀詔，無非此言，披肝露膽，罄盡五內，朕言不再。」其文確實過長，《清史稿》節爲「詔曰：『帝王之治，必以敬天法祖爲本。……他日遺詔，備於此矣。』」還剩約七百字，而「論王掞　條」已不存。

　　奭良指出，(五十七年)「正月癸丑，諭群臣毋以空言諛頌」。按：此條有誤。下辛酉諭內乃有『陳奏用稱頌套語，於朕躬並無裨益，嗣後當盡刪除』等語，然意不在此，蓋謂國家事務諸臣不能擔任耳。今約紀其詞，又益以『空言』二字，頗失指而有語病。又按：癸丑諭內，有『朕罹大憂，因致獲疾，動履甚艱，寢臥幾及五旬，喪事未得盡心，何暇調治』等語，正當節述。節述猶可，渾括則難明也」。〔註81〕該諭不見於《清史稿》。

　　(五十七年三月)「壬戌有諭四月初七日剃頭，蓋俟奉安也，計日在百二十日以外，此失書，請酌。」〔註82〕《清史稿》並未添加。

〔註77〕第 1580 頁。
〔註78〕第 1600 頁。
〔註79〕第 1636 頁。
〔註80〕第 1654 頁。
〔註81〕第 1677 頁。
〔註82〕第 1679 頁。

　　（五十九年）「十一月辛巳，論地理河源一道，發前人所未發，雖文字太長，紀體難於全錄，然不可竟遺，請酌。」〔註83〕《清史稿》添「辛巳，詔：『大兵入藏，其地俱入版圖，山川名號番、漢異同，應即考訂明核，傳信後世。』上因與大學士講論河源、江源，及於《禹貢》三危。」查《清實錄》原諭長達一千七百餘字，《清史稿》如此表述甚爲精當。

　　奭良批註：（六十一年九月）「上還駐熱河，諭曰：『朕歲歲出塞行圍，有謂勞苦士卒者，不知國家承平日久，豈可忘（2680頁謄清本誤爲「妄」）武備耶？』擬如此節。」〔註84〕稿本1755頁的諭旨回顧了諸多戰例，長達二百字。《清史稿》則爲：「乙酉，諭大學士曰：『有人謂朕塞外行圍，勞苦軍士。不知承平日久，豈可遂忘武備？軍旅數興，師武臣力，克敵有功，此皆勤於訓練之所致也。』」較奭良所擬多了13個字。

　　（六十一年十月）「上諭一道，節錄甚好，而既未獲七旬，又似可不書。」〔註85〕稿本1757頁正文：「戊寅，廷臣以明年上七十萬壽疏陳上功德，請稱慶，上不允，諭曰：『朕沖齡即位，賴祖宗德厚，建不拔之業，定鼎至今八十年，四海升平。朕自幼讀書，覽前代帝王，憂患累其內，幾務勞其外，景祚不長，未嘗不拊髀而歎。朕涼德亦不過如此，幸得歷逾花甲，年至古稀，兢兢翼翼，慮無以善其後，況西陲用兵，士卒暴露，轉運罷敝，民以乏食，百物踴貴，正當君臣交儆，安用慶賀？卿等所奏，皆過於實，其悉罷之。』」此事《清史稿》未載，如能保留將對康熙帝形象刻畫大有裨益。

3.5 胤禛

3.5.1《世宗本紀》稿本的開篇

　　原稿本開篇頁側有缺損，謄清本是完整的，在第2698頁：

　　　母孝恭仁皇后夢月入懷，誕之夕，祥光煜燁，久之乃散。天表奇偉，隆準頎身。幼耽書史，性尤純孝。逮事孝莊文皇后、孝惠章皇后、聖祖違和，必躬親湯藥，朝夕匪懈，聖祖稱爲誠孝。皇太子允礽罪廢，眾議幽禁，上獨涕泣不能起。奉命隨征，軍紀肅然。初封多羅

〔註83〕第1717頁。
〔註84〕第1752頁。
〔註85〕第1752頁。

貝勒，晉和碩雍親王。聖祖嘗諭諸大臣曰：「朕萬年後，必擇一堅固
可託之人，爲天下主。」蓋目上也。

經文本比對，可見該開篇源自清國史館本紀，清國史館本紀則源自實錄。實
錄中此段描寫約四百五十字，《清國史》縮爲近三百字，原稿本則在此基礎上
又進行了精練，把篇幅縮到了約一百五十字，值得注意的改動是把康熙帝說
的「與爾等作主」〔註86〕改成了「爲天下主」。

　　奭良覆輯本開篇的描寫則更簡略得多，在 2904 頁，本爲：「生有異徵，
天表魁偉，沉潛好學，舉止端凝，聖祖許爲貴重。」柯劭忞在審改時框刪「沉
潛好學」。無論是國史、實錄還是蔣錄、王錄，均無此四字，應當是奭良提煉
出來的。《清史稿》僅剩「生有異徵，天表魁偉，舉止端凝」一句，源於諭旨
的「聖祖許爲貴重」也被刪除了。

3.5.2 《世宗本紀》稿本的論贊

　　金兆蕃、鄧邦述原稿本中有一段二百餘字的總論，奭良在覆輯本又重纂
了字數略同的「贊曰」，該「贊曰」的下一頁，爲另一種楷體字重纂的「論曰」，
其筆劃彎曲，似爲「手顫」之人所寫，應爲柯劭忞親筆。該論贊字數只有前
面「贊曰」的一半。

　　原稿本的總論爲：

> 世宗天縱英睿，勤政愛民。在潛邸時，熟於閭閻疾苦、治道利病，
> 隱然有主器之心。入嗣大統，承聖祖倦勤，以猛濟之，臨事明決，
> 用法刻深。不數年間，吏風丕變，尤篤於百姓。遇疆臣弗少假，始
> 令督撫司道封章言事，皆一一批答，機神四徹，本其英察，鈎致情
> 僞。廟堂之上，燭見萬里，吏不敢欺，如奉神聖。用人不疑，若鄂
> 爾泰、李衛、田文鏡，始終任之，懦者自奮。十三年中，吏治蒸蒸，
> 良無間然。獨天性谿刻，同於漢宣，允禵、阿其那、塞思黑，皆以
> 黨敗，雖夙夜勵精，無忝繼述，而峻法惡名，被及同氣，寧非聖德
> 之累歟！〔註87〕

奭良在覆輯本重纂的「贊曰」爲：

> 贊曰：世宗神運縝摯，績學能文，大廷詔令，批畣章牘，動輒千數

〔註86〕《清國史》，第一冊，第 290 頁。
〔註87〕第 2899～2901 頁。

－129－

百言。獨於孔懷之誼，未臻愷粹，即云罪有攸歸，詰責亦太密矣。武功不兢〔註88〕遜於前朝，撤兵太驟，命使太頻，廟謨未定，而以遊移責之臣下，雖曰言成憲，而〔註89〕未盡率由也。唯研求治道有素，頗悉下吏之疲困。有近臣進言州縣收入甚夥、宜加釐別者，斥之曰：「爾未爲州縣，焉知州縣之難？」至哉言乎！夫惟知牧令之難爲，則政平訟理，庶可幾哉。〔註90〕

柯劭忞重纂的「論曰」爲：

論曰：聖祖政尚寬仁，世宗以嚴明繼之。論者比於漢之文、景。獨孔懷之誼，疑於未篤。然淮南暴亢，有自取之咎，不盡出於文帝之寡恩也。帝研求治道，尤患下吏之疲困。有近臣言州縣所入多，宜釐別。斥之曰：「爾未爲州縣，惡知州縣之難？」至哉言乎，可謂知政要矣！〔註91〕

該論贊基本內容與奭良所擬大致相同，惟刪去了武功方面的缺失。修改之後，其風格與《清史稿‧本紀》其他論贊一致，善於進行朝代間的比較。不論是總論還是「贊曰」或「論曰」，都把胤禛對待兄弟的殘酷作爲他一生最大的缺失。

3.5.3 其他有關胤禛形象刻畫的內容

柯劭忞框刪的說明性文字有涉及胤禛形象刻畫的，如：「謂其內倚太監何玉桂、外用給事中秦道然，罪狀諸弟自此始。」〔註92〕

第 2927 頁「報阿其那九月初一日病嘔，初五日不進飲食，初十日故」被柯劭忞改爲「奏阿其那卒」，這一細節描寫對胤禛形象刻畫也有影響。

3.6 弘曆

3.6.1《高宗本紀》稿本的開篇

《清史稿‧高宗本紀》開篇對弘曆的形象描寫爲：

〔註88〕「不兢」復被細筆圈去。
〔註89〕該字爲細筆所添。
〔註90〕第 2975 頁。
〔註91〕第 2976 頁。
〔註92〕第 2906 頁。

> 隆準頎身，聖祖見而鍾愛，令讀書宮中，受學於庶吉士福敏，過目
> 成誦。復學射於貝勒允禧，學火器於莊親王允祿。木蘭從獮，命侍
> 衛引射熊。甫上馬，熊突起。上控轡自若。聖祖御槍殪熊。入武帳，
> 顧語溫惠皇太妃曰：「是命貴重，福將過予。」

原稿本與此大致相同，惟第一句本爲：「隆準頎身，幼耽經籍，聖祖見即驚
愛。」柯劭忞在審改時刪去了「幼耽經籍」，並將「見即驚愛」改爲「見而
鍾愛」。此外，「學火器於莊親王允祿」之後本有「輒擅精能」四字，亦被
框刪。

核實錄，此段描寫爲：「上生而神靈，天挺奇表，珠庭方廣，隆準頎身，
發音鏗洪，舉步嶽重，規度恢遠，嶷然拔萃。……聖祖……見即驚愛。……
肄輒擅能。」王錄與此同，惟「肄輒擅能」成了「肄輒精能」。〔註93〕而清國
史館本紀爲：「天挺奇表，珠庭方廣，隆準頎身，發音鏗洪，舉步嶽重，幼耽
經籍……聖祖……見即驚愛。……肄輒精能。」〔註94〕可見原稿本的描寫源
於清國史館本紀。

3.6.2 《高宗本紀》稿本的論贊

吳廷燮並未撰寫稿本的總論或論贊，影響了乾隆帝的形象刻畫。這一工
作是由柯劭忞親筆完成的：

> 論曰：高宗運際郅隆，勵精圖治，開疆拓宇，四征不庭，揆文奮
> 武，於斯爲盛。享祚之久，同符聖祖，而壽考則逾之。自三代以
> 後，未嘗有也。惟耄期倦勤，蔽於權倖，上累日月之明，爲之歎息
> 焉。〔註95〕

該論贊突出了弘曆「享祚」和「壽考」兩大特點，在頌揚乾隆帝文治武功的
同時，指出他「耄期倦勤，蔽於權倖」的缺失，較爲中肯，爲《清史稿》採
用。

3.6.3 其他有關弘曆形象刻畫的內容

第 4825 頁，吳廷燮著人抄寫了乾隆帝指示四庫全書館對違禁書籍改燬原

〔註93〕王先謙《東華錄》，第 562 頁。
〔註94〕《清國史》，第一冊，第 367 頁。
〔註95〕第 5449 頁。

則的上諭，補入正文中：

> 諭曰：明季諸人書集詞意牴觸本朝者，如錢謙益等，均不能死節，
> 妄肆狂猈，自應查明燬棄。劉宗周、黃道周，立朝守正；熊廷弼，
> 才優幹濟，諸人所言，若當時採用，敗亡未必若彼其速，惟當改易
> 字句，毋庸銷燬。又直臣如楊漣等，及有一二語傷觸，亦須酌改，
> 實不忍並從焚棄。

5594 頁正文添「癸卯，阿里袞請減饑民掠奪罪，諭斥爲寬縱養奸，不許」。

5620 頁夾簽：「癸卯，以江蘇逋賦積至二百二十餘萬，諭釐革催徵積弊。」該句本在前頁正文中添加，又被刪除，夾簽中重新抄錄，並在前四個字右側畫圈，表示在正文中恢復。

5636 正文添「丁未，上詣黑龍潭祈雨」。

5761 頁夾簽：「五月壬子朔，諭粵海關官貢毋進珍珠等物。」該句被添入前頁正文中。

5834 頁夾簽：「己巳，允戶部請開金川軍需捐例」，添入前頁正文中。

5838 頁夾簽：「戊戌，以御史李漱芳劾福隆安家人滋事，上嘉之，予敘」，添入前頁正文中。

5873 頁正文添「金從善以妄肆詆斥處斬」。

5888 頁正文添「乙亥，免山東歷城等二十八州縣逋賦及倉穀」。

5893 頁正文添「罷陝西貢皮」。

5913 頁正文添「甲辰，諭預千叟宴官民年九十以上者，許其子孫一人扶掖，大臣年逾七十者，如步履稍艱，亦許其子孫一人扶掖」。

5922 頁正文添「丁丑，以御史富森阿條陳地丁錢糧請收本色，諭斥爲斷不可行，罷之」。

5929 頁正文添「戊戌，賑湖南武陵龍陽水災」。

5940 頁正文添「乙巳，立先賢有子後裔五經博士」。

所添之處以善政爲主，其中金從善被處斬一事，前文本有「甲午，錦縣生員金從善，以上言建儲立後，納諫施德，忤旨，論斬」，此處復添（戊戌）「以妄肆詆斥處斬」的記載。五天之內從論斬到處斬，前因後果一事兩書，反映出修史者對此事的重視。

3.7 顓琰

3.7.1 《仁宗本紀》稿本的開篇

第 6002～6005 頁稿本開篇雖無外貌描寫，但形象刻畫較爲詳細：

> 上六齡就傅，受書於兵部侍郎奉寬。年十三，通五經，學今體詩於
> 工部侍郎謝墉，學古文、古體詩於侍講學士朱珪。七齡謁孝聖憲后
> 於盤山行殿，益承飴愛。三十八年上元前夕宴親藩，特命奉觴上壽。
> 是年高宗親書上名緘固，藏乾清宮正大光明扁上。長至南郊大祀，
> 復以上名默告，是日，復命祀東陵。三十九年婚孝淑睿皇后。上喜
> 讀諸史通鑒，即位後幾餘遣興，依史分題製詠，遂成全帙。四十八
> 年高宗詣盛京謁陵，命上隨侍行禮，復以宗祐有托敬告。五十四年
> 封嘉親王。紫微東偏曰毓慶宮，上養正時所居，分邸後移居擷芳殿，
> 至建儲未宣諭之前，重茸是宮，復命居之，並賜繼德堂額。六十年
> 高宗以臨御將逾聖祖之年，壽八十有五，因踐祚之初，曾以周甲歸
> 政告天，又自密建以來二十二年，灼見上仁孝端醇，克肩重寄，爰
> 命諏吉，於是年頒朔前三日御勤政殿，集王公百官啓密緘，冊上爲
> 皇太子，祇告天地宗廟社稷。有清一代自正位東宮踐祚者，上一人
> 而已。

其中「飴」字處本爲一空格，其字爲吳廷燮後添。可見謄寫人不識原稿此處，
留空待作者補。吳廷燮還在「封嘉親王」之後添「自是兩陵春祀壇廟薦祈，
多命恭代行禮」一句，並將結尾「次年元旦，高宗御太和殿親授寶璽，傳位
於上」框刪。

　　此段描寫無實錄「生而神靈，天表奇偉」的套話，亦無實錄、國史和王
錄「隆準豐頤，舉止凝重，神明內蘊，睿慮淵通」〔註96〕的概括，其核心概
括是「仁孝端醇」，此四字於實錄、國史和王錄均可見。其餘描寫則過於枝
蔓，較爲旁午。「幾餘遣興依史分題製詠，遂成全帙」一句，源於實錄或王錄
〔註97〕，國史不載。

　　此稿本開篇過繁，而《清史稿‧仁宗本紀》開篇僅有：「五十四年，封嘉

〔註96〕　《清國史》，第一冊，第 660 頁；《東華續錄》，第 6 冊，第 375 頁，其「舉」
　　　　　字誤印爲「學」字。
〔註97〕　同前頁。

親王。六十年九月，策立爲皇太子」兩句，從非常繁冗變爲非常單薄，走到了另一個極端，其風格與前幾個本紀並不一致。

3.7.2 《仁宗本紀》的論贊

稿本無總論或論贊，亦未見添加，《清史稿》的論贊爲：

> 論曰：仁宗初逢訓政，恭謹無違。迨躬蒞萬幾，鋤奸登善。削平逋寇，捕治海盜，力握要樞，崇儉勤事，闢地移民，皆爲治之大原也。
> 詔令數下，諄切求言。而籲咈之風，未遽睹焉，是可慨已。

該論總結了嘉慶帝執政的一些成績，但對其未能改變清廷逐漸走下坡路的事實，只是慨歎，未述其因。未知此論出於何人之手。

3.7.3 其他有關顒琰形象刻畫的內容

稿本第 6041 頁有「皇后崩，諭典禮奉敕旨照皇后例舉行，諭各衙門章奏及引見等事仍照常呈遞」一句，而《清史稿》載爲「戊寅，皇后崩，奉太上皇帝誥，素服七日，不摘纓」，沒有記載顒琰於喪妻之痛中照常辦公的史事。

稿本 6044 頁「上以太上皇帝回蹕大新莊詣行殿問安」，反映顒琰的孝道，《清史稿》未載此事。

稿本中突出了顒琰的勤儉愛民，如 6119 頁「琳寧請修盛京夏園行宮，諭以開奢靡、忘勤儉斥之，不許」、「停和闐採玉」兩事，《清史稿》均未載。還有 6155 頁「鐵保請漕糧每石加收一斗，諭以加賦斥之」、6247 頁「伯麟請捐廉修五臺山行宮，諭以開派累之端，斥之」，《清史稿》亦均未載。

稿本中的諭旨多被縮略。如 6481 頁（嘉慶十四年……秋七月……乙亥）「諭各省督撫毋因山陽、寶坻侵賑二案諱災不報」，而《清史稿》所引的諭旨「朕恫瘝在抱，……將此通諭知之」超過二百字。6520 頁（十六年……二月……丁亥）「以托津等奏南河節年銀款工程尚無虛捏情弊，予經理未能協宜河督吳璥等懲處，禁河工加增料價」，此事《清史稿》的諭旨「朕因連年南河河工糜費至四千餘萬，……，並著停發」多達一百字。6560 頁（十七年……夏四月甲辰）「以八旗戶口日增，生計拮据，諭查吉林閒曠地畝資送墾種」，而《清史稿》的諭旨「八旗生齒日繁，……，詳度以聞」將近一百五十字。6792 頁（二十三年……十一月辛亥）「諭：『制治保邦，必以人心風俗爲本。』勉勖各臣工盡心職業」，《清史稿》此段篇幅近二百字，內容增載了乙卯之論，但將其與此論合二爲一，均繫於辛亥，出了史實錯誤（參見附表 7 第 327

行）。該年四月丙子因風霾下詔一事，稿本 6768 頁僅有「以昨日有風霾之異，諭責己求言」寥寥數字，而《清史稿》用五百字的篇幅詳載其事，反映出吳廷燮與覆輯者撰寫思路的不同。

　　《清史稿》的一些諭旨過於冗長，稿本的縮略多能文省事增，但嘉慶帝因紫禁城之變下罪己詔一事，稿本 6606 頁僅為「庚辰，上駐蹕燕郊，下詔罪己」，未載內容。該稿本總篇幅是《清史稿・仁宗本紀》的六倍多，而此處吝惜筆墨，可謂簡略過甚。此事此論甚為重要，《清史稿》載其文二百字，恰到好處。

　　有的史事，《清史稿》過度刪削，失去本意。如嘉慶二十五年秋七月壬申，《史稿》載「方受疇等疏呈嘉禾」一句，沒有下文，似乎顢頇接受了此「祥瑞」。而稿本為「方受疇進直隸深州多穗秋禾，諭：『豐年為瑞，何必以雙歧合穎為美談。』並飭嗣後毋庸摘取進呈。」兩種記載，意義迥然不同。

3.8 旻寧

3.8.1 《宣宗本紀》稿本的開篇

　　一如《仁宗本紀》，第 6852～6855 頁《宣宗本紀》原稿本開篇亦無外貌描寫，僅詳敘史事：

> 六齡就傅，時編修秦承業、檢討萬承風先後授讀。迨學問已成，復與禮部右侍郎江廷珍、翰林侍讀學士徐頲朝夕講論。乾隆五十六年八月高宗行圍威格遜爾，上引弓獲鹿，高宗大喜，賜黃褂、花翎。嘉慶元年，仁宗賜上緣居，名曰養正書屋。十一月丙辰，賜成婚禮，是為孝穆成皇后。甲申，仁宗奉高宗幸中所進膳，上捧觴上壽。四年四月初十，仁宗遵密建家法，親書上名，緘藏鐍匣。嗣命代行裕陵敷土禮，郊壇祈報、陵廟薦享，亦時令恭代。十三年正月，元妃孝穆成皇后薨，命坐罩用金黃色，垂為令典。是年十二月，復賜成婚禮。是為孝慎成皇后。十八年九月，從幸秋獮木蘭，因陰雨減圍，上先還京。而逆匪林清黨羽犯闕之變作。是月十五午刻，賊入內右門，至養心殿南，欲回北竄。上御槍擊斃二賊，餘匪潰散，亂遂平。偕皇三子綿愷飛章上聞。仁宗欣慰，封上為智親王，增俸萬二千，號所御槍曰威烈。諭內閣曰：「實屬忠孝兼備，豈容稍靳恩施。」上

> 既戡亂禁中，功在社稷，而謙沖不自滿，假謝恩奏言：「事在倉促，
> 又無禦賊之人。勢不由己，幸叨鴻福，卻賊無事。子臣年幼無知，
> 於事後愈思愈恐。若論忠孝二字，臣子之所當然。」不矜不伐如此。
> 上宅心澹定，珍奇玩好，絕不關懷。日與詩書相砥礪，積成養正書
> 屋詩文集四十卷。二十三年仁宗東巡盛京，展謁三陵。命上隨侍行
> 禮，瞻仰太祖太宗所藏法物，俾知締造維艱，守成不易。二十五年
> 七月，仁宗秋獮熱河，上隨扈行在。

其文與清國史館本紀〔註98〕詳略不同，應源於實錄，但僅稍作加工，較爲粗
糙。後吳廷燮將「初十」改爲「戊戌」，「十五」改爲「戊寅」〔註99〕。柯劭
忞在「黃褂」中間加一「馬」字〔註100〕，將「匪」改爲「賊」，「亂遂平」改
爲「亂始平」〔註101〕，並刪去了一些枝蔓的內容。

　　該本內容被謄寫到修改本之後，柯劭忞又略作修改，如將「六齡就傅」
改爲「幼好學」〔註102〕等。他在7839～7840頁間添加了一段皇太后的懿旨及
道光帝的回應，非常潦草，後被謄清在7841頁，內容是：

> 「大行皇帝龍馭上賓，皇次子智親王仁孝聰睿，英武端醇，見隨行
> 在，自當上膺付託，撫馭黎元，但恐倉卒之中，大行皇帝未及明諭，
> 而皇次子秉性謙沖，予所深知，爲明降諭旨，傳諭留京王大臣馳寄
> 皇次子，即正尊位。」上奉懿旨，恭折覆奏，並將御前大臣等啓鐍
> 匣所藏嘉慶四年四月立皇太子朱諭進呈。

該段「即位風波」的記載源出實錄，國史未載。原稿本第6857頁本來有，被
柯劭忞框刪。在修改本中，柯劭忞又意識到了此段的重要，遂重新抄寫出來。
該段被保存在《清史稿》中，通過太后之口形容其「仁孝聰睿，英武端醇」、
「秉性謙沖」，進一步刻畫了旻寧的形象。

3.8.2《宣宗本紀》稿本的論贊

　　原稿本無論贊，7834頁柯劭忞添：

> 論曰：宣宗恭儉之德，寬仁之量，守成之令辟也。遠人貿易，搆釁

〔註98〕《清國史》，第二冊，第3頁。
〔註99〕第6853頁。
〔註100〕第6852頁。
〔註101〕第6854頁。
〔註102〕第7837頁。

興戎。其視前代戎狄之患，蓋不侔矣。當事大臣先之以操切，繼之
以畏蒽，遂遺宵旰之憂。所謂有君而無臣，能將順而不能匡救。國
步之瀕，肇端於此。嗚呼，悕矣！

該論對旻寧過度美化，把鴉片戰爭的失敗歸於「當事大臣」，強調「有君而無
臣」，並非高論。《清史稿》從之，影響了本紀的思想性。

3.8.3 其他有關旻寧形象刻畫的內容

　　道光帝對於禁煙的態度是較爲堅決的，《清史稿‧宣宗本紀》中保留了七
條相關史料〔註103〕。原稿本中另有三條，第 7861 頁（道光二年十二月）「戊
申，諭阮元等於通海各口岸並海口關津堵口查夾帶鴉片」；7955 頁（十四年六
月）「癸卯，命各關監督認眞稽查鴉片」；7962 頁（十四年十月）「癸巳，諭廣
東嚴防番舶販賣鴉片」。這三條在審改中均被刪除，第一條被用道刪除，後兩
條被用點刪除。

　　旻寧至孝，其死因與遭太后之喪有關。對此，原稿本有所反映，在 7832
頁本有：「先是，上自上年入春以來，聖躬違和，仍每日召見臣工，批答章奏，
未嘗稍暇，至是遭孝和睿皇后大故，擗踊催傷，疾增劇。」既刻畫了其勤政，
又描寫了其孝親，但審改者將其框刪，可能是覺得此爲說明性文字，不合體
例之故。

3.9 奕詝

3.9.1 《文宗本紀》稿本的開篇

　　吳廷燮原稿本第 8069 頁開篇非常詳細：

道光十一年六月初九日，生上於御園之湛靜齋，後更名爲基福堂。
十四年三月，宣宗恭謁昌陵，隨侍行禮。六齡就傅，受書於洗馬杜受
田，學問日新，聖藻炳蔚，書屋詩文，積有卷帙。常製槍法、刀法。
刀法曰寶鍔宣威，與弟恭親王奕訢講肄，二十六年六月十六日，宣宗

〔註103〕 申禁各省種罌鴉片；申定官民買食鴉片煙罪例；命盧坤等驅逐英吉利販鴉片
躉船，勿任停泊；鴻臚寺卿黃爵滋奏請將內地吸食鴉片者俱罪死，命盛京、
吉林、黑龍江將軍，直省督撫各抒所見議奏；莊親王奕鎛等坐食鴉片革爵；
太常寺少卿許乃濟請弛鴉片禁，命休致；命林則徐以禁販鴉片檄諭英吉利國
及各國在粵洋商。

賜名曰棣華協力，遵密建家法，親書上名，緘置密函，豫立儲貳。

二十八年祈穀大祀，特命恭代行禮。是年二月辛未，賜成婚禮。

「刀法曰寶鍔宣威，與弟恭親王奕訢講肄，二十六年六月十六日，宣宗賜名曰棣華協力，遵密建家法」，此處事理不通，似有缺文斷簡。核實錄及清國史館本紀，槍法二十八勢曰棣華協力，刀法十八勢曰寶鍔宣威，皆宣宗所賜名，二十六年六月十六日是秘密立儲時間，並非賜名時間。另一方面，此稿本開篇較爲平實，實錄及國史中「生有聖德，神智內充，發音鏗洪，舉步岳重」、「聰明天亶」、「經史淹通」〔註104〕之類辭彙都未收錄。

奭良覆輯本的開篇則非常簡略，僅有「道光十一年生。二十六年，用立儲家法，書名緘藏」兩句，審改中又加了奕訢的生日「六月初九日」。

3.9.2 《文宗本紀》稿本的論贊

吳廷燮原稿本無論贊。覆輯本奭良撰寫的「贊」在 9131 頁，爲：

> 贊曰：文宗遭陽九之運，躬明夷之會。外強要盟，內孽競作，奄忽一紀，遂無一日之安。而能任賢擢材，洞觀肆應。賦民首杜煩苛，治軍慎持取索。輔弼充位，悉出廟算，未易事也。向使假年御宇，安有後來之伏患哉？

該「贊」被柯劭忞改爲「論」，「奄忽一紀」被刪又恢復，「未易事也」被刪去。改動很小，可見兩人的看法頗爲一致。此論贊對奕訢評價過高，未爲高論。

3.9.3 其他有關奕訢形象刻畫的內容

奭良覆輯本 9034 頁正文：「曾國藩疏請前巡撫楊健之孫楊江捐銀二萬兩，准楊健入祀鄉賢祠。得旨：『楊健係休致之員，鄉賢鉅典，非可以捐納得之。曾國藩不應遽爲陳請，下部議處。』軍興以來，餉空事棘，而帝於名器猶慎之如此。」「慎之如此」爲後來修改，非柯劭忞字體，原文是「不少假借也」。

9084 頁正文（咸豐八年……八月……乙丑）「密詔明善等盡免洋稅而罷前約，何桂清力持不可，上悟罷」，整句被被圈刪。

9089 頁正文（李續賓進剿安徽）「連復城池，乘勝輕進，陣亡於三河集，上深悼之」，被柯劭忞改爲「敗績於三河集，死之」。

〔註104〕《清國史》，第二冊，第 181 頁。

9093 頁柯劭忞眉批「此等應入外交志」。正文刪「始桂良等天津四事之約，上勉許之，而以各國使人駐京，終虞其逼，會有段承實者建言，悉免洋稅，可以換免駐京，下桂良等議。何桂清謂洋稅一免，不可復收，而駐京一節，可以遇事要求，力陳不可，桂良等內顧中旨，外怵群議，故商議稅則，久之不決，上以其間集兵布防。洋人（「性躁」兩字被圈刪）不耐久候，仍北犯焉」。

9093 頁框刪「法人請至湖洲（應爲「州」）觀桑蠶，詔胡興仁妥爲保護」。

9094 頁原文爲「甲寅，俄使賽善由察哈爾陸路入京，上許之也。俄人因是請助槍礮，致於恰克圖」，「上許之也。俄人因是」被點刪。

《清史稿·文宗本紀》中，有兩處引用了奕詝的「手詔」，對其人物形象刻畫很有幫助。一處在咸豐十年六月：「辛卯，手詔僧格林沁曰：『握手言別，倏逾半載。大沽兩岸危急，諒汝憂心如焚。惟天下大本在京師不在海口。若有挫失，總須退保津、通，萬不可寄身命於礮臺，爲一身之計。握管悽愴，汝其勉遵！』」查吳廷燮原稿木，該條在 8877 頁，作：「辛卯，僧格林沁等奏唐兒沽被英法兵占踞，大沽危在旦夕，諭：『如無可支撐，即馳赴天津扼守。』」其文實在平淡非常。奭良覆輯本該條在 9113 頁，內容與《清史稿》相同，確實增色不少。

另一條「手詔」在十一年三月：「壬辰，恭親王奕訢請赴行在祗叩起居。上手詔答之曰：『別經半載，時思握手而談。惟近日欬嗽不止，時有紅痰，尙須靜攝，未宜多言。且俟秋間再爲面話。』」查吳廷燮原稿本，該條在 8954 頁，作：「恭親王請赴行在祗問起居，溫諭止之。」未引「溫諭」內容，屬於平鋪直敘。奭良覆輯本該條在 9113 頁，內容與《清史稿》相同，雖然意義或無前條之大，是否值得佔用篇幅可以討論，但從人物形象刻畫的角度看，同樣增色不少。看來柯劭忞也有同感，負責審改的他刪去了前頁數條內容，但此條被保留了下來。

3.10 載淳

3.10.1 《穆宗本紀》稿本的開篇

《穆宗本紀》原稿本的開篇對載淳的外貌沒有描寫，所記載的幾件史事

也絕無鋪陳誇張：「咸豐六年三月二十三日，生於大內儲秀宮。十年文宗三旬萬壽，命出見廷臣。是年八月，從幸木蘭。十一年三月就學，命翰林院編修李鴻藻充師傅。」〔註105〕

　　而這些內容，在清國史館本紀中的記載完全是另一種風格：

> 上聰明天亶，孝敬性成，愉婉之容，承歡無間，式禮莫愆。歲在庚申，恭逢文宗顯皇帝三旬萬壽，錫宴群工時，上甫五齡，奉觴祝嘏，無愆於儀，既乃命出見廷臣。凡仰瞻天表者，莫不稽首歡呼，識繼體之象賢，慶詒謀於燕翼。固不待誕膺祚，早知世德之克承已。是年八月，文宗顯皇帝巡幸木蘭，上奉兩宮皇太后從焉，雞鳴問視。
>
> 泊六齡就傅，日新月異，進德無疆。〔註106〕

李哲明覆輯本此段記載在原稿本的基礎上更為簡略：「咸豐六年三月，生於儲秀宮。十年八月，從幸木蘭。十一年三月，就學，編修李鴻藻充師傅。」柯劭忞審改時又刪掉了「從幸木蘭」一句和「就學」的月份，並把「充師傅」改為更典雅、更簡潔的「授讀」。〔註107〕

3.10.2 《穆宗本紀》稿本的論贊

　　吳廷燮原稿本無論贊，李哲明覆輯本原論贊在第10275頁，為：

> 論曰：穆宗弱齡即阼，稟詣慈宮，寰宇未清，寇難方棘。屬國運中興，嗣服三載，金陵告復，元惡既殱，群憝以漸殄平。雖復西陲回孽，訌擾仍歲不已，折其角牙，窮蹙莫逞，十年之間，天下寖定。非夫宮府一體、將相和協，何以臻茲？泊帝親大政，不自暇逸，遇變修省，至勤也；聞災蠲邺，至仁也；不言符瑞，至明也；密誅奸豎，至斷也。豐功駿德，豈偶然哉？藉使靳至中壽，得以經營利濟，日新而光大之，庸詎不與前古媲隆？顧乃萬機交瘁，攝生遂疏，靜失所養，病加小瘳，奄棄臣民，有遺憾焉。儻孔子所稱為不幸者耶！
>
> 嗚呼！悕矣！

柯劭忞改為：

> 論曰：穆宗沖齡即阼，母后垂簾。國運中興，十年之間，盜賊劃平，

〔註105〕第9134頁。
〔註106〕《清國史》，第二冊，第330頁。
〔註107〕第10033頁。

中外乂安。非夫宮府一體，將相協和，何以臻茲？泊帝親裁大政，
不自暇逸，遇變修省，至勤也；聞災齎恤，至仁也；不言符瑞，至
明也。藉使蘄至中壽，日新而光大之，庸詎不與前古媲隆。顧乃奄
棄臣民，未竟所施，惜哉！

兩版論調相似，均爲載淳的早逝感到惋惜。柯劭忞所擬較爲簡潔，隱去了誅
殺太監安德海的史事。

3.10.3 其他有關載淳形象刻畫的內容

自載淳就學至親政期間，該本紀對其個人並無形象描寫。同治十二年正
月之後，相關描寫才出現。如原稿本 9939 頁：「上親政，詔恪遵慈訓，敬天
法祖，勤政愛民。」9940 頁有：「諭內務府核實撙節，於部撥歲費六十萬外，
不得借支。」「下詔修省，求直言。並諭各省舉賢能，杜侵漁。」在覆輯本 10255
頁，這兩句略有不同，前句並無「部撥」，更加簡練。後句結尾本爲「諭直省
舉賢才，杜侵餘盡」，「餘」字左側被點一點，表示刪去。修改之後的內容同
《清史稿》。

原稿本 9970 頁：（冬十月丙子朔⋯⋯御史沈淮疏請緩修圓明園。）「諭：
兩宮皇太后保祐十餘年，劬勞無以頤養，令內務府設法捐修安祐宮爲駐蹕殿
宇，餘蓋無庸興修。」覆輯本 10262 頁縮略爲「諭令內務府僅治安祐宮爲駐
蹕殿宇，餘免興修」，《清史稿》從之。

原稿本 10010 頁有「己巳，停修圓明園工程，命查勘三海情形，量加修
理。庚午，朱諭責恭親王召對語言失儀，奪親王世襲，降郡王，仍爲軍機大
臣，並革載澂貝勒郡王銜。」覆輯本 10271 頁沒有「命查勘三海情形，量加
修理」、「朱諭」的「朱」字及「語言」二字，其餘均同，所刪雖爲細微之處，
但亦爲史事，和同治帝的形象刻畫有一定關係。

3.11 載湉

3.11.1《德宗本紀》稿本的開篇

432 稿本開篇第 10279 頁爲「上濬哲文明，仁孝誠敬，天表殊異，日角龍
顏⋯⋯踐阼之歲實始四齡，皇儀帝範，儼然繫天下之重，蓋與聖祖仁皇帝後
先同符焉」。

435 稿本開篇 10584 頁原爲「上聖智淵深，溫仁慈惠，生安允迪，性尤孝謹，天表殊異，日角龍顏，皇儀帝範，儼然繫天下之重」，「溫仁慈惠，生安允迪」、「天表殊異，日角龍顏」被框刪。

503 稿本開篇 11579 頁中「上聖智淵深，性孝謹，儀範儼然」被柯劭忞用粗筆劃去，使《清史稿‧德宗本紀》無相關描寫。

此處《東華續錄》爲「上生而神靈，天挺奇表，豐上兌下，隆準頎身，睿智淵通，志景恢遠」。《清國史‧德宗本紀》和《清德宗實錄》爲「上生而岐嶷，英姿天挺，隆準龍目，廣顙修頤」。可見這些都不是稿本描寫的來源。

3.11.2 《德宗本紀》稿本的論贊

瑞洵原稿本無論贊，奭良或李哲明草擬了 503 稿本的「論曰」：

德宗幼沖即阼，仁孝性生，親政以還，抱大有爲之志，甲午一役，明詔撻伐，冀樹國威，無何師徒撓敗，割地輸縉，有隱痛焉。於是奮發自強，急引新進小臣，圖由至計，銳意更張。然而與 xxxx 者，大氐急功利險躁自矜，倚言太深，遂任其倒行逆施，忘投鼠之忌，而弗恤其罔濟，又豈不幸哉！洎自垂簾再起，韜晦瀛臺，而終莫能消釋疑沮。大阿哥之立，所從來矣。妖由人興，釁自內作，卒使八國長驅，六龍西狩，x〔註 108〕非變政諸臣階之屬歟！向使以帝之英毅，得老成閎達之彥，從容謨運，蕩除積弊而振新之，周漢中興，何遽不可企，顧乃禍成黨錮，志事靡伸，庚子以來，怫鬱摧傷，旬歲殂落，豈非天哉！豈非天哉！嗚呼惜已！〔註 109〕

柯劭忞對該論贊進行了修改，即《清史稿》刊行的內容：

德宗親政之時，春秋方富，抱大有爲之志，欲張撻伐，以湔國恥。已而師徒撓敗，割地輸平，遂引新進小臣，銳意更張，爲發奮自強之計。然功名之士，險躁自矜，忘投鼠之忌，而弗恤其罔濟，言之可爲於邑。洎垂廉再出，韜晦瀛臺。外侮之來，釁自內作。卒使八國連兵，六龍西狩。庚子以後，怫鬱摧傷，奄致殂落，而國運亦因此而傾矣。嗚呼，豈非天哉！

〔註 108〕此處及前缺四字因修改中塗抹無法識別。
〔註 109〕第 11886～11887 頁。

柯劭忞在其後又重寫了一份，其中「已而」改爲「既而」，「怫鬱摧傷」改爲「摧傷怫鬱」，「奄致殂落」改爲「奄 x〔註 110〕臣民」，「嗚呼，豈非天哉」改爲「嗚呼，豈非變政諸臣階之屬哉」，或許對這份不滿意，又將其圈掉了。〔註 111〕

3.11.3 其他有關載湉形象刻畫的內容

除了開篇和論贊，該紀中基本上沒有涉及載湉個人形象的內容，關於慈禧太后形象的刻畫倒有一些，如 10588 頁正文本有「太后訓敕稱懿旨，朝廷綸綍仍書論、書旨，實皆出自深宮」一句。「實皆出自深宮」，可以反襯出載湉的形象，但該句被框刪了。

3.12 《清史稿‧本紀》論贊編纂通論

3.12.1 《清史稿》論贊編纂的理論

修史者通過論贊來評論人物及史事，表達自己的思想和觀點。這是中國古代紀傳體史書的傳統和特色。清史館開館之初的體裁體例討論中，有些學者對此進行了探討。

學者於式枚在其《修史商例按語》中探討了「贊」與「論」的區別，指出「前史於每卷傳後，或用贊，或用論，按：宋、遼二史本紀用贊，列傳用論，金史皆用贊，班范用贊，近代用論」。他認爲當時修史「今斷用論，惟應候全史告成，分卷確當後，再由數人分任之，蓋結論乃縱論此卷之人，分卷未定，不能絜短較長也」。〔註 112〕

金兆蕃則在其《擬修清史略例》中設想了編纂清史撰寫論贊的具體原則：「前史每篇，例有論贊，志及類傳，又各爲序，馬班以降，蔚宗自矜筆勢，永叔每明書法，外此未有能逮者，取張篇帙，無復意義，擬從刪省，如謂有舉莫廢，必宜取法乎上，發揮正論，一歸於平允，若彙補遺事，兼羅異議，使與文本相發，亦其次也。」〔註 113〕

〔註 110〕過於潦草未能識別。
〔註 111〕第 11888 頁。
〔註 112〕見《意見彙編》（上冊），第 55 頁。
〔註 113〕見《清史述聞》，第 172 頁。

3.12.2《清史稿‧本紀》論贊編纂的實踐

　　金兆蕃不但提出了論贊編纂的原則，他和鄧邦述在前五朝本紀編纂中也進行了實踐。其成果就是前已述及的五篇總論，其篇幅均較長，未能保存在《清史稿》中。在奭良覆輯的《太祖本紀》稿本中有一「史臣曰」，被柯劭忞改爲「論曰」。奭良覆輯的《世宗本紀》稿本中則有一「贊曰」，被柯劭忞改爲「論曰」。其餘三朝的「論曰」均爲柯劭忞撰寫。

　　吳廷燮中間五朝本紀的初稿中沒有論贊。奭良覆輯的《文宗本紀》稿本中有一「贊曰」，被柯劭忞改爲「論曰」。李哲明覆輯的《穆宗本紀》稿本中有一「論曰」，柯劭忞又重擬了一個思想一貫而更爲精練的版本。《仁宗本紀》未印覆輯本，不知《清史稿》該紀論贊出於何人之手。其餘兩朝的「論曰」均爲柯劭忞撰寫。

　　瑞洵負責的後兩朝本紀初稿中也無論贊。《德宗本紀》覆輯本有「論曰」，柯劭忞又重擬了一個。奭良覆輯的《宣統皇帝本紀》有一「論曰」，但該本並未採用，《清史稿》採用的「論曰」可能是金梁補寫的。

　　可見，《清史稿‧本紀》中的大多數論贊都是柯劭忞撰寫的，較爲集中地反映了他的史學思想。

第 4 章　結論：修史機制與《清史稿·本紀》失誤成因

　　清史館開館之初，北洋政府撥付的經費非常充裕，初稿撰寫較爲順利。1916 年 6 月袁世凱去世後，北洋軍閥內部各派系爭權奪利，修史經費大幅削減，從開始每月撥款數十萬銀元遞減至每月僅有二四千元，並時以國庫券、公債券代替，最終以至於無。又經過 1917 年張勳復辟，史館關閉數月。後來雖然復館，但政局混亂，經費無著，修史工作基本停滯。無錢發薪，修史人員紛紛離去，後來僅剩十幾人，趙爾巽只好多方籌措資金，抵押私產，並向軍閥張作霖、吳佩孚等人募捐，勉強維持。

　　1927 年，在張作霖的資助下，延宕已久的清史準備用幾年時間完成統稿。但此時南方革命軍北伐節節勝利，北洋政府搖搖欲墜，趙爾巽也病入膏肓。他擔心多年心血毀於戰火，決定將史稿提早付梓。當時，總纂夏孫桐表示反對，認爲如果提前刊印，將「難逃後世之責備」。從後來學界對《清史稿》質量的批評看，此事不幸爲夏氏所言中。8 月 2 日，八十四歲的趙爾巽撰《〈清史稿〉發刊綴言》，回顧了十四年以來纂修清史的種種艱辛，稱「今茲史稿之刊，未臻完整，⋯⋯，所有疏略紕繆處，敬乞海內諸君子切實糾正，以匡不逮，用爲後來修正之根據，蓋此稿乃大輅椎輪之先導，並非視爲成書也。」

　　9 月 3 日，趙爾巽病故。張作霖按他的遺願續聘柯劭忞兼代館長，並派袁金鎧辦理刊印。袁金鎧又推薦金梁擔任校對。刊印之事最終由金梁一手主持、倉促進行。金梁在其《〈清史稿〉校刻記》中說：「稿實未齊，且待修正，只

可隨修隨刻，不復有整理之暇矣。」〔註1〕

　　長期以來，《清史稿》的訛誤問題一直為人詬病，但其成因則鮮有研究。《清史稿校註》對《清史稿》內容逐字梳理，時間、地點、人物、事件等史實問題逐一核對〔註2〕，是目前對該書最為詳盡的系統考訂。通過對《清史稿校註》所指出問題與本紀稿本的對校（詳見附表 1～12），再將具體數量進行統計（見下表），可以看出，《清史稿‧本紀》審改在改正硬傷方面是失敗的，而且起到了反作用。

《清史稿校註》所見《清史稿‧本紀》正誤情況統計表

篇目	原　稿　本			謄　清　本			覆輯／修改本		
	誤	正	無	誤	正	無	誤	正	無
太祖	13	39	11	18	35	12	50	1	2
太宗	61	42	9				108	10	0
世祖							244	49	0
聖祖	92	539	406	98	531	406			
世宗	18	70	152	18	70	152	210	6	0
高宗	954	251	9				1324	12	1
仁宗	57	173	79						
宣宗	521	42	0				629	6	0
文宗	542	166	108				674	2	0
穆宗	868	141	17				1227	6	0
德宗	109*	543	16				747	9	4
宣統	190	3	0				77	11	105

*注：此為 435 稿本，因 432 稿本不全，未統計。

　　表中標注「無」的數量越小，代表稿本與《清史稿》越貼近。從上表可見，就《清史稿校註》指出的錯誤而言，從原稿本到謄清本，由於謄寫中的

〔註1〕　參見趙晨嶺《〈清史稿〉僅成一稿的教訓》，《清史鏡鑒》（第三輯），第 127頁。
〔註2〕　參見趙晨嶺《〈清史稿〉及〈清史稿校註〉纂修的啟示》，《清史鏡鑒》（第二輯），國家圖書館出版社，2009 年版，第 119 頁。

失誤，錯訛略有增加。而到了覆輯（修改）本，由於刪改增補中的失誤，錯誤大幅增加（《宣統皇帝本紀》除外，但《清史稿》該紀採用了原稿本而非覆輯本）。換一個角度來看，如果當時修史者的審改態度能夠更爲愼重，仔細核對原稿，則《清史稿・本紀》的編纂質量將有大幅度提高。考慮到民國修史面臨的時局動蕩、經費不濟問題等客觀條件，加之《清史稿》的最終定位只是一「稿」，我們不能一味苛責前人的修史態度馬虎草率，但其中的經驗教訓，確實可資借鑒。

附 錄

附表 1：《清史稿校註》 [註1] 所指出《太祖本紀》問題一覽表

序號	問題（凡問題在日期而未引日期者，日期同上一行，下表均同）	說明（「～」表示其餘內容與前同，下表均同）	《校註》頁碼	原稿本頁碼及情況	膳清本頁碼及情況	覆輯本頁碼及情況
1	太祖承天廣運聖德神功肇紀立極仁孝睿武端毅欽安弘文定業高皇帝	諡法多增改	1	115 添	5 同	79「承天」至「定業」被圈
2	愛新覺羅	同音異譯	1	115	5	79
3	努爾哈齊	同音異譯	1	115	5	79
4	布庫里雍順	《太祖武皇帝實錄》（以下簡稱「武實錄」）為「布庫里英雄」	1	115	5	79
5	俄漠惠之野俄朵里城	同音異譯	1	115	5 誤作「朵里城」	79 俄漠惠里
6	范察	同音異譯	1	116	5	79
7	孟特穆	同音異譯	1	116	6	79
8	赫圖阿喇	同音異譯	2	116	6	79 赫圖阿拉
9	褚宴	同音異譯	2	116	6	無
10	禮敦	同音異譯	2	117	7	80
11	界堪	同音異譯	2	117	7	無
12	喜塔喇	同音異譯	2	117	7	80 喜塔拉
13	阿太	同音異譯	2	118	8	80

〔註 1〕臺灣商務印書館，1999 年再版，下同。以下簡稱爲《校註》。

14	薩爾虎	同音異譯	2	122 薩爾滸	9 同	81
15	噶哈善哈思虎	同音異譯	3	122	9	81 噶哈善哈斯虎
16	女	女弟	3	123 正	10 同正	81 誤
17	歷	避諱	3	122 避諱，被框刪，118 添	此處無，不避諱	81 避諱
18	甲版	同音異譯	3	122	10	81
19	奈喀達	同音異譯	3	123	10	82
20	董鄂部	同音異譯	3	125	12	83
21	翁克洛	同音異譯	3	125 甕郭落	12 同	83
22	佐領	牛錄額眞	4	127 正	13 同正	83 誤
23	界凡	同音異譯	4	127	13	83
24	把爾達	同音異譯	4	127	13	83
25	扎親桑古里	同音異譯	4	無	無	84
26	武陵噶	有作「兀濬噶」或「兀淩噶」	4	128 兀濬噶	14 同	84
27	吉林岡	《清史稿‧舒爾哈齊傳》作「吉林崖」	4	128 吉林崖	14 同	84
28	丁亥春正月，城虎闌哈達南岡	本不能確定在該月，隨《太祖高皇帝實錄》（以下簡稱「高實錄」）誤	4	129 誤	15 同誤	85 誤
29	立法制	六月壬午	4	130 六月	15 同	85 誤
30	六月……命額亦都帥師取把爾達城。	八月	5	130 正	15 同正	85 誤
31	太祖攻洞城，城主扎海降。	八月	5	130 正	15 同正	85 誤
32	戊子夏四月，哈達貝勒扈爾干以女來歸	《清史稿‧萬汗傳》謂：「先是，扈爾干許以女歸太祖，十六年，岱善親送以往，太祖爲設宴成禮。」	5	130 哈達國萬汗以女孫歸太祖	15 同	85
33	扈拉虎	同音異譯	5	130 扈喇虎	16 同	85
34	完顏城王甲城	應爲「完顏王甲城」	5	130 誤	16 同誤	86 誤
35	那拉氏	同音異譯	5	130 納喇氏	16 同	86
36	己丑春正月，取兆佳城，斬其城主寧古親。	不確定在正月	5	131 誤	16 同誤	86 誤

37	冬十月，明以太祖爲建州衛都督僉事。	在九月	5	131 誤，後添「十月乙卯」	16 同誤	86 誤
38	辛卯春正月，遣師略長白山諸路，盡收其眾。	不確定在正月	5	131 誤	16 同誤	86 誤
39	第八子皇太極	《太宗實錄》初纂本誤爲「第四子」	5	132 誤爲「弟四子」	17 同誤	86 正
40	烏拉	同音異譯	5	132 烏喇	18 同	86
41	錫伯	同音異譯	6	無	無	86
42	訥殷	同音異譯	6	無	無	87
43	朱舍里	同音異譯	6	133	18	87
44	武里堪	同音異譯	6	133 朮里堪	18 同	87
45	嶺	沙濟嶺，本紀文字簡略，嶺上無地名	6	133 沙濟嶺，該頁「密」字正	18 沙濟嶺，「密」誤爲「蜜」	87
46	布齊	應爲「布寨」	6	134 正	19 同正	87 誤
47	冬十月，遣兵征朱舍里路，……，遣額亦都等攻訥殷路	閏十一月	6	135 正	20 同止	87 誤
48	搜穩、塞克什	同音異譯	6	135~、寨克什	20 同	88
49	甲午春正月，……明安、……老薩遣使來通好	不確定在正月	6	135 誤	20 同誤	88 誤
50	丁酉春正月，葉赫四部請修好，許之，與盟。	不確定在正月	7	136 誤	21 同誤	88 誤
51	九月，使弟舒爾哈齊貢於明。	明神宗實錄在七月	7	137 正	21 同正	88 誤
52	巴雅拉	同音異譯	7	137 巴雅喇	22 同	88
53	安祺拉庫	應爲「安褚拉庫」	7	137 正	22 同正	88 誤
54	十一月，布占泰來會，以弟之女妻之。	十二月	7	137 誤	22 同誤	89 誤
55	吳爾古岱	同音異譯	7	138 吳爾古代	23 同	89
56	甲辰春正月……明授我龍虎將軍。	萬曆二十三年乙未，八月	7	140 是年，誤	24 同誤	90 誤
57	巴約忒部	同音異譯	8	無	無	90

58	神武皇帝	崑都侖汗	8	140 誤，「英武」改「神武」	25 同誤	91 誤
59	斐悠城	同音異譯	8	25	25	91
60	春正月……穆特黑來	不確定在正月	8	140 誤	25 同誤	91 誤
61	子	弟	8	142 正	25 同正	91 誤
62	渥集	《清史稿》列傳〔註2〕作「窩集」	8	142	25	92
63	宜罕阿林城	與列傳翻譯不一致	8	143 宜罕阿麟城	26 同	91
64	三月……布占泰懼，復通好，……。許之。	九月	8	143 正	26 同正	91 誤
65	呼野路	同音異譯	8	144 滹~	27 同	92
66	冬十月……盡取之。	十二月	8	144 正	27 正	92 誤
67	烏爾古宸	同音異譯	9	144~辰	27 同	92
68	木倫	同音異譯	9	144	27	92
69	舒爾哈齊卒。	死因隱諱	9	145 卒	28 同	92 卒
70	何和里	同音異譯	9	145	28	92
71	冬十月……扈爾漢率師征渥集部虎爾哈	十二月	9	145 正	28 正	92 誤
72	莽古恩	莽古思	9	無	無	94 誤
73	蕭子玉	實錄等爲蕭伯芝	9	149	31	94
74	胤（缺最後一筆）	避諱缺筆，高實錄爲「廕」，《明史》爲「蔭」	10	149 蔭	32 同	94 缺筆
75	夏四月……令各佐領屯田積穀。	六月，《校註》標號位置錯誤	10	無	無	94 誤
76	褚英……自縊死。	處死	10	150 殺	32 同	94
77	冬十月，遣將征渥集部東格里庫路	十一月，額黑庫倫	10	150 時間正，誤爲「額里庫倫」	32 同	94 誤
78	是歲，釐定兵制，初以黃、紅、白、黑四旗統兵，至是增四鑲旗，易黑爲藍。	黑旗應屬可信	10	無	無	95

〔註2〕以下表文中未注出的「紀（本紀）」、「志」、「表」、「傳（列傳）」均指《清史稿》內容。

79	扎爾固齊	列傳為「札爾固齊」，武實錄作「都堂」	10	150 同列傳	33 同	95
80	春正月庚申朔……扈爾漢巡邊，執殺盜葠者五十餘人。	六月	11	151 誤在正月……丙子	33 同誤	95 誤
81	使犬路	武實錄為「陰答闥塔庫拉拉」，意即「役犬處」	11	34	34	96
82	三年戊午二月，詔將士簡軍實，頒兵法。	簡軍實在三月，頒兵法在四月。	11	153 誤，語句不同	35 同誤	96 誤
83	壬辰，上伐明，以七大恨告天，祭堂子而行。	四月壬寅，史法	11	153 正，伐明	35 同正	96 誤
84	馬根單	有作「瑪哈丹」	11	155	37	96
85	上帥右四旗兵趨撫順。	《李永芳傳》云：「四月甲辰，昧爽，師至撫順所，遂合圍」，金兆蕃等輯太祖本紀稿、高實錄同。	12	155 正	37 同正	96 誤
86	納哈哈	武實錄作「納哈答」，高實錄作「納喀答」	12	159 納哈答	40 同	97
87	冬十月……使犬各部路長四十人來歸，賜宴賞賚，並授以官。	歸順在天命元年八月，授官賞賚在三年二月	12	153 三年二月來歸授官	35 同	97 誤
88	四年己未春正月……明經略楊鎬遣使來議罷兵，覆書拒之。	二年十二月丁巳	12	159 正	40 同正	97 誤
89	楊鎬督師二十萬來伐，並征葉赫、朝鮮之兵，分四路進。	列傳有三月，亦有二月，實錄在二月	12	160 正	41 同正	97 誤
90	運河	渾河	12	161 正	41 同正	97 誤
91	有	馬	13	無	無	99 誤
92	寬甸	同音異譯	13	166 正	46 同正	99
93	上布達里岡	阿布達里岡	13	167 正	46 同正	99 誤
94	宏	避諱	13	168 避諱	47 同	100 避諱
95	四月	夏~	13	169 正	48 正	100 誤
96	金台什	同音異譯	13	171~石	49 同	101
97	三月壬子，上大舉攻明瀋陽，以舟載攻具，自渾河下。	三月癸丑夜半渡河，甲寅攻瀋陽	14	174 前誤在「壬子」，後正	53 同	103 誤
98	陣斬總兵賀世賢以下。	乙卯	14	174 正	53 同正	103 誤

99	壬寅……鎮江城人殺守將佟養眞，降於明將毛文龍。	己未	15	179 正	57 同正	104 誤
100	丙辰，克西平堡。	正月丙辰圍，翌日丁巳克之	15	181 正	58 同正	104 誤
101	正月……庚申……蒙古厄魯特部十七貝勒來附，上宴勞之，授職有差。	二月壬午	15	182 正	59 同正	104 誤
102	二月癸未……遼陽城圮，遷於太子河濱。	三月己亥，武實錄爲「代子河」	15	182 正	60 同正	105 誤
103	拏	挐	15	183 正	61 同正	105 誤
104	達穆布	同音異譯	15	183 戴穆布	61 同正	105
105	土桑	桑土	15	無	無	105 誤
106	恩克格爾	恩格德爾	16	185 正	62 同正	105 誤
107	庫爾褝	同音異譯	16	185~纏	63 同	106
108	陽魯山	楊魯山	16	186 正	63 同正	106 誤
109	鴨綠島	鴨綠江島中	16	186 正	63 同正	106 誤
110	楞格禮	同音異譯	16	187~額~	64 同	106
111	賽	寨	16	187 正	64 同正	106 誤
112	達朱戶	同音異譯	17	無	無	106
113	車爾格	同音異譯	17	無	無	106
114	土穆布	土穆布祿	17	188 正	65 同正	缺頁〔註3〕
115	卦察	卦爾察	17	188 正	65 同正	缺頁
116	武訥格	同音異譯	17	190 「十一年」正，193 未記此名	67 誤爲「十一月」，69 未記此名	108
117	西木輪	西拉木輪	18	193 正	70 同正	108 誤
118	安	鞍	18	193 正	70 同正	108 誤
119	巴篤禮	同音異譯	18	70	70	108
120	五月……丁巳……封爲土謝圖汗	六月戊寅	18	194 誤在六月丁丑	71 同誤	108 誤
121	愛雞堡	同音異譯	18	194 爨~	71 同	109

〔註 3〕該書 2007 年版該頁亦缺，下行同。

附表 2：《清史稿校註》所指出《太宗本紀》問題一覽表

序號	《校註》序號	問　　題	說明（「－」表示前字應為後字，下同）	《校註》頁碼	原稿本頁碼及情況	修改本頁碼及情況
1	1	薩哈廉	同音異譯	19	203 被改爲~璘	380~璘
2	2	納穆泰	同音異譯	20	205	382
3	3	達爾漢	《太宗實錄》重修本爲「達爾哈」，二者滿文頗有不同	20	205	382
4	4	顧三泰	同音異譯	20	206	382
5	5	托博輝	同音異譯	20	206	382
6	6	徹爾格	同音異譯	20	206	382
7	7	喀克篤禮	同音異譯	20	206	382
8	8	札魯特	同音異譯	20	206「喀」改「特」	382
9	9	楞額禮	同音異譯	20	206	383
10	10	齋	齊	20	207 誤	383 正
11	11	拉什希布	同音異譯	21	207	383
12	12	癸酉，行飲至禮，論功，頒賚將士。	甲戌	21	207 誤	383 同誤
13	13	滿珠什哩	同音異譯	21	208	384
14	14	碩托	同音異譯	21	209	384
15	15	三月壬申，阿敏等克朝鮮義州，別遣兵搗鐵山，……毛文龍遁走。又克安州，進至平壤城，渡大同江。	俱在正月	21	209 正	385 刪改誤
16	16	三月壬申……遁全州	在二月	22	210 正	385 刪改誤
17	17	倧遣其族弟原昌君李覺獻馬百匹、……、布一萬五千。	二月乙巳	22	210 誤在甲辰	385 同誤
18	18	庚子，與朝鮮盟，定議罷兵。	庚午	22	210 誤	386 同誤
19	19	辛巳，阿敏等遣使奏捷。	三月壬申遣使，辛巳至瀋陽	22	211 誤	386 同誤

20	20	癸丑……賜阿敏御衣一襲，餘各賜馬一匹。	甲寅	22	213 柯劭忞添誤	387 同誤
21	21	戊辰，上還瀋陽。	丙辰	23	213 正	388 同正
22	22	鼇	鼇	23	214 正	389 同正
23	23	游擊覺羅拜山……陣歿，上臨其喪，哭而酹之。我軍還駐雙樹鋪。	宗室拜山，先後失次	23	215 誤，失次因柯劭忞添	389 同誤
24	24	塞臣卓禮克圖	同音異譯	23	215	390
25	25	袞出斯	列傳為「袞楚克」	23	215	390
26	26	己巳……朝鮮國王李倧遣使報謝，並獻方物	有書「甲戌」，有書「己巳」	24	217 己巳	390
27	27	八月辛亥，察哈爾阿喇克綽忒部貝勒巴爾巴圖魯、……率眾來歸。	有書「壬子」，有書「辛亥」	24	217 辛亥	390
28	28	二月癸巳朔，以額亦都子圖爾格、費英東子察哈尼俱為總兵官。	甲午，同音異譯	24	218 柯劭忞誤添在正月乙酉	391 本誤又改誤
29	29	朝鮮國王李倧遣其總兵官李蘭等來獻方物，……，更以一千石在中江平糶。	甲午	24	218 誤在正月庚寅	391 本誤又改誤
30	30	墨爾根戴青	同音異譯	25	218~代~	392 改
31	31	額爾克楚虎爾	同音異譯	25	219	392
32	32	庚寅，以賜名之禮宴之。	實錄、王錄俱未載	25	219 柯劭忞添	392
33	33	戊子，給國人無妻者金，使娶。	前後顛倒	25	219 柯劭忞添誤	392 同誤
34	34	以貝勒多爾袞為固山貝勒。	庚寅	25	219 本正，柯劭忞添誤	392 同誤
35	35	滿朱習禮	同音異譯	25	219	392
36	36	夏四月丙辰……以文龍私通罪，給殺之。	天聰三年六月	25	219 正	392 刪誤
37	37	辛未……阿巴泰等……略其地，……，毀……墩臺二十一。	丙子	25	220 誤	392 同誤
38	38	乙酉，顧特伏誅，俘其人口牲畜以萬計。	奏到日期	25	220 誤	393 同誤
39	39	虎爾哈部	同音異譯	25	220	393

40	40	衛徵	同音異譯	25	220	393
41	41	丙寅……敖漢、奈曼、喀爾喀、札魯特、喀喇沁諸貝勒、台吉各以兵來會。	乙丑、丙寅、己巳、庚午、甲戌	26	221 正	394 誤
42	42	滿朱習禮及台吉巴敦以所俘來獻，上賜……，厚賚之。	己卯	26	221 正	394 刪誤
43	43	丙子，進兵擊席爾哈、席伯圖、英、湯圖諸處，克之，……。	丁丑	26	無	394 同誤
44	44	馬尼	同音異譯	26	222	395
45	45	喀爾喀札魯特貝勒戴青	同音異譯	26	223	395
46	46	伐明	史筆	27	224	396
47	47	戴青	同音異譯	27	224	396
48	48	阿魯	同音異譯	27	226	397
49	49	征明	史筆	27	226	398
50	50	甲申……令曰：「凡貝勒大臣有掠歸降城堡財物者斬，……計所取倍償之。」	乙酉	28	229 誤	398 同誤
51	51	沙窩門	列傳爲「廣渠門」，自注：「沙窩門」爲俗稱	28	231	402
52	52	翌口縱之歸，以所聞語明帝，遂下崇煥於獄。	縱歸在庚戌	29	235 正	404 改誤
53	53	大壽懼，率所部奔錦州，毀山海關而出。	崇禎二年十二月癸未朔下獄，大壽叛	29	235 誤	404 同誤
54	54	德勝門	列傳、實錄爲「得勝門」	29	236	405
55	55	壬午……上怒其負恩，遣貝勒阿巴泰等擒斬之，裂其屍以徇。	癸未	29	238 誤	406 同誤
56	56	癸丑，上授諸將方略，乘夜攻城，……，黎明克之，貝勒濟爾哈朗等入城安撫。	癸未	30	238 正	406 誤
57	57	丙戌……縱鄉民還其家。	丁亥	30	239 誤	406 同誤
58	58	建昌參將馬光遠來歸。	己丑	30	239 正	407 刪誤

59	59	丁酉……明兵入三屯營，先所下漢兒莊、……、洪家口復叛。	戊戌	30	239 誤	407 同誤
60	60	兵部尚書劉之綸	侍郎，死後久之乃贈尚書	30	240 正	407 改誤
61	61	那木泰	同音異譯	31	241	409
62	62	三	二	31	241 正	409 誤
63	63	阿魯	同音異譯	31	241	409
64	64	壬辰……張春、……祖大壽等合兵攻灤州。	戊子	31	242 誤	410 同誤
65	65	湯古代	同音異譯	31	242	410
66	66	棄城奔永平。	辛卯夜	31	242 誤	410 同誤
67	67	察哈喇	同音異譯	31	243	410
68	68	十二月十二月	十二月	32	244 正	411 誤
69	69	銓	經	32	245 正，柯劭忞所添潦草致誤	412 誤
70	70	篇古	同音異譯	32	245	412
71	71	漢達爾	滿達爾漢	33	245 誤爲「滿達爾」	413 誤
72	72	期訥	伽期訥	33	245 誤	413 同誤
73	73	墨勒根戴青貝勒	同音異譯	33	246~代~	413「代」改「戴」
74	74	舊遼河	舊遼陽河	33	247 正	414 誤
75	75	丁未……合圍，令蒙古兵承其隙。	戊申	33	248 誤	415 同誤
76	76	達爾哈	同音異譯	33	248 達爾漢	415「漢」改「哈」
77	77	孟坦	同音異譯	34	248	415
78	78	土魯什	同音異譯	34	249	416
79	79	碩托	同音異譯	34	249	416
80	80	擺牙喇	同音異譯	34	250 改後又塗，畫三角恢復	416
81	81	鍾緯	《祖大壽傳》爲「宋偉」	34	251	417
82	82	壁	蔣錄爲「逼」	34	251	417

83	83	三月戊戌	～朔	35	255 誤	420 同誤
84	84	征	徵	36	255 正	420 同正
85	85	丙辰，次朱兒格土。	辛亥	36	257 誤	421 同誤
86	86	六月丁卯朔……明歸我男婦三百二十、牲畜千四百有奇。	庚午	36	258 誤	422 同誤
87	87	阿什達爾哈	同音異譯	37	261～漢	425 同爲～漢
88	88	甲午……晉封皇子豪格爲和碩貝勒。	乙未	37	261 誤	425 同誤
89	89	兀札喇	同音異譯	38	265	428
90	90	攬盤	《阿巴泰傳》爲「蘭磐」	38	266	428
91	91	吳喇忒	有作「烏拉特」	38	266	429
92	92	楞額禮	同音異譯	39	270	431
93	93	忌	忘	39	270 正	431 誤
94	94	棉	實錄爲「緜」，「棉」通「緜」	39	271	431
95	95	阿魯部孫杜陵	「阿魯」爲同音異譯，實錄作「杜稜」	39	271 阿祿……杜稜	431 同
96	96	九月庚子，貝勒阿巴泰等師還。上……，責之。	辛丑	40	272 誤	432 同誤
97	97	戶、兵二部	脫「吏」字	40	272 正	432 誤
98	98	季思哈	同音異譯	40	274	434
99	99	席伯圖	同音異譯	41	275	435
100	100	壬辰，副將尙可喜率三島官民降，駐海州。	降清在正月，二月癸未至海州	41	277 誤	435 同誤
101	101	升授太祖諸子湯古代等副將	授三等梅勒章京	41	277 誤	435 同誤
102	102	克什內	實錄爲「克仕訥」	41	277 柯劭忞添	436
103	103	拜尹圖	同音異譯	41	278「尹」改爲「音」	436「音」改回「尹」
104	104	訥里特河	同音異譯	42	282 納～	439 同
105	105	副都統土魯什	同音異譯，官名追改	42	284 梅勒章京，正	441 改誤
106	106	癸巳……時阿濟格攻龍門，未下，令略保安。	壬辰，乙未	42	284 前誤，後柯劭忞添「命」，改正	441 改誤

107	107	丙午，上圍應州，令代善等趣馬邑。土魯什至歸化城，察哈爾……來降。	丁未，己酉	43	285 前誤後正	442 刪誤
108	108	圓平驛	原平驛	43	285「原」改「圓」，改誤	442「原」改「圓」，復改誤
109	109	靈邱縣	邱-丘	43	285 誤	442 同誤
110	110	癸酉……縱乃廷妻子及朱乃振還。	乙亥，實錄初纂本「廷」作「庭」	43	287 誤	443 同誤
111	111	庚寅……命阿什達爾哈等往偵之。	壬辰	44	無	445 添誤，～漢
112	112	豆土門福金	同音異譯	44	289	445
113	113	一千三百餘人	一千四百九十名口	44	289 誤	445 同誤
114	114	吳克善	同音異譯	44	290	445
115	115	副都統霸奇蘭	列傳為「梅勒章京巴奇蘭」	44	290 梅勒章京霸奇蘭	445 改誤
116	116	薩木什喀	列傳為「薩穆什喀」	44	290	445
117	117	黑	墨	45	290 正	446 誤
118	118	祁他特車爾貝	同音異譯	45	290	446
119	119	荊古爾代	同音異譯	45	290	446
120	120	二月壬午	～朔	45	292 誤	446 同誤
121	121	都統……副都統、參領	固山額眞、梅勒章京、甲喇章京	45	292 正	447 改誤
122	122	額爾克孔果爾額哲	《多爾袞傳》為「額哲」	45	293	447
123	123	佐領	牛錄章京	46	293 正	448 改誤
124	124	塞	寨	46	293 正	448 同正，特徵不明顯，易誤
125	125	吉	古	46	295 正	449 同正
126	126	甲申，繪太祖實錄圖成。	乙酉	47	296 誤	450 同誤
127	127	乙巳，上率大貝勒代善及諸貝勒多爾袞等師次平魯堡。	多爾袞未至	47	297 正，迎多爾袞	450 誤
128	128	庚午，上還宮。	辛未	47	297 誤	451 同誤

129	129	丁卯……孔有德、耿仲明、尚可喜俱以請上尊號至盛京。	辛未	48	300 誤	453 同誤
130	130	德勝門	德盛門	48	302 誤	454 同誤
131	1	貞	《太宗實錄》重纂本、王錄爲「眞」	49	306 貞	456 貞
132	2	弘毅公	實錄初纂本爲「大勇公」	49	306	456
133	3	丁酉……孔有德爲恭順王，耿仲明爲懷順王，尚可喜爲智順王。	辛丑	50	308 正	458 刪誤
134	4	辛丑，朝鮮使臣置我書於通遠堡，不以歸。	壬寅	50	308 誤	458 同誤
135	5	陋習	實錄爲「陋規」，此沿王錄	50	309 無	459 添
136	6	都統	固山額眞	50	310 正	460 改誤
137	7	征	史筆	50	310	460
138	8	蒙古承政	列傳、實錄初纂本爲「理藩院承政」	50	311 柯劭忞添誤	460 同誤
139	9	李	季	51	311 誤	461 同誤
140	10	宜蓀	實錄重纂本爲「伊孫」，列傳爲「伊遜」	51	312	461
141	11	庚中……復遣杜度率師助之。	辛四	51	312 誤	461 同誤
142	12	乙酉，至安州，以書諭朝鮮守臣勸降。	丙戌，沿王錄誤	52	315 誤	464 同誤
143	13	己丑……李倧遁南漢山城。	甲申	52	315 誤	464 同誤
144	14	多鐸等復圍之	丙戌	52	315 誤	464 同誤
145	15	英俄爾岱	《諸臣封爵世表》一作「英古爾代」	52	316	465
146	16	庚午……出降於漢江東岸三田渡，獻明所給敕印。	《屬國傳》作正月庚午出降，二月獻印	52	317	466
147	17	皮島	《朝鮮仁祖實錄》島名不同	53	318	466
148	18	辛巳，阿濟格師克皮島	奏到日期	53	319 正	467 改誤
149	19	魁	實錄重纂本、蔣錄爲「奎」	53	無，319 沈多魁走石城	467「沈多魁走石城」被刪，添此句

150	20	六月辛丑……都司胡應登	壬寅	53	322 誤	469 同誤
151	21	百總李忠國等自海島來降。	丁未	53	322 誤	469 同誤
152	22	莽古爾泰子光衮獲罪，伏誅。	癸卯	54	322 誤	469 同誤
153	23	都爾鼻	同音異譯	54	324	470
154	24	案	安	54	324 柯劭忞添誤	471 同誤
155	25	己丑，貝勒豪格以……罪，罰金，罷管部務。	「己丑」復書，當刪	54	324 柯劭忞添誤，前一「己丑」已被點刪	471 添前一「己丑」，此「己丑」未刪致誤
156	26	歷	避諱	54	324 避諱	471 避諱
157	27	星訥	同音異譯	55	325	471
158	28	齊	爾	55	325 誤	472 同誤
159	29	丁未……駐蹕。	癸丑	55	326 無	473 添誤
160	30	丙戌……命布顏爲議政大臣。	戊子	56	331 無	476 添誤
161	31	佐領品級	實錄初纂本爲「半牛錄章京」，重修本、東華錄爲「半個牛錄章京品級」	56	331 誤爲「牛錄章京品級」	476 又改誤
162	32	護軍校	實錄初纂本爲「壯大」	57	331	476
163	33	冬十月丁酉，岳託師自牆子嶺入，……。明總兵官吳國俊敗走。	奏到日期	57	333 誤	478 同誤
164	34	戊戌，多爾衮軍入青山關。	奏到日期	57	333 誤	478 同誤
165	35	壬子，上次義州，遣孔有德、……、馬光遠以礮克其五臺。	癸丑，此沿玉錄誤	57	334 誤	478 同誤
166	36	丙辰，多鐸克桑噶爾寨堡，殺其守將。	奏到日期	57	334 誤	478 同誤
167	37	孔有德等攻石家堡、戚家堡，並克之。	丁巳	57	334 誤	478 同誤
168	38	庚申……石廷柱、馬光遠攻……柏士屯……，俱克之。	頒諭日期，「柏」字實錄重纂本爲「栢」，此沿玉錄	58	334 誤	479 同誤

169	39	己巳，濟爾哈朗克摸龍關及五里堡屯臺。	實錄重纂本、王錄是日濟爾哈朗奏克模龍關等地。	58	335誤，「模」	479同誤
170	40	顏	木	58	336爲「穆」	480誤爲「顏」
171	41	可	爾	58	336誤	480同誤
172	42	河	阿	58	336正	480誤
173	43	乙丑，貝子碩託以罪降輔國公。	丁卯	58	336誤	480同誤
174	44	總督宣‧大盧象升戰死	奏到口期，無誤	59	339	482改
175	45	五十餘萬	《太宗實錄》重纂本合計四十六萬餘	59	無	482添誤
176	46	瑪瞻	同音異譯	59	340	483
177	47	己卯……高起潛、總兵祖大壽自寧遠遣副將祖克勇……等率兵趨錦州。阿爾薩蘭等擊敗之。	丁丑、庚辰	59	340誤	483同誤，添「高起潛」
178	48	阿賴庫魯克達爾漢	太宗實錄重纂本爲「庫魯克達爾漢阿賴」，此沿王錄	59	341	483
179	49	羅洛宏	同音異譯	60	344	486
180	50	參領	甲喇章京	60	345止	486收誤
181	51	龍江	脫「黑」字	61	345正	487正
182	52	俄木部	同音異譯	61	345~布	487~部
183	53	烏朱穆秦	同音異譯	61	345	487
184	54	車格爾	車爾格	61	346正	487誤
185	55	薩木什喀	同音異譯	61	346薩穆什喀	488 前一個「薩穆什喀」，後一個改爲「薩木什喀」
186	56	癸巳……洪承疇以兵四萬壁杏山，……，多爾袞等擊敗之。	奏到日期	62	349誤	490同誤
187	57	查薩克圖	同音異譯	63	351	491
188	58	總兵官	昂「那」章京（《校註》印刷錯誤）	63	351 昂邦章京	491改

189	59	……降一等參將	降二等梅勒章京爲一等甲喇章京	63	352 正	492 改誤
190	60	巴爾達齊	「巴」爲衍文	64	354 誤	494 同誤
191	61	鼇	「鰲」爲「鼇」之俗體	64	355 鼇	495 鼇
192	62	多爾濟濟農	布林多濟濟農	64	356 正	495 同正
193	63	欣	《洪承疇傳》爲「忻」	64	357	496
194	64	犯	史筆	64	357	496
195	65	多羅墨爾根郡王	傳爲「扎薩克多羅郡王」，表爲「扎薩克多羅墨爾根郡王」	65	360	498
196	66	羅託	同音異譯	65	360	498
197	67	其字「氣」下爲「工」	「氣」下爲「土」	65	360 正	498 同正
198	68	承	《洪承疇傳》爲「成」，此同實錄	65	361	498
199	69	職方郎中	實錄重纂本、王錄爲「職方員外」	66	361	499
200	70	都統	固山額眞	67	366 正	502 改誤
201	71	九月，敘外……從征錦州功，賞賚有差。	甲戌，未繫干支	67	367 無	503 添誤
202	72	伐	史筆	67	368	504
203	73	己酉，沙爾虎達等降虎爾哈部……。	奏報日期	68	369 誤	504 同誤
204	74	五月丙申……先是，圖白忒部達賴喇嘛遣使修聘問禮，……，至是，遣還，並賚其來使。	同音異譯，丁酉遣還	69	371 誤	506 同誤
205	75	庚子，努山敗明兵界嶺口。	奏到日期	69	371 無	506 添誤
206	76	六十七	實錄初纂本爲「六十六」，此同重修本	69	371	506
207	77	殺……衣珮	《明史》爲「以派」，「自縊」，此異	69	371	506
208	78	無疾崩	疑官書隱諱	69	373	508
209	79	九年	九月	69	373 正	508 同正
210	80	明政不綱	國防研究院本改	70	376 柯劭忞添	508

附表 3：《清史稿校註》所指出《世祖本紀》問題一覽表

序號	《校註》序號	問　　　　題	說　　　明	《校註》頁碼	稿本頁碼及情況
1	1	太宗第九子	《朝鮮仁祖實錄》、《承政院日記》爲「三子」	71	521
2	2	八年	脫崇德	71	521 誤
3	3	期	衍文	71	522 誤
4	4	征	史筆	71	523
5	5	丁巳拔之。	丙辰，此沿國史誤	72	523 誤
6	6	達賴庫	賴達庫	72	524 正
7	7	伐	史筆	72	526
8	8	馬步軍一萬	「馬步軍各一萬」或「馬步軍兩萬」	73	527 誤
9	9	故明	史筆	73	528
10	10	俄羅塞臣	同音異譯	73	529
11	11	理	事	73	529 正
12	12	鼇	「鰲」爲俗字	74	530 鼇
13	13	屯	實錄爲「呑」，此同王錄	74	531
14	14	歷	避諱	74	531
15	15	河南總督	表、實錄爲「總督河道」	74	533　河道總督
16	16	尼堪	阿哈尼堪	75	533 誤
17	17	參	詹	75	533 誤
18	18	和託	同音異譯	75	534
19	19	福王	史筆，弘光帝	75	535
20	20	壬戌，流賊餘黨趙應元僞降，入青州，殺……王鰲永，和託等討斬之。	奏到日期	75	536 誤
21	21	列	實錄爲「烈」，此同王錄	75	536
22	22	郡王	脫「親」字	76	537 誤
23	23	跕	站	76	541 誤
24	24	弓箭銀	「銀」爲衍文	77	541 誤
25	25	筋	實錄爲「角力」，此同王錄	77	541

26	26	榆	紫榆	77	542 誤
27	27	芒苗笞帯竹帯	芒帯、竹掃帯	77	542 誤
28	28	柴	紫，此沿王錄誤	77	542 誤
29	29	樅	棕	77	542 誤
30	30	荷	實錄為「沙」，此沿王錄	77	542
31	31	除轄	豁除	77	543 誤
32	32	轄	豁	77	543 正
33	33	轄	豁	77	544 正
34	34	壬辰……席特庫等敗賊於平陽，山西悉平。	奏到日期	78	547 誤
35	35	十二月丁巳……葉臣等大軍平直隸、河南、山西府九、州二十七、縣一百四十一。	庚申奏報	78	548 誤
36	36	戊辰，多鐸軍至孟津	奏到日期	78	548 誤
37	37	賊倚山為陣	前脫「初，大軍過潼關」	79	550 正
38	38	己未	乙未	79	550 正
39	39	泰	布	79	551 誤
40	40	壬寅，多鐸師至西安，自成奔商州。	丁酉，此沿國史誤	79	551 誤
41	41	己未……降將許定國襲殺明興平伯高傑於睢州。	奏到日期	80	552 誤
42	42	祁	列傳有為「祈」	80	552
43	43	幹	實錄為「幹」，此同王錄	80	553
44	44	拜伊圖	同音異譯	80	553~尹~
45	45	宜爾德	同音異譯	80	553
46	46	己丑	乙丑	80	554 誤
47	47	東	秉	81	555 正
48	48	士謝圖親王巴達禮子巴雅斯護朗	士-土，「巴雅斯護朗」為同音異譯	81	556 正
49	49	揚方興進瑞黍	揚-楊，黍-麥	81	556 揚誤，麥正
50	50	志正	正志	81	557 誤
51	51	陽	揚	81	557 誤
52	52	子	之	81	557 誤

53	53	后	店	82	559 誤
54	54	乾清宮成，復建太和殿、中和殿、位育宮。	是月，~	82	559 誤
55	55	己卯	乙卯	82	559 誤
56	56	總兵官田雄、馬得功執福王及其妃來獻，諸將皆降。	奏報到京日期	82	559 誤
57	57	丁卯，陝西妖賊胡守龍倡亂，孟喬芳討平之。	疏下兵部日期	82	560 誤
58	58	昭我天休	實錄、王錄爲「紹我見休」	82	561 誤
59	59	閏六月甲申，阿濟格敗李自成於鄧州	諭令日期	83	561 誤
60	60	九宮山	國史、實錄爲「九公山」	83	561
61	61	自成……自縊死	時間死因有異說	83	561
62	62	十三萬	有稱「十萬」，有稱「十二萬」	83	561 十二萬
63	63	多鐸遣貝勒博洛及拜尹圖、阿山率師趣杭州	諭令日期	83	563 誤
64	64	淮	廩	83	563 誤
65	65	二千畝	二百晌	84	564 誤
66	66	癸丑，故明東平侯劉澤清率所部降。	奏到日期	84	564 誤
67	67	安廬巡撫	安廬池太巡撫	84	564 誤
68	68	戊子	戊午，《校註》核金兆蕃稿，且該月無戊子	84	564 正
69	69	戊辰，西平賊首劉洪起伏誅，汝寧州縣悉平。	諭令日期	84	564 誤
70	70	巡撫	實錄爲「巡江」，此同王錄	84	565
71	71	泰	布	84	565 正
72	72	丙午，降將金聲桓討故明益王	諭令日期	84	565 誤
73	73	鼇	「鰲」爲俗字	85	566 鼇
74	74	犯	史筆	85	566
75	75	庚戌……張存仁擊走之	諭令日期	85	566 誤
76	76	丁巳，故明懷安王來降。	奏到日期	85	566 誤，來歸
77	77	辛酉，故明新昌王據雲臺山，攻陷興化，準塔討斬之。	奏到日期	85	566 誤

78	78	丁丑，江西南昌十一府平。	奏到日期	85	566 誤
79	79	唐王	史筆，隆武帝	85	567
80	80	戊子……洪承疇遣提督張天祿連破之於績溪，獲金聲，不屈，殺之。	諭令日期	85	567 誤
81	81	釗	鍵	85	567 誤
82	82	彝垓	有稱「以海」	85	567
83	83	戊子……是時……馬士英等兵渡錢塘，結營拒命。	丁酉	85	567 誤
84	84	南贛巡撫	南贛汀韶巡撫	85	567 誤
85	85	南	表作「道」，實錄同	86	568 誤
86	86	朱瑪喇	同音異譯	86	569
87	87	二	一	86	569 誤
88	88	丁卯，朱瑪喇敗馬士英於餘杭	奏到日期	86	569 誤
89	89	和託	同音異譯	86	569 何~
90	90	寇	史筆	86	569
91	91	乙酉……故明總兵高進忠率所部自崇明來降。	奏到日期	86	569 誤
92	92	癸巳，佟養和、金聲桓進討福建，分兵攻南贛，敗故明永寧王……等。	奏到日期	86	570 誤
93	93	丁未，朱瑪喇等敗方國安、馬士英於浙東。固原賊武大定作亂，總兵官何世元等死之。	奏到日期	86	570 誤
94	94	麻哈撒馬諦汗	嘛哈撒馬諦塞臣汗	87	571 誤
95	95	魚	魯	87	571 正
96	96	何洛會	同音異譯	87	571
97	97	摯	慈	87	571 正
98	98	國史院大學士。	實錄、表為「內翰林國史院大學士」	87	572
99	99	羅洛宏	同音異譯	87	572
100	100	己卯，貝勒勒克德渾破流賊於荊州，……巴布泰等追至襄陽，……。	庚辰，同音異譯	87	572 誤
101	101	乙酉……何洛會遣將破流賊劉文炳於蒲城	奏到日期	87	573 誤
102	102	額	勒	88	573 正
103	103	傅誇蟾	同音異譯	88	573

104	104	丙申……潛山、太湖賊首石應璉……爲亂，洪承疇遣將擊斬之。	諭令日期	88	574 誤
105	105	丁巳，何洛會敗賊劉體純於山陽。	奏到日期	88	574 誤
106	106	二隻虎	即劉體純之諢名	88	574
107	107	阿霸垓部	同音異譯	88	575
108	108	丙申，江西浮梁、餘干賊合閩賊犯饒州，副將鄧雲龍等擊敗之。	奏到日期	88	576
109	109	吳班代、多爾濟思喀布	傳爲「烏班岱、多爾濟思喀」	89	577
110	110	丁未……四子部溫卜、……等追斬吳班代等五台吉。	奏到日期	89	577 誤
111	111	戊午，金聲桓克南贛，獲其帥劉廣允。	奏報到京日期，「允」字避諱，《校註》未提	89	577 誤
112	112	謀亂	史筆	89	578
113	113	伏誅	史筆	89	578
114	114	乙未，張存仁遣將擒故明大學士馬士英及長興伯吳日生等，斬之。	諭令日期	89	579 誤
115	115	甌特克山	同音異譯	90	579
116	116	毛害	同音異譯	90	579
117	117	土喇河	同音異譯	90	579
118	118	思	特	90	579 正
119	119	查濟布喇克	同音異譯	90	579
120	120	碩雷	同音異譯	90	579
121	121	徵	徽	90	580 正
122	122	戊辰，豪格遣貝子滿達海……分討流賊武大定……等	丙寅	90	580 誤
123	123	丁亥，博洛克金華、衢州	奏到日期	90	580 誤
124	124	蜀	楚	90	580 誤
125	125	佟代	同音異譯	90	581
126	126	九月己酉，故明瑞昌王朱誼汈謀攻江寧，官兵討斬之。	諭令日期	91	581 誤
127	127	彜	避諱	91	581 避諱
128	128	丙寅，故明崇陽王攻歙縣，副將張成功等敗之。	諭令日期	91	582 誤

129	129	丁卯，故明督師何騰蛟等攻岳州，官軍擊敗之。	奏到日期	91	582 誤
130	130	辛巳，金聲桓遣將擒故明王朱常湉及其黨了悟等，誅之。	奏到日期	91	582 誤
131	131	甲申……金聲桓遣將克贛州，獲故明閣部揚廷麟，殺之。	諭令日期，揚−楊	91	582 誤
132	132	權	模	91	584 誤
133	133	癸酉朔……副將詹世勳等討斬之。	諭令日期	91	584 誤
134	134	庚戌，山東賊謝遷攻陷高苑，總兵官海時行討平之。	庚辰	92	584 誤
135	135	壬午，故明高安王朱常淇及其黨江於東等起兵婺源，張天祿討平之。	乙酉	92	584 誤
136	136	南贛巡撫	表為「南贛汀韶巡撫」，實錄為「巡撫南贛汀邵」	92	584
137	137	顏	顧，《校註》未說此為誤	92	585 正
138	138	壬子……總兵官柯永盛遣將擒抱沖及其黨陳珩玉，斬之。	奏到日期	92	586 誤
139	139	登萊巡撫	實錄為「巡撫登萊東江」	92	586
140	140	壬戌，陝西官軍擊延慶賊郭君鎮……，敗之。洪承疇遣將擊賊帥趙正，大破之。	奏到日期	92	586 誤
141	141	乙亥，佟養甲平梧州。	自兩廣奏報日期	92	586 誤
142	142	丁丑，副將王平等擊賀珍、劉二虎賊黨於興安，敗之。	奏到日期	93	586 誤
143	143	民年七十以上，給絹米有差。	非七十以上給絹米	93	587 誤
144	144	己丑，洪承疇擒故明瑞昌王朱議貴及湖賊趙正，斬之。	諭令日期	93	587 誤
145	145	金奧	金粵	93	588 正
146	146	僭號	史筆	93	588
147	147	乙未……據廣州，佟養甲、李成棟率師討之，斬……蘊越、……宏椅、……企壋等。廣州平。	奏到日期，越−鉞，宏−弘，壋−壠	93	588 誤，弘字正
148	148	丙寅，佟養甲克高、雷、廉三府。	諭令日期	93	589 誤
149	149	己卯，高士俊克長沙，昂邦章京傅喀蟾討劉文炳、郭君鎮，殲之。	諭令日期，「傅喀蟾」為同音異譯	94	589 誤
150	150	甲午，陝西官軍斬孫守法。	奏到日期	94	589 誤

151	151	五月壬寅，舟山海賊沈廷揚等犯崇明，官軍討擒之。	奏到日期	94	589 誤
152	152	庚辰，故明趙王朱由棪來降。	奏到日期，「棪」字國史爲「棪」	94	591 誤
153	153	癸巳，陝西賊武大定陷紫陽，總兵官任珍擊敗之。湖廣官軍克衡州、……、新化等縣。	奏到日期	94	591 誤
154	154	墨爾根巴圖魯	表爲「墨爾根巴圖魯溫布」	94	592
155	155	宣大總督	表、實錄爲「宣大山西總督」	94	592
156	156	歷	避諱	94	592 未避諱
157	157	作亂	史筆	94	592
158	158	民年七十以上，加錫粟帛。	八十以上，此沿王錄誤	95	592 誤
159	159	八月庚午，金聲桓擒故明宗室麟伯王、靄伯王於瀘溪山，誅之。	諭令日期	95	593 誤
160	160	乙酉，豪格遣貝勒尼堪等先後克遵義……等縣，斬……千餘人。四川平。	奏到日期	95	593 誤
161	161	賊	史筆	95	594
162	162	辛酉，官軍討廟灣賊，破之。	疏報日期	95	594 誤
163	163	重阿賴	同音異譯	95	594
164	164	征福建餘寇	史筆	95	594
165	165	閩浙	表、實錄、將錄爲「浙閩」	96	595
166	166	喀爾瑪索納木	同音異譯	96	595
167	167	桂王將	史筆	96	595
168	168	桂王由榔走	史筆	96	596
169	169	丙戌……湖南平。	奏到日期	96	596 誤
170	170	庚寅，故明將鄭彩犯福州，副將鄒必科等敗走之。	奏到日期	96	596 誤
171	171	碩雷	同音異譯	96	597 碩磊
172	172	陀博克	同音異譯	97	598
173	173	五年春正月辛亥，故明宜春王朱議衍據汀州爲亂，	史筆	97	598
174	174	總兵官于永綏擒斬之。	奏到日期	97	598 誤

175	175	二月甲戌，金聲桓及王得仁以南昌叛。	疏報到京日期，「得」字實錄為「德」	97	598 誤
176	176	辛巳，江南官軍復無為州，福建官軍復連城……等縣。	奏到日期	97	598 誤
177	177	塞卜騰	同音異譯	97	599
178	178	壬辰……朱常彪、恢武伯向登位寇沅州，矗章京線國安等討斬之。	奏到日期	97	599 誤
179	179	二	三	97	599 正
180	180	原	源	97	600 誤
181	181	壬申，官軍復建寧，斬……朱常湖等。	疏報到京日期	98	600 誤
182	182	壬午，大軍克辰州，遂破永寧，至全州	奏到日期	98	600 誤
183	183	己丑	乙丑	98	601 正
184	184	戊辰，官軍破叛回於鞏昌，復臨洮、蘭州。	奏到日期	98	601 誤
185	185	辛未，游擊張勇破叛回於馬家坪，獲故明延長王……，斬之。	諭令日期	98	601 誤
186	186	甲申，官軍破金聲桓，復九江、饒州。	閏四月甲子復饒州，五月乙丑朔復九江	98	602 誤
187	187	弘	表為「宏」	98	602「弘」缺最後一筆避諱
188	188	業	表、實錄、王錄為「葉」	98	602 正
189	189	甲辰，額塞等大破叛回於蘭州，餘黨悉平。	奏到日期	98	602 誤
190	190	左都御史	漢都御史	98	602 誤
191	191	黨	党	98	603 誤
192	192	八月癸巳朔，金聲桓、王得仁寇贛州，官軍擊走之。	奏到日期	99	603 誤
193	193	己亥，陳泰、李率泰等敗鄭彩於長樂，又敗之於連江，復興化。	奏到日期	99	603 誤
194	194	己巳	乙巳	99	603 誤
195	195	九月壬戌朔，官軍獲故明巡撫吳江等於南康湖口，斬之。	奏到日期	99	603 誤
196	196	甲子，……阿濟格討曹縣土賊，平之。	頒旨日期	99	604 誤

197	197	甲辰，佟圖賴復寶慶。	奏到日期	99	604 誤
198	198	甲子，……李成棟據南雄，結峒蠻犯贛州，巡撫劉武元等擊走之。	頒旨日期	99	604 誤
199	199	丙寅，總兵官任珍擊賀珍，破之。	頒旨日期	99	605 誤
200	200	辛未	癸未	100	605 誤
201	201	戊戌，阿濟格圍大同。	奏到日期	100	606 誤
202	202	噶達渾	同音異譯	100	606
203	203	壬子，楊捷等復都昌，獲……余應桂，斬之。	頒旨日期	100	606 誤
204	204	邁達理胡土克圖	同音異譯	100	607
205	205	諾門汗	同音異譯	100	607
206	206	騰機式	同音異譯	100	607
207	207	張繼倫	同音異譯	100	607
208	208	烏思藏	同音異譯	100	607
209	209	湯古特	同音異譯	100	607
210	210	六年春正月壬戌，官軍復羅源……等縣。	奏到日期	101	607 誤
211	211	辛未，姜瓖黨姚舉等殺冀寧道王昌齡，陷忻州，……阿賴破走之。	奏到日期	101	609 誤
212	212	庚申	庚辰	101	609 正
213	213	午	壬午	101	610 正
214	214	譚泰、何洛會復南昌，金聲桓投水死，王得仁伏誅	自江西啟奏日期	101	610 誤
215	215	癸未，……劉遷寇代州，阿濟洛遣軍破走之。	奏到日期	101	610 誤
216	216	直隸隸	直隸	101	610 正
217	217	釜	列傳為「溢」，此同實錄、蔣錄	101	610
218	218	辛亥……吳三桂擊斬之	頒旨日期	102	610 誤
219	219	丙寅，……張天福平賊渠覃一涵，獲故明山陰王等，斬之。	頒旨日期	102	610 誤
220	220	丁卯，土賊王永強陷延安、榆林等十九州縣，……王正志等死之。	頒旨日期	102	611 誤
221	221	辛未……王永強陷同官。	奏到日期	102	611 誤

222	222	楨	實錄爲「禎」，此同王錄	102	611
223	223	壬申……寧夏官軍克臨河等堡。	奏到日期	102	611 誤
224	224	乙亥，甘、涼逆回米喇印、丁國棟復作亂，甘肅巡撫張文衡等死之。	頒旨日期，前甘肅巡撫	102	611 誤
225	225	甲申……江西平。	頒旨日期	102	612 誤
226	226	丙戌，博洛遣鰲拜等大破姜瓖……。吳三桂擊敗王永強，復宜君、同官。	頒旨日期，《校註》分段錯誤	102	612 誤
227	227	癸巳，阿濟格復左衛。	奏到日期	102	612 誤
228	228	吳達海	同音異譯	102	612
229	229	丙申，吳三桂克蒲縣。	疏報日期	102	612 誤
230	230	癸卯，福建官軍復平和、詔安、漳平、寧洋。	奏到日期	103	612 誤
231	231	癸丑……官軍克福寧，福建平。	頒旨日期	103	613 誤
232	232	丁丑……免寶坻、順義五年災賦。	戊寅	103	614 誤
233	233	辛巳，吳三桂、李國翰復延安。	頒旨日期	103	614 誤
234	234	壬午，四川邊郡平。	奏到日期	103	614 誤
235	235	乙酉，和碩端重親王博洛復清源……等縣。	奏到日期	103	614 誤
236	236	六月庚子，朝鮮國王李倧薨。	奏到日期	103	614 誤
237	237	癸酉，官軍平黃州賊三百餘砦……	頒旨日期	104	615 誤
238	238	甲申，廣東餘寇犯南贛，官軍擊卻之。	奏到日期	104	615 誤
239	239	丙戌，吳三桂、李國翰復延綏鎮城。	奏到日期	104	615 誤
240	240	八月癸巳……山西賊黨陷蒲州及臨晉、河津，孟喬芳討平之。	奏到日期	104	616 誤
241	241	甲午……滿達海復朔州、馬邑。	頒旨日期	104	616 誤
242	242	丁酉，端重親王博洛拔孝義。	奏到日期	104	616 誤
243	243	丙午……辰州、寶慶、靖州、衡州悉平。	奏到日期	104	616 誤
244	244	孝	存	104	616 誤
245	245	癸丑，梅勒章京根特等拔猗氏。	頒旨日期，「梅勒章京」實錄爲「協領」（《校註》衍「根特」二字）	104	616 誤
246	246	楊震威斬姜瓖及其弟琳	震–振，弟–兄	104	617 誤

247	247	丙辰，……劉偉等率眾降，靜樂、寧化山寨悉平。	奏到日期	104	617 誤
248	248	噶爾麻	同音異譯	104	617
249	249	額林臣	同音異譯	105	617
250	250	甲戌，滿達海、博洛克汾州、平陽。	奏到日期	105	618 誤
251	251	甲午……官軍復鄆城。	奏到日期	105	618 誤
252	252	戊戌，降將楊登州叛，陷山陰。	奏到日期	105	618 誤
253	253	渶	實錄為「瑛」，此同國史	105	618
254	254	丙午，官軍復潞安。	奏到日期	103	618 誤
255	255	丁未，官軍克榆林。	奏到日期	105	619 誤
256	256	己酉，滿達海等拔沁、遼二州。	奏到日期	105	619 誤
257	257	十二月乙酉朔，山西興、芮城、平陸三縣平。	奏到日期	105	619 誤
258	258	焦璉	有作「趙廉」	105	619
259	259	戊子……勒克德渾等擊敗之，進克道州。	奏到日期	106	619 誤
260	260	宜爾都齊	同音異譯	106	619
261	261	己酉，官軍復鄰水、大竹二縣。	奏到日期	106	619 誤
262	262	庚戌，寧波、紹興、台州十寇平。	奏到日期	106	620 誤
263	263	顧實汗子下達賴烏什溫布塔布囊	顧實汗、顧實汗子下達賴烏巴什溫布塔布囊	106	620 正
264	264	伊喇古克三胡土克圖	同音異譯	106	620
265	265	七年春正月庚申，官軍復永寧、寧鄉。	奏到日期	106	620 誤
266	266	壬戌，官軍復南雄。	諭令日期	106	620 誤
267	267	單達	同音異譯	106	621 誤
268	268	業	葉	106	621 正
269	269	甲戌……陷大田，官軍討平之	頒旨日期	106	621 誤
270	270	弘	表為「宏」，避諱	106	621 缺筆
271	271	甲午……平陽、潞安、澤州屬境俱平。	疏報日期	107	621 誤
272	272	黃順	黃順祖	107	621 誤
273	273	甲午……降其眾五萬。	頒旨日期	107	621 誤

274	274	張繼倫	同音異譯	107	622
275	275	六月乙酉，保德州民崔耀等擒故明將牛化麟，斬之，以城降。	奏到日期	107	622 誤
276	276	癸卯，官軍復寧都、石城。	奏到日期	107	622 誤
277	277	西寧	陝西西寧	107	623 誤
278	278	塞卜騰	同音異譯	107	623
279	279	孛羅特	同音異譯	107	623
280	280	國	部	107	623 誤
281	281	古祿思喜布	同音異譯	107	623
282	282	九月甲寅，故明將鄭成功寇潮州	史筆	108	623
283	283	總兵官王邦俊擊走之	奏到日期	108	623 誤
284	284	庚子，官軍克邵武，獲故明閣部揭重熙等，斬之。	頒旨日期	108	623 誤
285	285	甘肅	陝西甘肅	108	624 誤
286	286	乙卯，吳三桂復府谷，斬故明經略高友才等，餘眾降。	奏到日期	108	624 誤
287	287	乙丑，尚可喜復廣州，餘眾降。	自廣州啟奏日期	108	624 誤
288	288	札克薩圖汗	札薩克圖汗，《校註》未稱此誤	108	625 誤
289	1	嵩	蒿	109	629 正
290	2	甲寅，和碩英親王阿濟格謀亂，幽之。	未據清史館《世祖本紀校注》改	109	629
291	3	多爾袞子多爾博	本多鐸子	109	629 柯劭忞添
292	4	故明	史筆	109	630
293	5	餘黨	史筆	109	630
294	6	庚申……悉降	諭令日期	109	630 誤
295	7	鼇	「鰲」為俗字	110	631 柯劭忞添「鼇」
296	8	閏二月戊申朔，湖南餘寇牛萬才率所部降。	奏到日期	110	632 誤
297	9	黨	党	110	633 柯劭忞添誤
298	10	佑	祐	110	633 柯劭忞添正

299	11	己未，總兵官許爾顯克肇慶、羅定，徐成功克高州。	奏到日期	111	634 誤
300	12	象	同「像」	111	634
301	13	丁卯，孔有德克梧州、柳州。	奏到日期	111	635 誤
302	14	承政	左都御史	111	637 柯劭忞添誤
303	15	朱瑪喇	同音異譯	111	637
304	16	癸巳	癸卯	112	637 誤
305	17	夏四月庚戌……土賊羅犖等犯虔州，副將楊遇明討擒之。	奏到日期	112	638 誤
306	18	明唐王	史筆，隆武帝	112	638 本爲「江間」，柯劭忞改
307	19	丁丑朔……追入福建，擒鼎銓等斬之。	頒旨日期	112	638 誤
308	20	塞棱	同音異譯	112	639 柯劭忞添
309	21	西喇塔	西喇塔喇	112	638 誤
310	22	承政	左都御史	112	639 柯劭忞添誤
311	23	六月丙午朔……官軍破陝西賊何柴山等於雒南。	奏到日期	113	639 誤
312	24	丁巳，阿喇善擊山東盈河山賊，平之。	奏到日期	113	639 誤
313	25	朱	未	113	639 正
314	26	廣東官軍復廉州及永安等十二縣。	奏到日期	113	640 誤
315	27	秦	表爲「泰」，此同實錄、王錄	113	641
316	28	博爾濟錦氏	同音異譯	114	642
317	29	乙酉	乙丑	114	642 誤
318	30	癸酉，陳錦、金礪等追故明魯王於舟山，獲其將阮進。	奏到日期	114	642 誤
319	31	壬午……陳錦、金礪克舟山，故明魯王遁走。	諭令日期	114	643 誤
320	32	都察	都察院	114	643 柯劭忞添正

321	33	都司噶爾	同音異譯	114	643~思~
322	34	鄂爾多爾濟	多爾濟	114	643 正
323	35	癸卯，喀爾喀部土謝圖汗、車臣汗、塞臣汗等來貢。	實錄為「塞臣汗下白喜泰和等」，此沿王錄誤	114	643 柯劭忞添誤，已被圈刪
324	36	彝	夷	115	644 避諱
325	37	丙戌，尚可喜克雷州。	疏報到京日期	115	644 誤
326	38	二月丁未……噶達渾等討鄂爾多斯部多爾濟等於賀蘭山，殲之。	奏到日期	115	645 誤
327	39	趙布泰	同音異譯	115	646
328	40	癸巳……覺羅郎球、胡世安為禮部尚書。	郎球在乙未	115	646 柯劭忞添誤
329	41	青	宣	116	647 誤
330	42	星訥	同音異譯	116	647
331	43	阿喇善	同音異譯	116	647
332	44	戊午，孔有德克廣西南寧、慶遠、思恩，……陳邦傳以潯州降。	奏到日期	116	647 誤
333	45	庚戌……官軍討肇慶、高州賊，平之。	奏到日期	116	648 誤
334	46	孫可望	李定國	116	648 誤
335	47	征	史筆	117	648
336	48	丁亥……吳三桂、李國翰定漳臘、松潘、重慶。	奏到日期	117	649 誤
337	49	八月乙巳，更定王公以下婚娶禮。	實錄在丙午，此沿王錄	117	649
338	50	冬十月庚子……高、雷、廉、瓊諸郡悉平。	奏到日期	117	651 誤
339	51	壬寅，官軍復梧州。	奏到日期	117	651 誤
340	52	寇	史筆	117	651
341	53	甲寅……李國翰大敗之。	奏到日期	117	651 誤
342	54	巴哈納	實錄為「覺羅巴哈納」	117	651 柯劭忞添
343	55	寇	史筆	118	651
344	56	尼堪薨於軍。	歿於陣	118	652 誤
345	57	壬寅……官軍復安福、永新。	諭令日期	118	652 誤

346	58	戊午……廣東賊犯香山，官軍討平之。	奏到日期	118	652 誤
347	59	庚辰	丁丑	118	654 誤
348	60	呑齊	同音異譯	118	654
349	61	噶爾瑪薩望	同音異譯	119	655
350	62	鎮守湖南	實錄爲「鎮守西南地方」，此同王錄	119	655
351	63	己未，裁各部滿尚書之復者。	表云：「順治七年十二月乙巳，增設吏部、戶部、刑部滿尚書各一。」本紀漏書	119	655
352	64	玄	實錄、王錄避諱爲「縣」，蔣錄避諱爲「元」	119	656 缺筆
353	65	賁塔爾	同音異譯	119	656
354	66	奔巴世希	同音異譯	119	656
355	67	濟席哈兔	「刑部尚書濟席哈兔」，否則易與下文聯繫，誤解濟席哈爲兵部尚書	119	657 柯劭忞添
356	68	景陵	《地理志》爲「天門」	120	658
357	69	界堪	同音異譯	120	660
358	70	癸丑，只勒谷齊等敗孫可望於寶慶。	奏到日期	121	662 誤
359	71	壬子，以李率泰爲兩廣總督。	敘事失次，保舉日期	121	662 誤
360	72	瑞	端	121	663 正
361	73	甲午朔	丙午	121	664 誤
362	74	八月壬午……尚可喜克化州、吳川。	奏到日期	122	664 誤
363	75	李定國犯平樂	史筆，《校註》標點錯誤	122	664
364	76	府江道周永緒，知府尹明廷，知縣涂起鵬、華鍾死之。	奏到日期	122	665 誤
365	77	丙辰，耿繼茂、喀喀木克潮州。	諭令日期	122	665 誤
366	78	宜川	疑漏「王」字	122	665 正
367	79	己酉，官軍討西寧叛回，平之。	奏到日期	122	666 誤
368	80	戊午，劉清泰剿九仙山賊，平之。	奏到日期	122	666 誤
369	81	鄭成功犯吳淞	史筆	123	666
370	82	珮	佩	123	669 誤

371	83	廕	表、實錄爲「蔭」	123	669
372	84	曄	燁	124	670 添改誤
373	85	楨	禎	124	671 誤
374	86	博爾濟錦氏	傳爲「博爾濟吉特氏」	124	672
375	87	佟代	同音異譯	124	672
376	88	謀反	史筆	125	673「謀逆」改
377	89	伏誅	史筆	125	673
378	90	武	府	125	673 誤
379	91	伊爾德	同音異譯	126	677 柯劭忞添
380	92	博穆博和爾	同音異譯	126	678
381	93	固山額眞	蒙古固山額眞，《校註》稱與該年正月辛丑條都統前後歧異，而前條未註	127	680 柯劭忞添
382	94	覺羅巴哈納	表爲「巴哈納」	127	680
383	95	覺羅郎球	表爲「郎球」	127	680 柯劭忞添
384	96	桂王	史筆	127	681
385	97	官	兵	127	681 正
386	98	滿洲固山額眞	國史爲「漢軍都統」，實錄爲「漢軍固山額眞」，此誤	128	684 柯劭忞添誤
387	99	鄭成功將犯舟山。	史筆	128	685
388	100	止	金兆蕃稿爲「止於」	129	685
389	101	陷	史筆	129	685
390	102	賊	史筆	129	685
391	103	永平衛	實錄爲「永平、山海、眞定三衛」	129	686 誤
392	104	宜爾德	同音異譯	129	686
393	105	寇	史筆	129	686
394	106	安徽巡撫，提督操江	表、實錄爲「操江巡撫」	129	686
395	107	己巳	乙巳	130	688 誤
396	108	鑲黃旗固山額眞	鑲黃旗滿洲固山額眞	130	688 柯劭忞添

397	109	康	原	131	690 誤
398	110	覺羅科爾坤	同音異譯	131	690 柯劭忞添
399	111	辛	幸	131	690 正
400	112	羅託	同音異譯	131	690 柯劭忞添
401	113	己亥……覺羅郎球免	乙酉	131	690 柯劭忞添正
402	114	襄衛	襄陽衛	131	691 正
403	115	閏五月戊申	～朔	131	691 誤
404	116	素	壽	131	691 誤
405	117	丁丑，冊……董鄂氏爲皇貴妃	己卯	132	695 誤
406	118	傅	博	133	698 柯劭忞添正，潦草
407	119	庚子	壬寅	133	698 誤
408	120	覺羅伊圖	表爲「伊圖」	134	699 柯劭忞添
409	121	畢席爾圖汗	畢席勒爾圖汗	135	703 誤
410	122	壬寅……以多羅信郡王多尼爲安遠靖寇大將軍，率師征雲南。	丙午	135	704 本正，刪誤
411	123	閆龍	閆維龍	135	705 止
412	124	義	儀	136	706 誤
413	125	弘	《疆臣年表》避諱作「宏」	136	707 缺筆
414	126	羅剎	傳有作「俄羅斯」	136	707
415	127	庚戌……增各道御史三十人。	戊午	136	707 正
416	128	孫塔	同音異譯	136	708 柯劭忞添
417	129	己酉	敘事失次	136	708 柯劭忞添誤
418	130	里	黑	137	708 誤
419	131	甲戌	甲午	137	709 誤
420	132	辛丑……方猶、錢開宗等坐納賄，棄市。	辛酉	137	709 誤
421	133	鄔赫	同音異譯	137	710 柯劭忞添

422	134	宏	避諱	138	711 避諱
423	135	正	避諱「禎」字	138	711 避諱
424	136	嶺衛	松嶺衛	138	711 正
425	137	庚子……遂俱抵雲南，入省城。	乙未	138	712 誤
426	138	荊州	國史、實錄爲「荊門」	138	713
427	139	戊申……鄭成功犯浙江太平縣，官軍擊敗之。	諭令日期	138	713 誤
428	140	夏四月甲寅……復克騰越。	壬午	139	714 誤
429	141	五月壬戌，廣西南寧、太平、思恩諸府平。	奏到日期	139	714 誤
430	142	戊寅，官軍擊成功於定關，敗之，斬獲甚眾。	奏到日期	139	715 誤
431	143	六月庚子，朝鮮國王李淏薨。	奏到日期	139	715 誤
432	144	索洪	同音異譯	139	715
433	145	賴塔	同音異譯	139	715
434	146	八月己丑朔，江南官軍破鄭成功於高山	奏到日期	139	715 誤
435	147	噶褚哈	同音異譯	139	716
436	148	安巡撫	安徽巡撫	140	717 正
437	149	甲辰，鄭成功復犯崇明，官軍擊敗之。	諭令日期	140	717 誤
438	150	朴爾盆	同音異譯	140	718 柯劭忞添
439	151	丙戌，吳三桂取沅江。	諭令日期	140	718 誤
440	152	批理	韓批理	140	719 正
441	153	戊戌，甄察直省督撫及京職三品以上漢官，石申……等錄敘黜降有差。	壬寅	141	721 正
442	154	椿	表、實錄爲「瑃」	142	723
443	155	貞	「眞」字避諱	142	723 誤爲「曾」
444	156	覺羅伊圖	表爲伊圖	142	723 柯劭忞添
445	157	泰	秦	142	723 柯劭忞添正
446	158	土司那命	實錄爲「土舍那命」，此異	142	724

447	159	宗	宋	142	725 正
448	160	大學士……魏裔介	左副都御史魏裔介	143	725 誤
449	161	甲辰	甲寅	143	725 誤
450	162	荊州	實錄爲「荊門」	143	725
451	163	費牙喀……席北	同音異譯	143	726
452	164	己酉，降將郝承裔叛，陷邛州，圍嘉定，官軍擊敗之。	奏到日期	143	727 誤
453	165	丁卯，僞將鄧耀據海康，官軍擊走之。	奏到日期	143	727 誤
454	166	覺羅雅布蘭	表爲「雅布蘭」	144	727 柯劭忞添
455	167	郭科	傳爲「覺羅郭科」	144	727 柯劭忞添
456	168	丕	否	145	734 正
457	169	佟氏	《聖祖本紀一》及《后妃傳》爲佟佳氏	145	735
458	170	二月癸四……葬孝陵。	康熙二年六月壬寅	146	736 誤

附表 4：《清史稿校註》所指出《聖祖本紀》問題一覽表

序號	《校註》序號	問　題	說　明	《校註》頁碼	原稿本頁碼及情況	膳清本頁碼及情況
1	1	合天弘運文武睿哲恭儉寬裕孝敬誠信功德大成仁皇帝	此爲雍正元年尊諡，乾隆元年補「中和」於「誠信」下。	147	741 正	1771 同正
2	2	佟佳氏	《世祖本紀二》爲「佟氏」	147	741 佟氏	1771 同
3	3	丙辰，世祖崩	丁巳崩	147	743 正	1773 同正
4	4	帝即位	己未	147	743 正	1773 同正
5	5	改元康熙	明年改元	147	743 正	1773 同正
6	6	四月，予殉葬侍衛傅達理祭葬。	壬午，未繫干支	148	746 正	1775 同正
7	7	拉哈達	同音異譯	148	746 喇哈達	1776 同
8	8	癸卯，安南國王黎維祺遣使入貢。	實錄無，國史記賜使者	148	746 正	1776 正
9	9	五月，罷各省巡按官。	壬子，未繫干支	148	747 正	1776 正

10	10	六月己卯，江蘇巡撫	庚辰，表爲「江寧巡撫」	148	748 前誤後正	1777 同前誤後正
11	11	飛牙喀	同音異譯	148	無	無
12	12	鄂扎	同音異譯	148	748	1777
13	13	鱗	麟	148	750 改誤	1779 同誤
14	14	達賴喇嘛	同音異譯	149	750 嘛	1779 嘛
15	15	九月丁未，以卞三元爲雲南總督，李棲鳳爲廣東總督	丁亥	149	752 正	1781 同正
16	16	梁化鳳爲江南提督。	壬辰	149	無	無
17	17	廕	國史、實錄爲「蔭」	149	753 誤	1782 誤
18	18	辛酉……逮問巡撫許文秀，總兵李永盛、范承宗，命靖東將軍濟世哈討平之。	甲子逮問，辛未命，「濟世哈」爲同音異譯	149	754 前誤後正	1783 同前誤後正
19	19	丙午	~朔	149	755 正	1784 同正
20	20	桂	桂	149	759 正	1787 同正
21	21	緬人執明永歷帝朱由榔以獻。	戊申	149	759 誤	1788 同誤
22	22	康熙元年壬寅	元年至六十一年皆甲子名歲，體例不合	150	757 正	1785 同正
23	23	三月，以滇南平，告廟祭陵，赦天下。	乙酉，未繫干支	150	760 正	1788 同正
24	24	秋七月壬申朔……施琅爲福建提督。	戊戌	150	無	無
25	25	九月，裁延綏巡撫。	壬午，未繫干支	150	763 壬午，誤漏九月	1791 同誤
26	26	冬十月壬寅，以成克鞏爲大學士。	內國史院大學士遷內秘書院大學士	151	763 正	1791 正
27	27	十一月辛巳，冬至，祀天於圜丘，免朝賀。	詔次日免朝賀	151	764 未記免朝賀	1792 同
28	28	是歲，天下戶丁一千九百一十三萬七千六百五十二，徵銀二千五百一十二萬四千一百二十四兩零。鹽課銀二百七十二萬一千二百一十二兩零。	數字沿王錄，與實錄異	151	765 同王錄	1793 同

29	29	三月，荷蘭國遣使入貢，請助師討臺灣，優賚之。	壬辰，未繫干支，史筆	151	768 正，攻海寇	1796 同正
30	30	五月	夏五月	151	768 有「夏四月」	1796 同正
31	31	詔天下錢糧統歸戶部，部寺應用，俱向戶部關領，著爲令。	詔自三年始	151	無	無
32	32	六月，葬世祖章皇帝於孝陵，孝康皇后、端敬皇后祔焉。	壬寅，未繫干支	151	769 正，用塋字	1797 同正
33	33	乙卯，故明將李定國子嗣興來降。	諭令日期	151	769 誤	1797 同誤
34	34	改用策論	改用策論表判	151	769 正	1798 同正
35	35	癸卯……復八旗翻譯鄉試。	乙巳	151	769 正	1798 同正
36	36	海寇	史筆	152	770 鄭錦將	1799 同
37	37	冬十月壬寅……取浯嶼、金門二島	乙卯	152	771 十二月甲午疏報	1799 同
38	38	錦	經	152	770 誤	1799 同誤
39	39	十一月，詔免諸國貢使土物稅。	乙丑朔，未繫干支	152	771 正	1799 同正
40	40	三年甲辰春正月，賜朝正外藩銀幣、鞍馬。	壬申，未繫干支	152	無	無
41	41	弘	表作「宏」	152	778 弘	1806 弘
42	42	征臺灣	史筆	153	779	1806
43	43	八月甲戌，……趙廷臣疏報擒獲明臣張煌言。	諭令日期，七月丙午或乙酉擒	153	779 七月乙酉擒	1806 同
44	44	己卯，穆里瑪、圖海疏報進剿鄖陽茅麓山李來亨、郝搖旗，俱自焚，賊平。	張長庚疏報郝搖旗先已授首，甲子，李來亨自焚死	153	779 正，語句不同	1807 同正
45	45	丁未……龔鼎孳爲刑部尚書。	癸丑	153	780 正	1809 同正
46	46	是月，彗星見張宿、井宿、胃宿、奎宿，金星見，……請修省。	丁酉、庚子、丙午、壬戌、甲戌	153	780 壬戌正	1809 同正
47	47	辛丑……洪承疇卒，予祭葬，諡文襄。	卒在二月，予諡在三月辛亥	153	785 正	1812 同正

48	48	己巳，吳三桂疏報剿平水西烏撒土司	壬申	154	783 正	1810 同正
49	49	書	重	154	無	無
50	50	置直隸總督，兼轄山東、河南。	直隸、山東、河南設一總督	154	787 山東河南皆並直隸	1813 同
51	51	九月辛卯……上太皇太后、皇太后尊號，加恩中外。	戊申	154	791 正	1817 同正
52	52	七萬石	實錄爲六萬八千二百餘石	155	794 誤	1820 同誤
53	53	庚寅……以承澤親王碩色子恩克布嗣爵。	甲午，「碩色」爲同音異譯	155	784 正	1820 同正
54	54	歷	避諱	155	無	無
55	55	三月，以胡拜爲直隸總督。	提督，壬辰，未繫干支	155	795 日期正，字誤	1821 同
56	56	癸酉，傅維麟病免，以郝惟訥爲工部尚書。	病免在甲子，任職在癸酉，應在辛未後	155	796 正，下有漏字	1822 同
57	57	九月丁亥，上行圍南苑。	癸巳	156	797 漏九月，該頁眉批「丁亥上失書九月」	1823 同漏九月
58	58	癸卯……禮部尚書沙澄免。	甲戌	156	797 正，丁憂	1823 同
59	59	以梁清標爲禮部尚書	丁亥	156	797 正，因漏九月誤	1823 同
60	60	龔鼎孳爲兵部尚書	丙申	156	797 正，因漏九月誤	1823 同
61	61	郝惟訥爲刑部尚書	丙午	156	797 正，因漏九月誤	1823 同
62	62	朱之弼爲工部尚書。	十月壬子	156	798 正	1823 同正
63	63	冬十月，詔起范承謨爲秘書院學士。	九月丁亥	156	無	無
64	64	蘇哈薩克	蘇克薩哈	156	無	無
65	65	丁酉……以明安達禮爲禮部尚書。	乙巳，吏部	156	802 正	1826 同正
66	66	二月……丁卯……錫故總督李率泰一等男爵。	四月甲寅	156	803 正，阿思哈尼哈番	1828 同正
67	67	一百五十	一百五十五	157	無	無

68	68	甲戌	應在甲子後，敘事失次	157	804 誤在癸酉	1828 同誤
69	69	誣者	被誣者	157	804 誤	1828 同誤
70	70	御史田六善言奸民告訐，於南人不曰「通海」，則曰「逆書」，北人……，請鞫誣反坐。	庚午	157	804 正	1828 同正
71	71	姓	侄	157	無	無
72	72	馬爾賽	同	157	809	1832
73	73	闇	閽	158	四月本條無此字，813 三月己未停叩闇例	1836 同
74	74	丁亥，平南王尚可喜遣子之信入侍。	實錄在戊子，此沿王錄	158	814 丁亥	1837 同
75	75	誇岱	同音異譯	158	無	無
76	76	秋八月	八月	158	815 正	1838 同正
77	77	壬寅	壬子	158	818 正	1840 同正
78	78	冬十月，定八旗武職人員居喪百日	丁卯，未繫干支	158	無	無
79	79	江南總督	江南、江西總督已並為一	159	819 江南江西總督	1841 同
80	80	癸酉……甘文焜為雲南貴州總督	己卯	159	819 誤為乙卯	1841 同誤
81	81	范承謨為浙江巡撫	庚辰	159	819 正	1841 正
82	82	上移御武英殿	丙辰	159	820 正	1842 同正
83	83	命行南懷仁推算歷法	自九年始	159	無	無
84	84	庚午，上巡近畿	庚寅	159	822 正	1844 同正
85	85	癸酉，衛周祚免	丙寅	159	823 正	1845 同正
86	86	丁巳，給事中劉如漢請舉行經筵。	辛巳	159	823 誤為辛巳	1845 同誤
87	87	五月乙未，以黃機為吏部尚書	實錄在四月庚辰，表、王錄作四月己卯	159	823 同實錄	1845 同
88	88	郝惟訥為戶部尚書	四月己丑	159	823 正	1845 同正
89	89	起王弘祚為兵部尚書。	壬寅	159	824 正	1846 同正
90	90	瑪里穆	金兆蕃稿本、實錄作「穆里瑪」	160	824	1846

91	91	弟……塞本得，從子訥莫	姪塞本得、訥莫	160	824 誤	1846 同誤
92	92	其弟……卓布泰	實錄爲「趙布太」，爲其兄，非弟	160	無	無
93	93	從子白爾圖	族弟白爾赫圖或白爾黑圖	160	826 白爾黑圖	1848 同
94	94	戊寅……以米思翰爲戶部尚書	壬申	160	827 正	1848 同正
95	95	八月甲申……明珠爲左都御史	九月甲寅	160	830 誤漏九月	1851 同誤
96	96	滿洲都統	正藍旗~	161	無	無
97	97	丁未……塞白理爲浙江提督	庚戌	161	無	無
98	98	畢力克圖爲蒙古都統	己未，國史爲畢理克圖，正藍旗~	161	無	無
99	99	甲子……上爲文勒之石	己巳	161	831 正	1852 同正
100	100	壬子……上御太和殿受賀，入居乾清宮	癸丑受賀、入居	161	832 正	1853 同正
101	101	辛丑……起遏必隆公爵，宿衛內廷	丁未	161	834 正	1854 同正
102	102	癸酉……馬雄鎮爲廣西巡撫	乙亥	161	834 正	1856 同正
103	103	蒙古都統	鑲白旗~	162	無	無
104	104	丁巳，奉祀孝康章皇后於奉先殿	丁卯	162	836 誤	1858 同誤
105	105	以簡親王濟度子喇布襲爵	簡親王德賽無嗣，以其弟喇布襲爵	162	840 正	1861 同正
106	106	庚巳，頒聖諭十六條	癸巳	162	841 正	1861 同正
107	107	以中和殿大學士魏裔介兼禮部尚書。	是日改內秘書院大學士魏裔介爲保和殿大學士兼禮部尚書。	162	842 正	1862 同正
108	108	丁酉……以梁清標爲刑部尚書	戊戌	163	845 正	1866 同正
109	109	滿洲都統	鑲白旗~	163	無	無
110	110	庚申，……喀蘭圖乞休，加太子太保，以內大臣奉朝請。	實錄在辛酉，此沿王錄	163	848 同實錄	1867 同

111	111	是月，靖南王耿繼茂卒，子精忠襲封，仍鎮福建。	丁未，未繫干支	163	848 正	1868 同正
112	112	辛亥……蒙古科爾沁、喀喇沁、土默特、敖漢諸部……朝行在。	癸丑、己未、庚申、壬戌	163	850 誤	1869 同誤
113	113	辛卯……命來朝外籓較射。	壬辰	164	851 正	1870 同正
114	114	辛未……過八達嶺	癸酉	164	無	無
115	115	戊寅，奉太皇太后至湯泉。	己卯	164	857 正	1874 同正
116	116	庚寅，命更定賦役全書。	戊子	164	無	無
117	117	何建忠等一百二十七人	實錄為「何進忠等一百三十八人」	164	863 字正，數誤	1879 同
118	118	雄	熊	164	863 正	1880 同正
119	119	秋七月……丙辰……疏言	八月丁未	164	無	無
120	120	詔降襲慕義公。	八月乙卯	164	864 正	1880 同正
121	121	閏七月，復封尚善為貝勒。	乙亥，未繫干支	165	無	無
122	122	丁丑，閱……三屯營兵	己卯	165	864 己卯，誤漏九月	1881 同
123	123	建行宮	視太皇太后行宮	165	無	無
124	124	丁未，……福全、……果鐸、……博翁果諾、溫郡王孟峨疏辭議政。	福全在乙巳，其餘在壬子	165	無	無
125	125	庚寅……大閱。	辛卯	165	868 正	1883 同正
126	126	壬子……命講官日直	丁未	165	無	無
127	127	戊辰……賜八旗官學翻譯《大學衍義》	庚午	165	無	無
128	128	壬午……不許	辛卯	166	868 正，語句不同	1885 同正
129	129	令其撤籓還駐遼東	丁酉	166	870 正，語句不同	1885 同正
130	130	壬寅……李之芳為浙江總督	癸卯，以~	166	871 正	1887 同正

131	131	十二月壬子……吳三桂反，殺雲南巡撫朱國治	十一月丙戌	166	877 十二月丙辰吳三桂反問聞	1892 同
132	132	總督甘文焜死之	癸卯	167	877 誤在丁巳	1892 同誤
133	133	撤	撤	167	877 正	1892 同正
134	134	丁巳……詔奸民作亂已平，勿株連，民勿驚避。	十三年正月癸未	167	880 誤爲癸酉	1895 同誤
135	135	壬戌……以倭內爲奉天將軍。	乙丑	167	無	無
136	136	吳三桂陷辰州。	此時未陷	167	879 尋復陷辰州	1893 同
137	137	庚辰，吳三桂陷沅州。	十二年十二月甲子，此爲諭令日期	167	879 正，是月～	1893 同正
138	138	丁亥，偏沅巡撫盧震棄長沙遁	諭令日期	167	883 正	1897 同正
139	139	己丑……總兵吳之茂以四川叛，巡撫羅森、提督鄭蛟麟降之。	三人俱叛，不在是日	167	883 事實正，日期誤	1898 同
140	140	壬寅，賊……陷常德。命鎮南將軍尼雅翰率師守武昌。	國史、實錄在丁未	168	885 正，丁未疏報陷常德，《校註》誤在一天	1899 同正
141	141	甲寅，吳三桂陷長沙，副將黃正卿叛應之，旁陷衡州。	諭令日期	168	885 正	1899 同正
142	142	命都統覺羅朱滿守岳州	庚申	168	無	無
143	143	三月乙丑	～朔	168	886 正	1900 同正
144	144	跕	站	168	886 語句不同，無	1900 同
145	145	命左都御史多諾等軍前督餉。	丁卯	168	886 正	1900 同正
146	146	庚辰，耿精忠反	疏報日期	168	888 正	1902 同正
147	147	壬辰，襄陽總兵楊來嘉以穀城叛。	疏報到京日期	168	888 正	1902 同正
148	148	甲午，西安將軍瓦爾喀克陽平關。	諭令日期	168	889 誤繫於壬辰疏報	1902 同誤
149	149	丁未……以阿密達爲揚威將軍	己酉	168	891 誤	1905 同誤

150	150	賴塔爲平南將軍	辛亥	168	891 正	1905 同正
151	151	西	南	169	無	無
152	152	戊寅，……赫業等敗吳之茂……，復朝天關。	諭令日期	169	893 正	1906 同正
153	153	庚戌，總兵祖宏勳以溫州叛。	避諱，諭令日期	169	896 正，未避諱	1909 同正
154	154	金華副將车大寅敗耿精忠將於常山。	當在六月上旬	169	896 辛亥疏報	1909 同
155	155	乙卯，命康親王傑書爲奉命大將軍赴浙江	戊午	169	897 正	1910 同正
156	156	洞鄂	同音異譯	169	897 董額	1910 同
157	157	命喇哈達守台、寧。	辛酉	169	897 誤在庚申	1910 同誤
158	158	癸酉，賴塔敗耿精忠將於金華。	諭令日期	169	899 正	1910 同正
159	159	南瑞總兵楊富應賊，董衛國誅之。	諭令日期	169	899 正	1912 同正
160	160	丁亥，貝勒察尼大戰賊將吳應麒於岳州七里山，敗之。	諭令日期	170	900 正	1913 同正
161	161	八月壬寅……海澄公黃梧卒，子芳度襲爵，守漳州	諭令日期	170	901 止	1915 同止
162	162	九月壬戌	~朔	170	902 正	1916 同正
163	163	陷清溪、徽州，……額楚、統領巴爾堪擊走之	諭令日期	170	902 正，語句不同	1916 同正
164	164	命碩塔等駐安慶。	乙丑	170	904 正	1917 同正
165	165	辛未，……鄒君升等作亂，知府于成龍討平之。	乙丑疏報	170	904 正	1917 同正
166	166	命……喇布爲揚威大將軍，率師赴江西，侍衛坤爲振武將軍副之。	己卯，江西-江寧	170	905 誤在乙亥，鎮江南	1918 同誤
167	167	命安親王岳樂爲定遠平寇大將軍，率師赴廣東	乙酉	170	907 正	1919 同正
168	168	書	畫	170	907 正	1919 同正
169	169	十二月庚寅朔，傑書大敗曾養性於衢州	諭令日期	170	911 正	1923 同正

170	170	王輔臣叛，經略莫洛死之。	癸巳	170	912 正，同頁庚子反間聞	1924 同正
171	171	上議親征。王大臣以……，力諫乃止。	庚子	171	912 正	1924 同正
172	172	徵盛京兵、蒙古兵分詣軍前。	庚子、辛丑	171	913 前正後誤	1925 同
173	173	丁未，命尚可喜節制廣東軍事。	十月己未	171	無	無
174	174	二月癸巳，下詔切責貝勒洞鄂退縮失機，飭令……。	甲午	171	920 誤在辛卯，語句不同	1931 同誤
175	175	乙巳，康親王傑書遣兵復處州，進復仙居。	己丑朔	171	921 乙巳疏報	1931 同
176	176	王輔臣陷蘭州。	諭令日期	171	921 正	1931 正
177	177	西寧總兵王進寶大戰於新城，圍蘭州。	辛亥捷，三月丙戌疏報到京	171	925 正	1935 同正
178	178	洞鄂復隴州關山關。	二月丙辰，三月庚午諭令	171	923 正	1934 同正
179	179	三月己未朔，叛將楊來嘉犯南漳，……擊走之。	諭令日期	171	921 正	1932 同正
180	180	戊辰，饒州賊犯祁門，巡檢張行健……死之。	諭令日期	171	923 正	1932 同正
181	181	夏四月己丑	~朔	172	925 正	1935 同正
182	182	……郎肅等剿耿寇於五桂寨，……，復餘干。	諭令日期	172	925 正，語句不同	1935 同正
183	183	癸丑，王進寶復臨洮，孫思克復靖遠。	諭令日期	172	927 誤	1937 同誤
184	184	戊午，紹興知府許宏勳招撫降眾五萬人。	避諱，諭令日期	172	無	無
185	185	甲申，張勇復洮、河二州。	諭令日期	172	931 正	1940 同正
186	186	楊來嘉、洪福陷穀城。	癸亥	172	無	無
187	187	斬……馬郎阿以徇，削總兵金世需職，……。	庚戌	172	933 正，語句不同	1943 同正
188	188	壬子，額楚復廣信。	諭令日期	172	933 正，語句不同	1943 同正
189	189	樂平土寇復陷饒州，將軍希爾根擊之，復饒州。	閏五月庚戌	172	934 六月甲子疏報，語句不同	1943 同

190	190	六月，畢力克圖復吳堡，復綏德。	壬戌，未繫干支	172	934 甲戌疏報	1943 同
191	191	佛尼勒	同音異譯	172	無	無
192	192	壬午，張勇攻鞏昌。	諭令日期	172	935 甲辰疏報復	1946 同
193	193	江西官軍攻石峽，失利，副都統雅賴戰死。	辛巳	172	937 辛巳疏報	1946 同
194	194	畢力克圖復延安。	丙戌	173	935 丁亥朔疏報，937 乙巳疏報，語句不同	1944、1946 同
195	195	以軍興停陝西、湖廣鄉試。	閏五月丙辰	173	無	無
196	196	七月乙巳，陳福剿定邊，斬賊將朱龍。	諭令日期	173	937 正，語句不同	1946 同正
197	197	庚戌，江西官兵復浮梁……、樂安諸縣。	諭令日期	173	938 正，語句不同	1947 同正
198	198	八月戊午，上幸南苑行圍。	癸亥	173	939 正	1948 同正
199	199	斬賊將郝天祥。	庚午	173	無	無
200	200	傅喇塔復黃巖。	己未	173	939 辛巳疏報	1948 同
201	201	甲申，上還京	甲戌	173	939 正	1948 同正
202	202	九月，上次昌平	戊子，未繫干支	173	940 湯泉	1948 同
203	203	詣明陵，致奠長陵，遣官分奠諸陵。	己丑	173	940 正	1949 同正
204	204	冬十月癸亥，康親王兵復太平、樂清諸縣。	諭令日期	173	941 正	1950 同正
205	205	陳福及王輔臣戰……，副將太必圖戰沒。	九月戊申	173	943 壬申疏報	1952 同
206	206	論平布爾尼功，封賞有差	丁卯	173	943 正	1952 同正
207	207	十一月癸巳，貝勒察尼復興山。	十月甲戌，十一月甲午議敘	174	944 十一月己丑疏報	1953 同同
208	208	是月，鄭錦攻陷漳州，……黃芳度死之，戕其家。	實錄在十一月甲辰，《平定三逆方略》在十月庚申	174	945 同實錄	1954 同

209	209	十二月丙寅……頒詔中外，加恩肆赦。	丁卯	174	947 正	1955 同正
210	210	乙未，升寧夏總兵官爲提督，以趙良棟爲之。	丙申	174	951 正	1960 同正
211	211	乙亥，吳三桂將高大傑陷吉安。	諭令日期	174	954 正	1963 同正
212	212	戊寅，……岳樂擊三桂將……，敗之，復萍鄉。	諭令日期	174	954 正	1963 同正
213	213	三月癸未	~朔	174	955 正	1963 同正
214	214	丙戌，王進寶、佛尼勒大敗吳之茂於北山。	諭令日期	174	955 正	1963 同正
215	215	庚寅，傅喇塔圍溫州，曾養性、……來犯，……紀爾他布擊走之。	諭令日期	175	955 正	1964 同正
216	216	辛丑	辛酉	175	957 正	1965 同正
217	217	六月壬子朔，王輔臣降，圖海以聞。	丙寅降，戊寅以聞	175	961 誤	1968 同誤
218	218	己卯，耿繼善棄建昌遁。	諭令日期	175	963 正	1971 同正
219	219	七月辛巳朔	秋~	175	963 正	1971 同正
220	220	大學士熊賜履免。	甲午	175	964 正	1971 同正
221	221	以慕天顏爲江蘇巡撫	癸卯，江寧	175	964 正	1972 同正
222	222	庚子，以姚文然爲刑部尚書	丁未	176	964 正	1972 同正
223	223	郎廷相爲福建總督。	戊申	176	964 正	1972 同正
224	224	振武將軍佛尼勒會張勇、王進寶擊吳之茂於秦州，大敗之，……。	六月丁丑，七月戊申下部議敘	176	964 戊申疏報樂門	1972 同
225	225	八月甲寅，穆占復禮縣。	諭令日期	176	965 正	1972 同正
226	226	乙亥，賴塔擊馬九玉於衢州，……九玉棄軍遁。	諭令日期	176	967 正	1974 同正
227	227	九月庚辰朔……進攻仙霞關，賊將金應虎迎降，復浦城	諭令日期	176	967 正	1975 同正
228	228	連下建寧。	九月壬午	176	無	無
229	229	癸未，張勇復階州。	八月癸丑	176	968 甲申疏報	1975 同

230	230	乙未……山西巡撫達爾布有罪免。	戊戌	176	968 語句不同，往勘	1976 訐誤爲許
231	231	乙丑……耿精忠遣子顯祚獻僞印乞降，傑書入福州，疏聞，上命復其爵，從征海寇自效。	庚午	176	969 庚戌朔乞降，癸丑降，970 正，語句不同	1976、1977同正
232	232	浙江官兵復溫、處二府。	庚戌朔	176	970 庚午疏報	1977 同
233	233	撤兗州屯兵。	壬申	176	無	無
234	234	十一月丙戌，海寇犯福州，都統喇哈達擊敗之。	諭令日期	177	970 正	1977 同正
235	235	丙申，官兵圍長沙。	諭令日期	177	971 正	1978 同正
236	236	傅拉塔	同音異譯	177	972 傅喇塔	1979 同
237	237	十二月壬子……嚴自明犯南康，舒恕擊走之。	十一月	177	972 癸丑疏報	1979 同
238	238	吳三桂將吳世琮殺孫延齡，踞桂林。	己未奏到	177	995 十七年正月奏到，恐誤	2000 同
239	239	建威將軍吳丹復山陽。	諭令日期	177	973 正	1980 同正
240	240	辛未，頒賞諸軍軍士金帛。	辛酉	177	973 綠旗蒙古	1980 同
241	241	丙子……耿繼善棄邵武，海寇據之，……穆赫林擊之，賊將彭世勳以城降。	諭令日期	177	974 正	1980 同正
242	242	甲子……免福建今年租賦，招集流亡。	辛酉	177	977 正	1984 同正
243	243	丁卯，康親王傑書敗鄭錦於興、泉，賊……遁	鄭經，史筆	177	978 語句不同，979 己卯疏報泉州	1984、1985同
244	244	癸酉，論花馬池剿寇功，……索諾木等晉爵有差。	甲戌	178	978 誤	1984 同誤
245	245	癸未，詔：「軍興以來，文武官身殉封疆，……，以昭褒忠至意。」	癸卯	178	980 正	1986 同正
246	246	乙巳……命勒爾錦進臨江，圖海守漢中，……，舒恕防贛州。	丙午	178	無	無

247	247	辛酉……以伊桑阿為工部尚書	丙寅	178	982 正	1988 同正
248	248	宋德宜為左都御史。	丙寅	178	無	無
249	249	丁卯,提督趙賴敗土寇於泰和,擒賊目蕭元。	諭令日期	178	無	無
250	250	五月己卯,尚之信降,命復其爵,隨大軍討賊。	五月己卯降,六月戊申襲爵	179	984 正	1990 同正
251	251	特擢譖成知府傅宏烈為廣西巡撫。	乙酉,「宏」為避諱	179	984 正,未避諱	1988 同正
252	252	額魯特	同音異譯	179	984 厄魯特	1990 同
253	253	喀爾喀車臣汗	實錄為「厄魯特鄂齊爾圖車臣汗」	179	984 正	1990 同正
254	254	六月丁巳,祖澤清以高州降。	疏報到京日期	179	985 正	1990 同正
255	255	秋七月庚子,……劉國軒自惠州犯東莞,尚之信大敗之,賊將陳璉以惠州降。	疏報到京日期	179	987 正	1991 同正
256	256	覺羅勒德洪	表有作「勒德洪」	179	987 覺羅~	1993 同
257	257	八月丁未,明宗人朱統錩起兵	諭令日期	179	988 正	1993 同正
258	258	瀘縣	瀘溪	179	988 正	1993 同正
259	259	佟佳氏	國史、實錄為佟氏	179	無	無
260	260	戊辰,傅宏烈等復梧州。	七月辛丑	179	988 癸亥疏報	1993 同
261	261	丁亥,上發京師,謁孝陵,巡近邊。	甲申、丙戌、丁亥	180	989 中正,後誤	1994 同中正,後誤
262	262	庚子……扎穆蘇等朝行在,獻駝馬,賜金幣。	丙申	180	989 誤在戊子	1994 同誤
263	263	……胡國柱、馬寶寇韶州,將軍莽依圖、額楚夾擊破之	戊戌	180	990 甲寅疏報	1995 同
264	264	賊遁,追之過樂昌,復仁化。	壬寅	180	992 丙寅疏報	1996 同
265	265	冬十月甲辰	~朔	180	無	無
266	266	傅宏烈敗吳世琮於昭平,復潯州。	實錄、國史為丙午,《平定三逆方略》為五書夜後	180	992 庚午疏報	1996 同

267	267	……吳興祚敗朱統錩於光澤，其黨執統錩降。	丁未議敘	180	990 正	1995 同正
268	268	癸亥，始設南書房，命……張英、中書高士奇入直。	辛卯入直	180	無	無
269	269	十一月己卯，吳三桂將韓大任陷萬安，……哈克山擊敗之。	諭令日期，「哈克山」為同音異譯	180	無	無
270	270	是月，官兵復茶陵、攸縣。	丁亥	180	無	無
271	271	十二月乙巳，海寇犯泉州，提督段應舉等禦之。	諭令日期	180	993 正	1998 同止
272	272	辛亥，海寇犯欽州，游擊劉士貴擊敗之。	諭令日期	180	993 正	1998 同正
273	273	命參贊勒貝、將軍額楚進取郴、永。	甲寅	181	無	無
274	274	辛酉	敘事失次，應在己巳前	181	無	無
275	275	十七年戊午春正月己丑，……許貞擊韓大任於寧都，大任遁之汀州，……降，命……	諭令日期	181	997 正	2000 同正
276	276	七十一人	實錄為「七十七人」，此同王錄	181	997 無人數	2002 同
277	277	丁丑，皇后鈕祜祿氏崩	丁卯	181	999 正	2005 同正
278	278	諡曰孝昭皇后。	閏三月辛酉	181	1004 正	2008 同正
279	279	三月丙子，湖廣官兵擊楊來嘉、洪福，敗之，復房縣。	諭令日期	181	1000 正	2005 同正
280	280	石門	石碼	181	1002 正	2007 同正
281	281	夏四月庚午	~朔	182	1004 正	2009 同正
282	282	海寇蔡寅陷平和，進逼潮州。	諭令日期	182	1004 正	2009 同正
283	283	甲戌，祖澤清犯電白，尚之信、額楚擊之，澤清遁	甲戌命擊，丙戌祖澤清敗遁	182	無	無
284	284	庚寅，……袁本秀作亂，官兵擊斬之。	辛卯	182	無	無
285	285	戊申，……郎廷相、巡撫楊熙、提督段應舉俱免	郎廷相、段應舉在己酉	182	1008 正	2010 同正

286	286	以姚啓聖爲福建總督，吳興祚爲福建巡撫	癸丑	182	1008 正	2012 同正
287	287	甲寅……額魯特部濟農爲噶爾丹所逼，入邊，張勇逐出之。	甲子，「額魯特」爲同音異譯	182	無	無
288	288	宜理布、哈克山	同音異譯	182	1010 護軍統領	2014 同
289	289	與戰，敗歿。	諭令日期	182	1010 正	2013 同正
290	290	海寇犯廉州，總兵班紹明等擊走之。	諭令日期	182	1010 正	2014 同正
291	291	吳三桂兵犯郴州，副都統碩岱與戰，不利，奔永興。	乙未疏報到京	183	無	無
292	292	秋七月，鄭錦陷海澄，前鋒統領希佛、……穆赫林、提督段應舉死之。	陷在六月，七月己亥朔疏報到京，署前鋒統領	183	1011 正	2015 正
293	293	甲辰，鄭錦犯泉州。	史筆，諭令日期	183	1012 正	2015 同正
294	294	是月，吳三桂僭號於衡州。	三月壬申朔	183	1014 誤	2017 同誤
295	295	八月己卯，安遠靖寇大將軍、貝勒尚善卒於軍	壬申	183	1014 正	2017 正
296	296	庚午	敘事失次，應在己卯前	183	1014 正	2017 同正
297	297	癸未，上御經筵，以御製詩集賜陳廷敬等。	丙戌	183	無	無
298	298	乙未，吳三桂死	實錄在乙酉，《廷聞錄》在丙戌	183	1016 同實錄	2019 同
299	299	歷	避諱	183	無	無
300	300	九月，上奉太皇太后幸湯泉	戊申，未繫干支	183	1016 正	2019 同正
301	301	晉謁孝陵。	甲寅	183	1017 正	2020 同正
302	302	……拉哈達大敗海寇	史筆	183	無	無
303	303	於蜈蚣山，劉國軒遁，泉州圍解。	敘事失次，解圍在八月甲午，蜈蚣山在九月丁巳	184	1017 丁巳疏報，《校註》恐誤	2020 同
304	304	冬十月癸未……次灤河，閱三屯營兵。	丁亥	184	1019 正	2022 同正
305	305	吳雅氏	同音異譯	184	無	無

306	306	拉哈達	同音異譯	184	無	無
307	307	十二月丁亥，額楚、傅弘烈及吳世琮戰於藤縣，不利，退守梧州。	諭令日期	184	1021 正	2023 同正
308	308	長樂	《姚啓聖傳》作「長泰」	184	無	無
309	309	紀爾他布	同音異譯	184	無	無
310	310	壬戌……吳興祚擊敗之。	諭令日期	184	1026 正	2027 正同
311	311	甲子，岳樂復長沙。	正月乙丑，二月戊辰疏報到京	184	1026 甲子，趣諸軍取長沙	2027 同
312	312	二月丙寅	~朔	185	1026 正	2027 誤，「朔」字寫錯
313	313	傅弘烈戰吳世琮於梧州，賊遁。	諭令日期	185	1026 正	2027 同正
314	314	甲戌，……勒爾錦督兵過江，分復松滋、……洪福以卅卾降。	正月乙丑，二月辛巳下部議敘	185	1028 正	2028 同正
315	315	以楊雍建爲貴州巡撫。	辛巳	185	1029 正	2028 同正
316	316	癸未，以誇扎爲蒙古都統。	乙酉，鑲紅旗	185	無	無
317	317	三月丙申朔……授彭孫遹等五十人侍讀、……、檢討等官，修明史	甲子命修明史，五月庚戌授官	185	1029 丙申漏「朔」，1033 授官正	2029／2035 同
318	318	以學士徐元文、葉方藹、庶子張玉書爲總裁。	五月己未	185	無	無
319	319	夏四月……己卯……莽依圖擊吳世琮於潯州，敗走之。	癸未	185	無	無
320	320	壬寅，上出阜成門觀禾。	五月壬寅	185	1033 正	2033 同正
321	321	五月庚戌，劉國軒犯江東橋，賴塔大戰敗之。	諭令日期	186	21035 正	2035 同正
322	322	蒙古都統	正紅旗滿洲都統	186	無	無
323	323	乙卯，額楚敗吳世琮於南寧，世琮遁。	諭令日期	186	1039 正	2039 同正
324	324	庚申……詔發內帑十萬賑恤，被震廬舍官修之。	辛酉	186	1040 誤	2039 同誤

325	325	甲子，傅宏烈復柳城、融縣。	諭令日期	186	1040 正	2040 同正
326	326	庚辰，提督趙國祚、……大破吳國貴於武岡，國貴死，復武岡州。	諭令日期	186	1041 誤在甲戌疏報	2040 同誤
327	327	甲寅，金光祖執叛鎮祖澤清送京	諭令日期	187	1043 正	2042 正
328	328	癸未……趙良棟復兩當。	己巳	187	1047 甲申疏報	2046 同
329	329	十一月戊戌，王進寶擊叛將王屏藩，遁之廣元，復漢中。	諭令日期	187	1048 正	2047 同正
330	330	庚子，趙良棟復略陽	諭令日期	187	1048 正	2047 正
331	331	丁酉	丁巳	187	無	無
332	332	十二月壬戌	～朔	187	1050 正	2049 同正
333	333	將軍佛尼勒、吳丹克梁河關，賊將韓晉卿遁，復興安、……、白河及鄖陽之竹山、竹溪。	克在十月丙子，復在十一月癸巳，十二月甲子議敘	187	1050 正	2049 正
334	334	辛未，詔安親王岳樂率林興珠班師。	入京，非班師	187	1050 正	2049 同正
335	335	乙丑	己丑	187	1053 誤	2051 同誤
336	336	張文	張文德	188	無	無
337	337	……等迎降，遂入成都。	辛丑	188	1056 正	2055 同正
338	338	詔以良棟為雲貴總督。	戊午	188	1056 正	2055 正
339	339	王進寶克朝天關，復廣元	克在十八年十二月戊子，復在庚寅，十九年正月乙巳議敘	188	1054 正	2053 同正
340	340	王屏藩縊死，生擒吳之茂。	正月癸卯	188	1056 辛丑疏報	2055 同
341	341	兗	充	188	無	無
342	342	乙丑，佛尼勒收順慶府，潼川、……諸縣悉下。	正月戊申，二月丙寅議敘	188	無	無
343	343	蔭	國史、實錄為「廕」	188	1059 廕	2057 廕
344	344	丙子……以于成龍為直隸巡撫。	乙亥	188	1057 正	2056 同正

345	345	徐治都大敗叛將楊來嘉，復巫山，進取夔州。	諭令日期	188	1057 正	2056 同正
346	346	楊茂勳復大昌、大寧。	正月庚申，二月庚辰議敘	188	1058 正	2056 同正
347	347	癸未，萬正色敗海寇於海壇。	諭令日期	188	1058 正	2057 同正
348	348	奉	東	189	1058 正	2057 同正
349	349	三月辛卯，吳丹復重慶，達州……悉定。	諭令日期	189	1058 正	2057 同正
350	350	辛丑，馬承廕誘執傅宏烈。	諭令日期	189	1059 正	2057 同正
351	351	至是，復叛，執宏烈送貴陽，不屈，死之。	十月死	189	無	無
352	352	萬正色擊海寇於平海墺，克之，進克湄州、……諸墺。	二月庚辰	189	1059 癸卯疏報	2058 同
353	353	僞將蘇堪迎降，進平玉洲、……、馬州等十九寨	實錄在二月癸未，有說復海澄在二月甲申	189	1059 癸卯疏報	2058 同
354	354	復偕吳興祚取金門。	乙巳議敘	189	1060 正	2058 同正
355	355	己酉，察尼下辰龍關	諭令日期	189	1060 正	2058 同正
356	356	蔡毓榮復銅仁。	奏到日期	189	1060 正	2058 同正
357	357	夏四月庚申朔，以賴塔爲滿洲都統。	辛酉	189	無	無
358	358	癸亥，穆占、董衛國敗吳應麒，復沅州、靖州，進復黎平。	諭令日期	189	1060 正	2059 同正
359	359	乙巳，莽依圖會軍討馬承廕，復降，命執送京師。	降清日期，七月辛卯命執送京師	190	1064 正	2062 同正
360	360	六月甲子，蔡毓榮復思南。	諭令日期	190	1063 正	2061 同正
361	361	副都統馬爾哈齊	署副都統馬爾齊哈	190	1064 正	2062 同正
362	362	褒恤……范承謨、……馬雄鎮，贈官予諡廕。	戊戌、丙午	190	1065 正	2062 同正
363	363	王國光	王國棟	190	無	無
364	364	永州	永寧	190	無	無

365	365	賴塔	同音異譯	191	1067	2068
366	366	戊寅，吳丹復瀘州。	諭令日期	191	1070 正	2068 同正
367	367	冬十月，仁懷失守，罷吳丹	甲午，未繫干支	191	1072 正	2069 同正
368	368	蒙古都統	正白旗~	191	無	無
369	369	噶爾漢復巫山。	辛卯，辛丑議敘	191	1072 正	2069 同正
370	370	戊申，彰泰、穆占敗吳世璠於鎮遠。	諭令日期	191	1072 誤在甲子疏報	2070 同誤
371	371	噶爾漢擊譚弘於鐵開峽，敗之。	諭令日期，錯開峽	191	1073 正，未記峽名	2070 正
372	372	是月，王大臣議……罪，得旨：……；蘭布、朱滿革去鎮國公；餘各……。	十一月辛酉，朱滿革去都統，立絞	191	1073 正，但未記立絞	2070 正
373	373	十一月丙辰朔……彗星見，詔求直言。	辛酉詔求直言	191	1073 正	2070 正
374	374	安順、石阡、都勻三府皆下。	諭令日期	191	1075 誤	2070 同誤
375	375	以達哈里爲蒙古都統。	紀哈里，鑲黃旗~	191	無	無
376	376	丙子，……高孟敗彭時亨於南溪橋，復營山	諭令日期	192	1075 正	2072 同正
377	377	魏卿武	魏仰武	192	無	無
378	378	甲申，提督周卜世復思南。	諭令日期	192	1076 正	2072 同正
379	379	甲午，高孟復渠縣。	諭令日期	192	1076 正	2073 同正
380	380	乙未，提督桑峨大敗吳世璠於永寧，……賊焚橋遁。	諭令日期	192	1076 正	2073 同正
381	381	祐	祐	192	本條無，1078 誤爲「祐」	2074 同誤
382	382	壬寅，高孟復廣安州。	諭令日期	192	1077 正	2073 同正
383	383	二十年辛酉春正月壬申，叛將李本深降，械送京師。	諭令日期	192	1078 正	2074 同正
384	384	癸酉，總兵高孟復達州。	諭令日期	192	1078 正	2074 同正

385	385	甲戌，將軍噶爾漢復雲陽，譚弘死	十九年十二月丙申卒	192	1078 正	2074 同正
386	386	進復忠州、萬縣、開縣。	諭令日期	192	1078 正	2076 同正
387	387	公圖、達漢泰追擊，復敗之，復普安州、新興所。	「公圖」應為「龔圖」，復普安州、新興所在二月甲午	193	1082 三月丙辰疏報，無「公圖」或「龔圖」名	2078 同
388	388	壬辰，副都統莽奕祿敗賊張足法等於三山。	「三山」非地名，乃三座山之謂	193	無	無
389	389	甲午……大將軍賴塔師全廣西，大破賊於黃阜壩	二月丙戌	193	1084 甲子疏報	2080 同
390	390	復安籠	止月辛卯朔	193	1081 乙巳疏報	2078 同
391	391	入曲靖。	實錄在丙申，《平定三逆方略》在乙未	193	1085 己巳疏報	2081 同
392	392	高孟復東鄉	二月丁酉議敘，依驛傳速度，復當不在甲午	193	無	無
393	393	敗彭時亨於月城寨。	辛丑議敘	193	無	無
394	394	都統希福……復馬龍州、楊林城，入嵩明州，賊遁。	己亥、庚子	193	無	無
395	395	穆占復黔西、大定	壬寅	193	1084 甲子疏報	2080 同
396	396	甲辰	甲寅朔	193	1082 正	2078 同正
397	397	詔行在批閱章奏，令大學士審校。	丙子	193	1085 正	2081 同正
398	398	壬戌，胡國柱犯建昌，將軍佛尼勒擊走之，復馬湖。	諭令日期	193	無	無
399	399	運使	知府	194	無	無
400	400	甲辰朔	甲申朔	194	1086 正	2081 同正
401	401	己酉，貝子彰泰遣使招撫諸路	諭令日期	194	無	無
402	402	武定	定遠	194	1087 誤	2081 同誤
403	403	五月癸丑朔，提督周卜世取遵義，……，復真安州、仁懷、……等縣。	諭令日期	194	1088 正，語句不同	2084 朔字誤，內容正

404	404	辛巳，……彰泰報抵雲南省城，偽將李發美以鶴慶、麗江二府降。	諭令日期	194	1090 正，語句不同	2085 同正
405	405	六月戊子，除山西、陝西房號銀。	國史、實錄只言陝西，此異	194	1090 僅陝西	2085 同
406	406	辛酉……馬寶降，械送京師，誅之。	戊辰命送京師	195	1092 正	2087 同正
407	407	乙丑，……李芳述擊敗胡國柱，復建昌，入雲南。	諭令日期	195	1092 正	2087 同正
408	408	……尚可喜喪至通州，賜銀……，遣官奠茶果。	癸丑	195	1095 正，語句不同	2089 正
409	409	丙寅……詔停本年秋決。	己巳	195	無	無
410	410	冬十月癸未，……韓世琦敗賊將黃明於古州	諭令日期	195	1096 正	2091 同正
411	411	辛亥……以諾邁爲漢軍都統。	甲寅，鑲藍旗~	195	無	無
412	412	癸亥，……彰泰、……疏報王師於十月二十八日入雲南城，……	二十九日戊申拔雲南省城	195	1097 正，語句不同	2092 同正
413	413	補廣西鄉試。	丁酉	195	無	無
414	1	……壬戌……上爲制升平嘉宴詩序，刊石於翰林院。	癸亥，壬申	197	無	無
415	2	耿繼祚	耿顯祚	197	無	無
416	3	癸巳……蒙古王、貝勒等請上尊號……以穆占爲蒙古都統	甲午，正黃旗~	197	無	無
417	4	妖人朱方旦伏誅。	甲午	197	1108 正	2102 同正
418	5	戊戌，次山海關	庚子	198	無	無
419	6	己未……上具啓太皇太后、皇太后進奉鱘魚	丙辰	198	1109 庚戌漁	2102 同
420	7	辛酉，望祭長白山。	癸酉	198	1109 正	2103 同正
421	8	辛巳……賜寧古塔將軍、副都統宴，賚致仕官及甲士	癸未，烏喇將軍	198	1110 正	2103 同正
422	9	蒙古都統	鑲黃旗~	198	無	無

423	10	八月丙子	~朔	199	無	無
424	11	宏	避諱	199	無	無
425	12	譚天倫伏誅。	國史、實錄未載	199	無	無
426	13	甲子，詔每日御朝聽政，……，秋冬以辰正。	乙丑	199	無	無
427	14	十一月甲寅……瓦岱爲江寧將軍。	丁巳	199	無	無
428	15	宏	避諱	199	1119 未避諱	2110 同
429	16	漢軍都統。	正藍旗·	199	無	無
430	17	戊辰……以噶爾漢爲滿洲都統。	己巳，正紅旗~	199	無	無
431	18	己卯，……陳洪起從賊論死，命流寧古塔。	庚辰，陳洪明	199	1119 正	2112 同正
432	19	郎談	同音異譯	199	1120	2113
433	20	二月癸酉	~朔	200	1122 誤	2113 同誤
434	21	帥顏保罷	正月丁卯	200	1122 正	2114 同正
435	22	以介山爲禮部尚書	丁丑	200	1122 正	2116 同正
436	23	甲申，上幸五臺山。	壬辰	200	1124 正，本頁另有「甲申，上如五臺山」。	2116 同正
437	24	戊午……彭春爲滿洲都統。	己巳，正紅旗~	200	無	無
438	25	蒙古都統	正黃旗~	200	無	無
439	26	征臺灣	史筆	200	1131 進兵	2123 同
440	27	戊寅……杭艾爲戶部尚書。	癸未	200	1133 正	2123 同正
441	28	閏六月戊午，施琅克澎湖。	諭令日期	200	1133 正	2125 同正
442	29	秋七月，車駕次胡圖克圖，賜隨圍蒙古王公冠服，兵士銀幣。	~庚午朔，「胡圖克圖」同音異譯	201	1134 有此日，未記此事	2125 同
443	30	八月庚子	~朔	201	無，1136 誤漏八月	2128 同誤
444	31	科爾坤爲左都御史。	癸亥	201	無	無

445	32	戊辰……詔錫克塽、國軒封爵	二十三年十二月甲辰	201	1155 正	2144 同正
446	33	封施琅靖海侯，將士擢賚有差。	九月戊寅	201	1138 正	2129 同正
447	34	壬辰……限額魯特入貢人數。	癸未	201	1138 正	2129 同正
448	35	冬十月，上至五郎河行宮，奉太皇太后還京。	丙午，未繫干支	201	1139 正，語句不同	2130 同正
449	36	乙丑，詔沿海遷民歸復田里。	丙辰	201	1139 正，語句不同，廣東	2130 同正
450	37	海寇平	史筆	201	1141 無此說	2132 同
451	38	蒙古都統	正紅旗~	201	無	無
452	39	都御史	左都御史	202	無	無
453	40	以薦舉非人，免。	丙辰	202	無	無
454	41	尼布潮	同音異譯	202	1143 無，1148 尼布潮	2133 無，2138 同
455	42	飭斷其貿易	五月甲申	202	1148 正，語句不同	2138 同正
456	43	丙寅……大學士黃機罷。	己未	202	1145 正	2136 同正
457	44	三月壬申，以劉國軒為天津總兵官，陛辭	陛辭在四月丁酉	202	1145 辛未為，與《清史稿》必有一誤	2136 同
458	45	三十	二十	202	無	無
459	46	夏四月……乙丑……江南江西總督于成龍卒，予祭葬，諡清端。	五月丁丑予祭葬	202	無	無
460	47	滿洲都統	鑲藍旗~	203	無	無
461	48	隼	華	203	無	無
462	49	九卿舉格爾古德、……、陸隴其。	壬午	203	無	無
463	50	蒙古都統	鑲藍旗~	203	無	無
464	51	乙未，惠郡王博翁果諾坐陪祀不謹，削爵。	癸未	203	1148 正	2138 同正
465	52	侍郎禪塔海，應絞。	革職	203	1148 正	2138 同正

466	53	暹羅國王森列拍臘照古龍拍臘馬呼陸坤司由提呀菩挨	實錄「呼」爲「嗶」，「挨」作「埃」	203	1149 未寫名	2139 同
467	54	乙卯……刑部尙書魏象樞再疏乞休，允之。	八月乙卯	203	1149 正	2139 同正
468	55	江蘇	江寧	203	1149 正	2139 同正
469	56	七月乙亥……以佟佳爲蒙古都統。	秋~，鑲紅旗~	204	無	無
470	57	甲寅……李霨卒，遣官奠茶酒，賜祭葬，諡文勤。	九月甲子朔賜祭葬，諡文勤	204	1150 無	2139 無
471	58	……張勇卒，予祭葬，諡襄壯。	八月壬子	204	無	無
472	59	博濟爲滿洲都統。	「博濟」爲同音異譯，鑲白旗~	204	無	無
473	60	癸酉……莽奕祿爲蒙古都統。	戊寅，鑲白旗~	204	無	無
474	61	辛亥……臨視天妃閘。	壬子	204	1152 正	2142 同正
475	62	過白洋河，賜老人白金。	壬申	205	無	無
476	63	博士孔毓圻	實錄爲衍聖公孔毓圻	205	無	無
477	64	孔毓埏	孔毓圻	205	無	無
478	65	庚寅……以馬哈達爲滿洲都統。	丁亥，正白旗~	205	無	無
479	66	漢軍都統	正白旗~	205	無	無
480	67	佛寶	佟寶	205	1155 正	2144 同正
481	68	隸漢軍	國史、實錄爲隸上三旗	205	1155 無	2144 無
482	69	丙辰……賜守陵官兵牛羊。	丁巳	205	1156 無	2145 無
483	70	癸未……命侯林興珠率福建藤牌兵從之。	戊子	206	1157 正	2147 同正
484	71	以班達爾沙、佟寶、馬喇參軍事。	丁亥	206	無	無
485	72	乙丑，試翰詹官於保和殿，上親定甲乙，……。	乙酉	206	1157 正	2147 同正
486	73	滿洲都統	鑲藍旗~	206	無	無
487	74	庚申……再賜劉國軒第宅。	戊午	206	1159 正	2149 同正

488	75	以范承勳爲廣西巡撫。	己未	206	1159 正	2149 同正
489	76	三月壬戌，上撰孔子廟碑文成，親書立碑	頒發碑文在四月丁巳，此爲禮部議復撰文立碑日期	206	無	無
490	77	重修賦役全書。	癸亥詔~	206	1159 正	2149 同正
491	78	濟農	實錄、王錄爲「巴圖爾額爾克濟農」	206	無，1169 此名正	無，2158 此名正
492	79	頭人	實錄作「城守頭目」	207	無	無
493	80	上試漢軍筆帖式、監生，曳白八百人，均斥革，令其讀書再試。	考試在五月戊子，斥革在六月癸卯	207	1162 前正後誤	2151 同
494	81	拜巴哈昂河	拜巴哈昂阿	207	無	無
495	82	丙午……賜朝行在蒙古王、貝勒冠服、銀幣。	丙辰	207	1166 誤在庚子	2155 同誤
496	83	冬十月甲午，上幸南苑。	丁酉	207	1168 正	2157 正
497	84	伊特木	伊特木根	207	1168 未寫名	2157 同
498	85	以瓦代爲滿洲都統。	鑲藍旗~，「瓦代」爲同音異譯	207	無	無
499	86	庚子，定外藩王以下，歲貢羊一隻、酒一瓶。	癸卯	207	1168 正	2157 同正
500	87	博霽	同音異譯	208	無	無
501	88	以莽奕祿爲滿洲都統，塔爾岱爲蒙古都統。	俱爲鑲白旗，同音異譯	208	無	無
502	89	丙申，命馬喇督黑龍江屯田。	壬申	208	2161 正	2161 同正
503	90	鄂羅斯復據雅克薩，命薩布素率師逐之。	二月丁酉	208	1173 誤漏二月	2161 同誤
504	91	停四川採運木植。	辛亥	208	1173 辛亥罷採四川楠木，前漏二月，1189 又有「夏四月……乙卯，罷四川採楠木」	2162 同
505	92	癸丑……以津進爲領侍衛內大臣。	甲寅	208	無	無
506	93	乙酉朔……贈……畢力克圖、參贊阿爾瑚世職。	癸巳	209	1174 正	2163 同正

507	94	趙賴	同音異譯	209	1177 趙璵	2165 同
508	95	戊申，錫荷蘭國王耀漢連氏甘勃氏文綺、白金	己酉	209	1178 正	2166 同正
509	96	吏部奏定……，以同知、運判外轉，從之。	庚戌	209	無	無
510	97	以索額圖爲領侍衛內大臣。	乙亥	209	無	無
511	98	戊辰，詔天下學宮崇祀先儒。	戊寅	209	1179 正	2167 同正
512	99	蒙古都統	鑲白旗~	210	無	無
513	100	丁未……馬齊爲山西巡撫。	戊申	210	1180 正	2168 同正
514	101	是月，內大臣拉篤祜奉詔與羅卜藏濟農及噶爾丹定地而還。	事在八月戊辰，疏報在十月戊午，俱不在九月	210	無	無
515	102	丙辰……以胡升猷爲刑部尚書。	庚申	210	1181 正	2168 同正
516	103	庚子……賞蒙古喀喇沁兵征浙江、福建有功者。	丙午	210	1183 正	2171 同正
517	104	二月癸丑……蔡毓榮隱藏吳三桂孫女……並其子發黑龍江	庚戌審擬	210	1184 十二月戊辰逮問，1187 止	2171 / 2173 同
518	105	原讞尚書禧佛等坐隱庇，黜革有差。	庚申	210	1187 正	2173 同正
519	106	癸巳，以王鴻緒爲左都御史。	國史、實錄在甲午，表在癸巳	211	無	無
520	107	五月己亥……得旨：「革爵，免圈禁。」	四月乙亥	211	1189 正	2176 同正
521	108	六月丁酉，上素服步行，祈雨於天壇。	五月丁酉	211	1189 正	2176 同正
522	109	辛丑，改祀北海於混同江。	五月辛丑	211	無	無
523	110	以楊素蘊爲安徽巡撫。	辛亥	211	1190 正	2176 同正
524	111	徐元文	徐乾學	212	無	無
525	112	乙未，調湯斌……起徐元文爲左都御史。	丙申	212	1192 前正後無	2179 同
526	113	漢軍都統	正藍旗~	212	無	無
527	114	漢軍都統	正紅旗~	212	無	無

528	115	陳紫星	陳紫芝	212	無	無
529	116	襝	殮	212	1196 無	2182 無
530	117	科爾昆	同音異譯	212	1199 坤	2185 坤
531	118	甲寅……張玉書爲兵部尙書	壬戌	213	1200 正	2186 同正
532	119	徐乾學爲刑部尙書。	己巳	213	1201 正	2187 同正
533	120	定宗室襲封年例。	甲子	213	無	無
534	121	色楞額	同音異譯	213	1201 稜	2187 稜
535	122	陳潢	實錄、王錄爲陳璜	213	無	無
536	123	徐元文	徐乾學	213	1207 正	2192 同正
537	124	甲午，以紀爾他布爲兵部尙書。	丁亥	213	1207 正	2192 同正
538	125	夏逢龍	國史、實錄爲其俗名「夏包子」	214	1208 夏包子	2193 同
539	126	蒙古都統	正藍旗~	214	無	無
540	127	乙酉，湖廣提督徐治都大敗夏逢龍於應城	六月戊午、己未等日	214	1209 七月壬申疏報	2194 同
541	128	鯉魚套	國史、實錄爲「鯉魚潦」	214	1211 正	2196 同正
542	129	葉映榴遺疏至，贈工部侍郎，下部優恤。	丁未優恤，九月壬辰贈官	214	1214 正	2198 同正
543	130	遣阿喇尼往宣諭之，並運米賑撫。	丁丑	214	1213 正，沒說運米	2197 同正
544	131	癸巳，復設湖廣總督，以丁思孔爲之。	戊戌	214	1214 正	2198 同正
545	132	十二月庚子	~朔	215	1218 正	2200 同正
546	133	蒙古都統	正紅旗~	215	無	無
547	134	上謁孝莊山陵。	乙巳	215	1218 誤，乙巳發京師，戊申謁暫安奉殿	2202 同誤
548	135	乙巳，進張玉書爲禮部尙書；徐元文刑部尙書	己酉	215	1218 正	2202 同正
549	136	再進戶部尙書。	戊午	215	1218 誤在丁巳	2202 同誤
550	137	丙子，啓鑾，詔所過勿令民治道。	丁丑	215	1221 誤，語句不同	2205 同誤

551	138	獻縣民獻嘉禾。	庚辰	215	1221 正	2205 同正
552	139	庚寅……閩中河。	辛卯	215	1223 正	2207 同正
553	140	二十餘萬	二百二十餘萬	215	1223 無數字	2207 同
554	141	乙未……詔曰：「朕觀風問俗……宜悉停止。」	丙申	215	1223 正	2207 同正
555	142	詔廣學額，賚軍士	己酉	216	1224 正	2208 同正
556	143	賜駐防耆民金。	庚戌	216	無	無
557	144	壬子……製頌刊石，書額曰「地平天成」。	甲寅	216	無	無
558	145	敷	甹	216	無	無
559	146	迎鑾，為其父請諡。上書「忠節」二大字賜之。	戊午	216	無	無
560	147	以張鵬翮為浙江巡撫。	己未	216	1225 正	2208 同正
561	148	增設武昌……水師。	己未	216	1225 正	2208 同正
562	149	丙午，謁孝莊皇后山陵，謁孝陵。	戊午，翌日己未復謁孝莊山陵	216	1228 止	2210 同正
563	150	夏四月乙亥朔	「朔」當刪	217	1228 正	2212 同正
564	151	尼布楚	同音異譯	217	1229 尼布潮	2212 同
565	152	喀爾喀外蒙古內附告饑，命……往賑撫之。	甲午	217	1229 正	2212 同正
566	153	五月乙巳……郭琇為左都御史。	丁未	217	無	無
567	154	六月乙亥……兩廣總督吳興祚……黜官。	戊子	217	1231 正	2214 同正
568	155	秋七月，以石琳為兩廣總督。	己亥，未繫干支	217	1231 正	2214 同正
569	156	甲辰……諡曰孝懿。	九月乙卯	217	1233 正	2216 同正
570	157	蒙古都統	鑲黃旗~	217	無	無
571	158	戊午……額駙穆赫為漢軍都統。	癸亥，穆赫遴，正白旗~	217	無	無
572	159	滿洲都統	正白旗~	217	無	無
573	160	十二月乙丑，詔免雲南二十一年至二十三年	至二十七年	218	1235 誤在十一月，二十一年以後	2218 同誤
574	161	慈寧新宮	寧壽宮	218	1235 正	2218 同正

575	162	乙亥⋯⋯索額圖疏報與鄂羅斯立約⋯⋯書碑。	丙子疏報	218	1236 誤爲丙子之事	2218 同誤
576	163	馬賴	同音異譯	218	1242 馬喇	2223 同
577	164	辛亥⋯⋯以張思恭爲京口將軍。	丁巳	218	無	無
578	165	甲申⋯⋯大清會典成。	丁亥	218	1243 正	2224 同正
579	166	戊寅⋯⋯命康親王傑書⋯⋯師駐歸化城。	戊子	219	1246 正	2228 同正
580	167	安遠	安北	219	1247 正	2230 同正
581	168	喇布	雅布	219	1247 正	2230 同正
582	169	辛卯⋯⋯阿密達、阿拉尼、阿南達俱會軍前。	丙申命	219	1249 正	2230 同正
583	170	己酉⋯⋯回鑾。	壬子	219	1251 正	2232 同正
584	171	八月乙未朔	己未朔	219	1251 正	2232 同正
585	172	烏蘭布通	同音異譯	219	1251	2232 同
586	173	噶爾丹⋯⋯請和，福全未即進師，上切責之。	壬戌	219	1252 辛酉疏報	2233 同
587	174	丙子，噶爾丹以誓書來獻，上曰：「⋯⋯」	癸酉	219	1252 癸酉疏報，語句不同	2233 同
588	175	癸巳⋯⋯命皇子率大臣迎之。凡陣亡官咸賜奠、賜恤有差。	遣皇子在甲午，奠恤在乙未	219	1253 前正後無	2234 同
589	176	漢軍都統	鑲黃旗~	220	無	無
590	177	依	《平定朔漠方略》字不同	220	1258 依	2240 同
591	178	命在籍勇略將軍趙良棟參軍事。	壬子	220	1260 正	2240 同正
592	179	命步軍統領領巡捕三營，兼轄五城督捕。	癸酉	220	無	無
593	180	戊午	敘事失次，應在乙丑前	220	1261 無乙丑	2241 同
594	181	策旺阿拉布坦	同音異譯	220	1261 策妄阿喇布坦	2241 同
595	182	左都御史徐乾學致私書於山東巡撫錢鈺	原任刑部尙書徐乾學致私書於原任山東巡撫錢鈺，《疆臣年表》誤爲「玨」，當改	221	1262 正	2242 同正

596	183	五月丙戌	~朔	221	1262 正	2242 同正
597	184	扎薩圖汗	扎薩克圖汗	221	1263 正，語句不同	2243 同正
598	185	車吉車根	車根	221	1265 正	2245 同正
599	186	等以降附厄魯特，按實罪之。	壬辰	221	1265 正	2245 同正
600	187	六月乙卯	~朔	222	1266 正	2246 同正
601	188	陳廷敬爲刑部尙書，高爾位爲工部尙書。	癸亥，辛未	222	1267 正	2246 同正
602	189	秋七月甲申	~朔	222	1267 止	2246 同正
603	190	朝鮮使人以買一統志，發其國論罪。	己丑	222	無	無
604	191	生擒博濟……斬之。	遁走	222	無	無
605	192	蒙古都統	鑲黃旗~	222	無	無
606	193	庚寅，謝爾素番盜殺參將朱震……李芳述擒盜首華木爾加誅之。	諭令日期	222	1271 正，語句不同	2250 同正
607	194	巴德渾	巴渾德	222	無	無
608	195	滿洲都統	正黃旗~	222	無	無
609	196	杭奕祿	莽奕祿	222	無	無
610	197	癸巳……爲荊州將軍。	癸卯	222	無	無
611	198	丁未，甘肅提督孫思克討阿奇羅卜藏，斬之。	疏言殺四百餘人，未言斬阿奇羅卜藏	222	無	無
612	199	十一月丁巳……以伊勒愼爲滿洲都統。	戊午，鑲白旗~	223	無	無
613	200	詔曰：「……除河南已經蠲免外，其湖廣、江蘇、浙江、安徽、山東漕米，以次各免一年，……。」	江西亦蠲免，脫誤	223	1273 正，語句不同	2251 同正
614	201	丁亥……遣侍郎阿山、德珠等往陝西監賑。	戊子	223	1273 正	2252 同正
615	202	五音八聲八風圖	《康熙起居注冊》作「五聲八音八風圖」	223	1277 無	2256 同
616	203	二月辛巳	~朔	224	2177 誤	2256 同誤
617	204	薩弼	薩弼圖	224	1279 正	2258 同正
618	205	大總士	大學士	224	無	無

619	206	乙丑……馮溥卒，予祭葬，諡文敏。	甲戌，此為加太子少保日期	224	無	無
620	207	滿洲都統	正白旗~	224	無	無
621	208	乙丑……置雲南永北鎮。	戊寅	224	1280 正	2259 同正
622	209	以希福為滿洲都統，護巴為蒙古都統。	俱為正紅旗	224	無	無
623	210	己丑，發帑銀百萬賑陝西，……往視加賑。	丁酉	224	1282 正	2259 同正
624	211	戊戌……召近臣觀稻田及種竹。	辛丑	224	無	無
625	212	……靳輔請建新莊、仲家淺各一閘，下部議行。	庚子	224	無	無
626	213	五月庚寅，諭戶部，……命王維珍董其事。	庚戌朔，《校註》漏第二個「朔」	225	1282 正	2261 同正
627	214	癸卯，定喀爾喀部為三路	癸酉	225	1283 正	2261 同正
628	215	扎薩克圖	實錄作「策妄扎卜」。是時扎薩克圖汗已歿，親王策妄扎卜為其弟。	225	1283 正	2261 同正
629	216	己丑，以翁叔元為刑部尚書，以博濟為西安將軍	戊戌	225	1285 前正後無	2264 同
630	217	李林隆為固原提督，李芳述為貴州提督。	辛丑	225	無	無
631	218	九月戊申，噶爾丹屬人執我使臣馬迪戕之。	疏報到京日期	225	1285 正	2264 同正
632	219	壬午……曲赦陝西，……。	甲申	225	1287 正	2267 同正
633	220	以佛倫為川陝總督	甲申	225	1287 正	2267 同正
634	221	宗室董額為滿洲都統。	甲申，正藍旗~	225	無	無
635	222	癸巳，以……張英為禮部尚書。	戊戌	225	1289 正	2267 同正
636	223	滿洲都統	鑲黃旗~	226	無	無
637	224	丙寅，加孫思克振武將軍。	是日授將軍，甲戌授振武將軍	226	1289 誤	2268 同誤
638	225	以覺羅席特庫為蒙古都統。	丁卯，鑲黃旗~	226	無	無

639	226	十二月壬午……予祭葬，諡文襄。	丙申	226	無	無
640	227	董訥爲左都御史。	辛卯	226	無	無
641	228	漢軍都統	鑲紅旗~	226	無	無
642	229	辛丑……加希福建威將軍	壬寅	226	1290 正	2270 同正
643	230	召科爾沁蒙古王沙津入京	甲辰	226	1290 誤，甲辰入朝	2270 同誤
644	231	丙子……詔修南河周橋堤工。	丁丑	226	無	無
645	232	馬喇	馬迪	227	1292 正	2273 同正
646	233	策旺阿拉布坦遣使入貢……以彩緞賚之。	壬午	227	1292 正	2273 同正
647	234	庚寅……諭巡撫郭世隆修之。	丁酉	227	1294 丁酉未記此事	2274 同
648	235	貴州巡撫衛既齊……，奪職，戍黑龍江。	壬寅	227	2274 正，「齊」誤爲「高」，右側有三角符號	2274 同正，「齊」誤爲「高」
649	236	移饒州府駐景德鎭。	移饒州府同知駐景德鎭	227	1295 改設江西景德鎭同知	2274 同
650	237	蒙古都統	正黃旗~	227	無	無
651	238	癸未……賜冠服、銀幣。	己亥	227	1297 正	2277 同正
652	239	丙寅，琉球來貢，遣其質子還國。	實錄爲入監讀書官生梁成楫等歸國，此異	227	無	無
653	240	蒙古都統	正藍旗~	228	無	無
654	241	滿州	滿洲	228	無	無
655	242	丁亥……諭:「……以激戎行。」	戊子	228	1303 正	2283 同正
656	243	王騭休致，董訥革職。	三月戊午	228	1309 誤在乙卯，1305 于成龍「于」字正	2286「于」誤爲「丁」，2289 同誤
657	244	癸酉，大學士請間三四日一御門聽政。	三十二年十二月癸酉	228	無	無
658	245	漢軍都統	鑲藍旗~	229	無	無

659	246	辛酉……以范承勳爲左都御史。	乙丑	229	無	無
660	247	二十二萬六千七百有奇	實錄爲「二十二萬六千二百七十有奇」	229	無	無
661	248	五月戊寅……上日：「……令步兵隨時葺治。」	戊戌朔，《校註》漏第二個「朔」字	229	1310 正	2291 同正
662	249	滿洲都統	正紅旗~	229	無	無
663	250	辛亥……噶爾瑪爲蒙古都統。	甲辰，鑲白旗~	229	無	無
664	251	白駒場口	實錄爲「白駒廠口」	229	無	無
665	252	秋七月丁卯	~朔	230	無	無
666	253	宏	避諱	230	無	無
667	254	巴圖爾額爾克濟農奏報降人祁齊克逃遁	壬申	230	無	無
668	255	他日……授禮部主事、翰林院行走	丁亥	230	無	無
669	256	己丑，……傅拉塔卒，贈太子太保，予祭葬，諡清端。	己丑贈太子太保，予祭葬	230	無	無
670	257	漢軍都統	正白旗~	230	無	無
671	258	壬午……以王繼文爲雲南貴州總督。	癸未	230	1316 正	2296 同正
672	259	滿洲都統	鑲黃旗~	230	無	無
673	260	庚戌……杜思噶爾爲蒙古都統。	甲寅	230	無	無
674	261	滿洲都統	正紅旗~	231	無	無
675	262	丁巳，太和殿工成。	是日以工成遣官告祭	231	無	無
676	263	丁巳……李之芳卒，予祭葬，諡文襄。	癸亥予祭葬，諡文襄。	231	無	無
677	264	漢軍都統	正白旗~	231	無	無
678	265	甲辰，遣使冊立班禪胡土克圖。	實錄爲往召，未言冊立	231	1321 正	2302 同正
679	266	壬寅	壬戌	231	無	無
680	267	遣尚書馬齊察賑地震災民。	庚申	231	1322 誤漏五月	2302 同誤

681	268	噶世圖	噶爾圖	231	1322 正	2303 同正
682	269	以玩災，免。	乙丑	231	1322 正，語句不同	2303 同正
683	270	壬申，……閱……海口運道，建海神廟。	戊寅命建	231	1322 前誤後正	2303 同
684	271	庚子，以久雨，詔……禮部祈晴。	癸卯	231	無	無
685	272	秋七月己丑，以覺羅舒恕爲寧夏將軍，鄂羅順爲江寧將軍。	己巳，壬午	232	1325 前正後無	2305 同
686	273	乙巳……以齊世爲滿洲都統。	己酉，正紅旗~	232	無	無
687	274	……甲午，下詔親征噶爾丹	甲戌	233	1334 甲戌群臣請罷親征，上不允。	2317 同
688	275	蒙古都統	鑲藍旗~	233	無	無
689	276	滾諾	滾諾爾	233	無	無
690	277	壬辰……諭：「茲已批邊界，……，均列環營。」	甲午	233	1339 正	2321 同正
691	278	癸亥……追至拖納阿林而還，令……追之。	丁卯，列傳爲「拖諾山」，地名互異	233	1341 正，語句不同	2323 同正
692	279	癸酉……費揚古大敗噶爾丹於昭莫多，斬……阿奴，噶爾丹以數騎遁。	戊辰，此爲諭令日期	234	1341 正	2323 同正
693	280	詔停本年秋審。	己亥	234	無	無
694	281	秋七月戊午，以平定朔漠，勒石大學。	己巳，太學	234	無	無
695	282	八月丁酉，索諾和以乏軍興，免。	軍需	234	1346 誤漏八月，語句不同	2329 同誤
696	283	凱音布	同音異譯，實錄爲「開音布」	234	1346 開音布，正	2329 聞音布，誤
697	284	爲兵部尚書。	表在甲辰	234	1346 正	2329 同正
698	285	阿卜都里什克	阿卜都里什特	234	1347 正	2329 同正
699	286	乙卯，賜厄魯特降人官秩、衣糧。	丙寅	234	1347 正	2330 同正

700	287	丁丑……祖良璧敗噶爾丹部人丹濟拉於翁金。	諭令日期	234	1348 正	2330 同正
701	288	丁亥……賜右衛、大同陣亡軍士白金。	丁酉，癸卯	235	1350 正	2331 同正
702	289	戊寅……上告之曰：「……，過此即進兵矣。」	庚辰	235	1351 正，語句不同	2333 同正
703	290	壬寅……以宗室費揚固為右衛，祁布為滿洲都統，雷繼尊為漢軍都統。	辛卯，「祁布」當作「郭布」	235	無	無
704	291	庚戌，詔：「……其明年地丁銀米悉行蠲免。」	辛亥，此沿王錄誤	235	1353 正，語句不同	2334 同正
705	292	塞卜騰巴爾珠爾	同音異譯	235	1354	2335
706	293	戊辰，哈密回部擒……塞卜騰巴爾珠爾來獻。	諭令日期	235	1354 正	2335 同正
707	294	阿必達	阿南達	236	1356 正	2336 同正
708	295	……奏哈密擒獲厄魯特人	戊子	236	1356 正	2336 同正
709	296	三月丙辰，上駐蹕屈野河。	國史、實錄為「渡屈野河駐蹕」	236	無	無
710	297	達拉代	達拉什	236	無	無
711	298	厄魯特人多爾濟、達拉什等先後來降。	戊午	236	無	無
712	299	丁巳，趙良棟卒，上聞之，……，語近臣曰：「……。」	戊午疏報至行在	236	1357 誤，語句不同	2337 同誤
713	300	寧夏百姓聞上將行，懇留數日	甲午	236	無	無
714	301	夏四月辛亥，上次狼居胥山。	庚戌朔	236	1361 正	2339 同正
715	302	甲子，費揚古疏報閏三月十三日噶爾丹仰藥死	有記得病死，有記仰藥死	237	1361 自殺	2340 同
716	303	其女鍾齊海	有記「鍾察海」或「朱戚海」	237	1361 鍾齊海	2340 同
717	304	厄魯特降人請慶賀。止之。	甲戌	237	1363 正	2340 同正
718	305	傅拉塔	同音異譯	237	1366 臘	2342 同
719	306	丁酉……翁叔元罷	辛丑乞休	237	1366 正	2343 同正

720	307	以吳琠爲刑部尙書，張鵬翮左都御史。	壬寅	237	1366 前正後無	2343 同
721	308	甲寅……予故勇略將軍一等子趙良棟祭葬，諡襄忠。	己巳	237	無	無
722	309	乙未……晉封大將軍伯費揚古一等公	丁酉	237	1367 正	2344 同正
723	310	九月癸未，厄魯特丹濟拉來歸	諭令日期	237	1370 誤漏九月（1368 夾簽：「失書九月」，未改）	2345 同誤
724	311	上獨御氈幄召見之。	甲申	237	1370 正	2345 同正
725	312	以都統凱音布兼步軍統領。	以步軍統領凱音布兼都統	238	無	無
726	313	振平	列傳爲「鎮平」	238	無	無
727	314	哈雅爾	哈雅爾圖	238	無	無
728	315	冬十月己巳，始令宗室應鄕、會試。	己酉	238	1370 正	2346 同正
729	316	滿洲都統	正白旗~	238	無	無
730	317	庚寅……並遣侍讀學士伊道等齎敕往。	戊寅	238	無	無
731	318	壬申，以貝子蘇努管盛京將軍。	午表、實錄爲奉天將軍	239	無	無
732	319	五月甲戌	~朔	239	1380 正	2353 同正
733	320	以李林盛爲陝西提督	壬辰	239	無	無
734	321	是月，策旺阿拉布坦上言……	四月癸亥	239	無	無
735	322	王士禎	實錄爲「王士正」，避諱	239	無	無
736	323	爲左都御史。	乙酉	239	無	無
737	324	滿洲都統	鑲黃旗~	239	無	無
738	325	八月癸丑……賜金幣及其額駙噶爾臧。	甲寅	240	無	無
739	326	湖南山賊黃明犯靖州，陳丹書犯茶陵州	七月丁亥、丙申，八月辛未諭令	240	1385 正	2357 同正
740	327	九月壬申	~朔	240	1385 正	2358 同正
741	328	癸巳，上駐蹕興京。	癸丑	240	1387 正，幸興京	2360 同正

742	329	改貴州水西土司，置大定、平遠、黔西三流官。	歸三流官管轄，非置	240	1387 正	2360 同正
743	330	宏	避諱	240	1388 未避諱	2360 同
744	331	丁巳……臨奠武勳王揚古利、直義公費英東、宏毅公額亦都墓。	己未	240	1388 正	2360 同正
745	332	免奉天今年米豆。	丁卯	240	1388 免賦	2360 同
746	333	庚寅，以張鵬翮爲江南江西總督。	壬辰，兩江總督	240	1389 前正後誤	2361 同
747	334	改四川東川土司爲東川府，設知府以下官。	辛亥，此沿王錄誤	241	1391 正	2362 同正
748	335	三月庚午	~朔	241	1395 正	2365 同正
749	336	上次清口，奉皇太后渡河	實錄爲「清河口」，《康熙起居注冊》爲「渡河後駐蹕清河口」，此異，《校註》標號位置不對	241	1395 渡河泊清河口	2365 同
750	337	辛未，……臨閱高家堰、歸仁堤、爛泥淺等工。	臨閱高家堰在庚午朔	241	1395 正	2365 同正
751	338	諭隨從兵士勿踐麥禾。	庚辰	241	無	無
752	339	河南	江南	241	1396 正	2366 同正
753	340	詔免鹽課、關稅加增銀兩，特廣江、浙二省學額。	辛丑	241	1396 正	2367 同正
754	341	新掃	實錄爲「新埽」	242	1397 正	2367 同正
755	342	丁亥……王鴻緒爲工部尚書。	癸巳	242	1399 正	2369 同正
756	343	六月戊戌朔……以鎮國公英奇爲蒙古都統。	壬戌，普奇，正紅旗~	242	無	無
757	344	秋七月甲申，河決淮、揚。	諭令日期	242	1401 正	2370 同正
758	345	敏妃張佳氏	實錄作「張雅氏」，《后妃傳》作「章佳氏」，此同王錄	242	1403 未記名，母妃被改爲敏妃	2372 同未記名
759	346	誠郡王胤祉其所出也	非其所出，榮妃馬佳氏所出	242	無	無
760	347	不及百日薙髮，降貝勒。	九月丙午	242	1403 正	2372 同正
761	348	思	且	242	無	無

762	349	其奏報不實之督撫麻勒吉等降黜有差。	實錄、王錄未言麻勒吉，此異	242	無	無
763	350	改揚岱爲滿洲都統，魯伯赫、拖倫、崇古禮俱爲蒙古都統。	實錄楊貸，《校註》未言同音異譯，鑲白旗、正藍旗、鑲黃旗、鑲白旗~	242	無	無
764	351	戊午，大學士阿蘭泰卒，上悼惜之，遣皇長子胤禔視疾，賜奠加祭，諡文清。	實錄病篤先遣視疾，既卒即遣視殮	243	1404 前正後無	2372 同
765	352	冬十月癸酉，上巡視永定河工。	甲戌	243	1404 正	2372 同正
766	353	大學士李天馥卒，予祭葬，諡文定。	卒在十月己卯，予諡在十一月壬寅	243	1404 正	2373 同正
767	354	十一月乙巳，上謁陵。	戊申	243	1406 戊申發京師	2374 同
768	355	壬辰	己亥	243	無	無
769	356	三月甲午	~朔	243	1411 正	2377 同正
770	357	尚書庫勒納旋罷。	十月壬午	243	無	無
771	358	鵬翮請……部臣寬文法，以責成功，從之。	庚戌	244	1412 正，語句不同	2378 同正
772	359	蒙古都統	正白旗~	244	無	無
773	360	丙辰……四川巡撫于養志、提督岳升龍互訐，遣官按鞫，俱削職。	庚子	244	1412 正，語句不同	2378 同正
774	361	蒙古都統	正藍旗~	244	無	無
775	362	癸亥，張鵬翮報修潛海口工成，……，改攔黃壩爲大通口，建海神廟。	甲子	244	1415 正	2381 同正
776	363	弘	或作「宏」，避諱	244	1415 未避諱	2381 同
777	364	李枬爲左都御史。	己巳	244	無	無
778	365	甲午，理藩院議覆……所奏策旺阿拉布坦遣兵往青海一事，毋庸議。	乙未	244	無	無
779	366	壬子……賜鞍馬二匹，銀一千兩，諡襄武。	此爲命奠酒日期，予祭葬，諡襄武在十月辛巳	244	1416 正，後無	2381 同正
780	367	命李光地、張鵬翮、郭琇、彭鵬詳議科場事宜。	乙卯	245	1416 正	2382 同正
781	368	詔張鵬翮專理河工，范成勳等九人撤回。	乙未，成-承，撤-撤	245	1417 正，語句不同	2383 同正

782	369	給事中穆和倫請禁服用奢侈，閣臣票擬申飭。	乙巳	245	無	無
783	370	鄂爾布圖哈灘巴圖爾	鄂爾齊圖哈灘巴圖爾	245	1421 正	2385 同正
784	371	跕	站	245	1421 驛道	2385 同
785	372	王澤宏免	辛丑	245	1421 正，未避諱	2385 同正
786	373	以韓菼爲禮部尚書。	丙午	245	1421 正	2385 同正
787	374	命大臣及清要官子弟應試者，……，限額取中。	丙午	245	無	無
788	375	命卓異官如行取例引見。	癸丑	245	無	無
789	376	辛亥，以河伯效靈，封金龍四大王。	甲寅	245	1425 無	2388 無
790	377	滿洲都統	鑲藍旗~	246	無	無
791	378	二月己未朔，上巡閱永定河	辛酉	246	1425 正	2388 同正
792	379	乙丑，滿丕、唐希順討打箭爐土蠻，平之，蠻民萬二千戶內附。	正月辛丑，此爲諭令日期	246	1426 誤在甲子疏報	2389 同誤
793	380	三月戊子	~朔	246	1427 正	2389 同正
794	381	給事中馬士劻……任風厚年老……諭曰：「坐而辦事，……，州縣官則不可耳。」	丙辰	246	無	無
795	382	己未，調李林盛爲甘肅提督，擢潘育龍爲固原提督，移藍理爲天津總兵官	甲子	246	無	無
796	383	以曹秉桓爲漢軍都統。	乙丑，鑲白旗~	246	無	無
797	384	隆多冰結，可照常開泄。	戊寅	246	無	無
798	385	閱大灣口	戊寅	247	無	無
799	386	閱丁牙河。	己卯，子牙河	247	1428 正	2390 同正
800	387	丁亥……予祭葬，諡襄壯。	九月乙酉朔	247	1432 誤爲九月卒	2393 同誤
801	388	胤禵	胤禔	247	無	無
802	389	予祭葬立碑，諡曰修。	十月己巳	247	無	無
803	390	乙巳……加少傅	癸丑	247	無	無

804	391	噶爾丹之女鍾齊海到京	癸丑	247	1433 以~	2393 同
805	392	沙克都市	沙克都爾	248	無，1434 凱音布	無
806	393	特克新爲滿洲都統，迓圖……爲蒙古都統	鑲黃旗，正白旗~	248	無	無
807	394	戊午……布林塞爲蒙古都統。	己未，正藍旗~，同音異譯	248	無	無
808	395	辛酉，免江蘇明年額賦。起岳升龍爲四川提督	免在癸亥，起在戊辰	248	1433 前正後無	2394 同
809	396	晋奇爲滿洲都統，孫渣齊爲蒙古都統	鑲藍旗、正紅旗~	248	無	無
810	397	以華顯爲四川陝西總督。	壬申	248	1433 正	2394 同正
811	398	命改靳讓通州知州。	辛未	248	無	無
812	399	詔總督郭琇、張鵬翮、……，巡撫李光地、彭鵬、徐潮各舉賢能。	戊寅	248	1434 正	2394 同正
813	400	平悼郡王訥爾福薨，子訥爾素襲爵。	薨在八月辛未，襲爵在十月癸未	248	1432 前正後無	2392 同
814	1	丁卯，上巡視子牙河。	丁丑	249	1444 正	2403 同正
815	2	三月壬午	~朔	249	1445 正	2403 同正
816	3	以瓦爾岱爲滿洲都統，吳達禪、馬思哈、滿丕爲蒙古都統。	癸未，馬思哈在壬辰	249	無	無
817	4	辛丑，顯親王丹臻薨，遣……治喪，賜銀萬兩，諡曰密，子衍璜襲。	予諡在六月乙卯，襲爵在八月丁亥，璜-潢	249	1447 正，予諡襲爵未記	2405 同正
818	5	廉州	廣州	249	1447 前正後誤，語句不同	2405 同
819	6	杜	林	250	無	無
820	7	得旨：「殷化行有戰功，……。劉虎免死。」	丙申	250	無	無
821	8	六月壬子，貴州葛彝寨苗人爲亂，官軍討平之。	諭令日期	250	1447 正	2406 同正
822	9	乙未，上奉皇太后幸熱河。	己未	250	1447 正	2406 同正

823	10	八月庚辰朔	秋~	250	1448 有「秋七月」	2406 同
824	11	增順天、浙江、湖廣鄉試中額。	浙江在閏六月丁未，湖廣在七月丙子	250	1448、1449 正	2406、2407 同正
825	12	以李正宗、盧崇耀、馮國相爲漢軍都統。	鑲黃旗、鑲白旗、正藍旗~	250	無	無
826	13	以齊世、嵩祝爲滿洲都統，莽喀爲漢軍都統，車納福爲蒙古都統。	正紅旗、正黃旗、鑲紅旗~	250	無	無
827	14	己巳……管源忠爲廣州將軍。	丙寅	250	無	無
828	15	詔侍郎傅繼祖、甘國樞，巡撫趙申喬馳驛按問。	辛未	251	1450 正	2408 同正
829	16	上回鑾。	戊戌	251	1450 正	2408 同正
830	17	甲子，大學士伊桑阿乞休，命致仕。	丙寅	251	1452 正	2410 同正
831	18	宏	避諱	251	無	無
832	19	乙未……孫徵灝爲漢軍都統。	丙申，鑲白旗~	251	無	無
833	20	丙戌……遣官奠大學士宋德宜墓。	丁亥	252	1457 誤	2415 同誤
834	21	洞鄂	同音異譯	252	無	無
835	22	賜內廷修書舉人汪灝、何焯、蔣廷錫進士，一體殿試。	甲戌	252	無	無
836	23	辛巳……四川威州龍溪十八寨生番歸化納糧。	丙戌諭令	252	1461 正	2418 同正
837	24	杜	林	252	1461 正	2418 同正
838	25	丁亥……以喻成龍爲湖廣總督。	戊戌	252	1461 正	2419 同正
839	26	以莽喀爲荊州將軍，諾羅布爲杭州將軍，宗室愛音圖爲漢軍都統，孫渣齊、翁俄里爲蒙古都統。	丁亥、癸巳、戊戌，正黃旗，正紅旗~	252	無	無
840	27	命御史羅占造墳建碑，謚曰憲	八月丁丑	253	無	無
841	28	子保泰嗣爵。	十月庚子	253	無	無

842	29	戊申，以山東大雨，遣官分賑。	癸酉	253	1465 正，語句不同	2422 同正
843	30	山東有司不理荒政，停其陞轉。	八月甲戌朔	253	1465 正	2422 同正
844	31	九月壬子，予故侍郎高士奇、勵杜訥祭葬。	丙辰	253	無	無
845	32	吏	史	253	1468 正	2425 同正
846	33	賜迎駕百歲老人白金。	癸丑	253	無	無
847	34	丁巳……遣官奠提督張勇、梁化鳳墓。	戊午	254	1470 誤	2426 同誤
848	35	軍民集行宮前籲留，上爲留一日。	辛酉	254	無	無
849	36	閱懷慶營伍不整，逮總兵官王應統入京論死。	逮送京師日期，論死在四十三年二月丁酉	254	1472 正	2428 正
850	37	甲戌	甲申	254	無	無
851	38	癸巳……以李基和爲江西巡撫，能奉堯四川巡撫。	辛巳	234	1477 前誤後正	2434 前誤，2433 後正
852	39	己卯……閱永定河、子牙河。	己丑，壬辰	255	1480 正	2436 同正
853	40	侍郎常授招撫廣東海盜阿保位等二百三十七名，就撫爲兵。	諭令日期	255	1482 正	2438 同正
854	41	庚辰……吳涵爲左都御史。	己卯	255	無	無
855	42	宏	避諱	255	1485 未避諱	2441 同
856	43	欽天監官請罪	己亥	255	無	無
857	44	費仰嘏以貪婪，棄市。	癸卯	255	無	無
858	45	博霽	同音異譯	255	1486	2441
859	46	疏參涼州總兵官魏勳年老	辛亥	255	1486 正	2441 同正
860	47	詔曰：「……其有科斂累民者，以軍法治罪。」	戊午	256	無	無
861	48	命選江南、浙江舉、貢、生、監善書者入京修書。	壬子	256	無	無
862	49	賜大學士馬齊等皇輿表。	甲寅	256	1490 正	2445 同正

863	50	賜故侍郎高士奇諡文恪。	壬戌	256	無	無
864	51	夏四月……庚午，詔赦山東、江蘇、浙江、福建死罪減一等。	閏四月癸丑	256	無	無
865	52	御書「至德無名」額懸吳太伯祠	國史、實錄為「吳泰伯」	256	無	無
866	53	戊寅……並書季札、董仲舒、焦先、周敦頤、范仲淹、蘇軾、歐陽修、胡安國、米芾、宗澤、陸秀夫各區額，懸其祠。	季札、范仲淹、蘇軾在己卯，胡安國在閏四月丙申，其餘在四月癸巳	257	無	無
867	54	韓莊	韓家莊	257	1494 正	2449 同正
868	55	戊午，喻成龍免	己酉	257	1495 正	2449 同正
869	56	漢軍都統	正黃旗~	257	無	無
870	57	十一月辛酉	~朔	257	1497 正	2452 同正
871	58	以阿靈阿兼理藩院尙書。	甲辰	257	1499 正	2453 同正
872	59	丙辰，以祖良璧爲福州將軍。	國史、實錄爲「福建將軍」	258	1500 金世榮解福州將軍	2454 同
873	60	乙酉……汪霦、贊善姚士藟以取士不公，褫職。	己丑	258	1501 正	2455 同正
874	61	壬子……以王然爲浙江巡撫。	甲寅	258	1503 正	2457 同正
875	62	上命入京修書。	丁巳	258	1503 正，語句不同	2457 同正
876	63	詔直省建育嬰堂。	丙戌	258	無	無
877	64	加貴州提督李芳述鎮遠將軍。	辛卯	258	1505 正	2458 同正
878	65	乙未，吳涵罷	丙戌	258	無	無
879	66	九月己亥，上還京。	己卯	259	1507 正	2461 同正
880	67	冬十月乙酉朔……希福納爲工部尚書。	表爲己丑，希福	259	1508 己丑，希福納	2461 同
881	68	滿洲都統	鑲黃旗~	259	無	無
882	69	己酉，詔免山西、陝西、江蘇、安徽、江西、浙江、福建、湖北、湖南、廣東十省逋賦。	尚有甘肅，共十一省	259	1509 正	2462 同正

883	70	西寧喇嘛商南多爾濟以聞。	十二月丁亥	259	無	無
884	71	詔罪囚緩決至三四年者減一等。	乙巳	259	無	無
885	72	辛亥，郭世隆罷	甲辰	259	1512 正，1512「弘」字正	2464 同正，2465「弘」誤爲「私」
886	73	丁巳，梅鋗免	乙亥	260	1514 正	2467 同正
887	74	以蕭永藻爲左都御史。	辛巳	260	無	無
888	75	戊戌	二月戊戌	260	1514 正	2167 同正
889	76	淄	溜	260	1514 正	2467 同正
890	77	乙巳，上駐蘇州。	己巳	260	1517 正	2470 同正
891	78	詔曰：「……其令停迎送……」	癸巳	260	1517 正	2470 同正
892	79	戊申……殷泰爲甘肅提督。	庚戌	260	無	無
893	80	五月壬子朔……示河臣方略。	癸丑	260	1518 正，語句不同	2470 同正
894	81	運司	實錄爲「建昌府知府」	261	1518 正	2471 同正
895	82	巢可託	同音異譯	261	1520 托	2473 托
896	83	七月壬子	秋~	261	1520 正	2473 同正
897	84	貴州三江苗人作亂，討平之。	丙申	261	無	無
898	85	辛巳……外藩獻駝馬，卻之。	乙酉	261	1525 正	2477 同正
899	86	庚子，金世榮免	庚申	261	無	無
900	87	己未……以汪悟禮爲漢軍都統。	壬戌，正黃旗~	261	無	無
901	88	己亥，詔江、浙諸郡縣興修水利備旱潦。	乙亥	261	1527 正	2478 同正
902	89	十二月丙戌，以……王九齡爲左都御史。	己亥	262	無	無
903	90	……庚午……張念一、朱三等行劫慈谿、上虞、嵊縣，官兵捕平之。	諭令日期	262	1528 正	2480 同正
904	91	覺羅孟俄洛	表爲「蒙俄洛」	262	無	無

905	92	辛未，……以覺羅孟俄洛爲奉天將軍。	癸酉	262	無	無
906	93	壬辰……學士二鬲按紅苗獄。	癸巳	262	1530 正	2482 同正
907	94	戊午，以希思哈、李繩宗爲漢軍都統。	希思哈爲正紅旗，李繩宗在閏三月壬寅朔、爲鑲黃旗~	262	無	無
908	95	乙未，以……席柱爲西安將軍。	甲辰	262	無	無
909	96	夏四月己酉，宋犖罷	閏三月庚子	262	1531 正	2482 同正
910	97	以阿喇衲爲蒙古都統	正藍旗~	263	無	無
911	98	辛酉……李林盛爲漢軍都統。	乙丑，鑲紅旗~	263	無	無
912	99	五月甲申，以……富寧安爲禮部尚書	乙酉	263	1532 正	2483 同正
913	100	以……穆和倫爲左都御史。	辛卯	263	無	無
914	101	乙未，詔免……王昭駿伯叔兄弟連坐罪。	庚子	263	無	無
915	102	二鬲奏按紅苗殺人之廖老宰等斬梟，……王應瑞遣戌，從之。	戊戌，此沿王錄誤	263	無	無
916	103	辛酉，……以辛泰爲蒙古都統。	甲子，鑲黃旗~	264	無	無
917	104	己亥，……王鴻緒、李振裕免。	乙未	264	無	無
918	105	王文義	王文雄	264	無	無
919	106	夏四月甲辰，以富寧安爲吏部尚書	三月己亥，鄧邦述稿同國史、實錄	265	1543 正	2494 同正
920	107	夏四月甲辰，以……穆丹爲左都御史。	庚戌	265	無	無
921	108	移禁胤禔……遣官率兵監守。	庚申	265	1545 誤在甲子	2494 同誤
922	109	秋七月庚寅，以……噶禮爲江南江西總督	辛卯	265	1546 正	2496 同正
923	110	以……江琦爲甘肅提督，師懿德爲江南提督。	庚寅，辛卯	265	無	無

924	111	八月己亥朔……加陝西提督潘育龍鎮綏將軍。	乙巳	265	1546 正	2496 同正
925	112	九月庚寅……以年羹堯為四川巡撫。	甲申	265	1547 正	2498 同正
926	113	壬寅，詔……保舉深諳水性熟知水師者。	癸卯	265	無	無
927	114	貝勒	貝子	265	1548 正	2499 同正
928	115	十一月丙子……安郡王馬爾渾薨，謚曰愨，子華圯襲。	薨、予謚在丁丑，襲爵在翌年二月丁酉	266	1549 正	2499 同正
929	116	庚寅，上與大學士李光地論水脈水源	實錄為「山脈水源」	266	無	無
930	117	沛水	不錯，實錄為「濟水」，「濟水」本作「沛水」	266	無	無
931	118	己未……命馬齊管鄂羅斯貿易事。	壬子	266	1550 正	2500 同正
932	119	己未……刑部尚書巢可託免。	甲寅	266	1550 正	2500 同正
933	120	詔免浙江杭、湖二府未完漕米三萬九千餘石。	國史、實錄為「九萬一千餘石」	266	1554 無數字	2503 同
934	121	夏四月乙巳……王掞為兵部尚書。	庚戌	266	1554 正	2504 同正
935	122	五月己酉朔	非朔日	266	1554 乙丑朔	2504 同
936	123	癸酉，次花峪溝。	辛未	266	無	無
937	124	湖南提督	國史、實錄為「湖廣提督」	267	無	無
938	125	辛亥……以穆和倫為戶部尚書，貝和諾為禮部尚書。	辛酉	267	1559 誤在己未	2508 同誤
939	126	十一月辛卯朔……大學士陳廷敬以老乞休，溫旨慰諭，命致仕。	庚子	268	1560 正，語句不同	2509 同正
940	127	乙巳……王掞為禮部尚書	癸卯	268	1560 正	2509 同正
941	128	徐元正為工部尚書。	癸卯	268	1560 正	2509 同正
942	129	班迪	同音異譯	268	無	無
943	130	二月辛酉，以班迪為滿洲都統，善丹為蒙古都統。	正藍旗、鑲黃旗~	268	無	無

944	131	丁卯，閱筐兒港	實錄爲「匡兒港」	268	1565 筐	無
945	132	次河西務……論曰：「……」	戊辰	268	1565 正，語句不同	2513 同正
946	133	三月庚寅	~朔	268	1565 正	2513 同正
947	134	夏四月庚申，徐元正養親回籍	三月乙卯	269	1567 正	2515 同正
948	135	乙未，命禮部祈雨。	五月~	269	1568 有五月	2516 同
949	136	丙午，留京大學士張玉書卒	非卒於京	269	1568 正	2517 正
950	137	丙午……上悼惜，賦詩一篇，遣官治喪，賜銀一千兩，加祭葬，謚文貞。	賦詩在丁未，其餘在七月丁酉	269	1569 詩誤在丙午	2517 同誤
951	138	八月庚午……以王原祁爲掌院學士。	癸酉	269	無	無
952	139	設先賢子游後裔五經博士。	乙酉	269	無	無
953	140	九月戊申……藍理有罪免	壬辰	269	無	無
954	141	以楊琳爲福建陸路提督，馬際伯爲四川提督。	辛丑	269	無	無
955	142	九月戊申……停本年秋決。	丙午	269	無	無
956	143	冬十月丙辰	~朔	269	1572 正	2520 同正
957	144	以嵩祝爲禮部尚書。	丁巳	269	1572 正	2520 同正
958	145	滿洲都統	正紅旗~	270	無	無
959	146	庚午……瑚世巴、馬爾賽爲蒙古都統。	辛酉，正紅旗~；丙子，鑲藍旗~	270	無	無
960	147	辛巳，命張鵬翮置獄揚州，按江南科場案。	十一月丙戌朔	270	1573 正	2521 同正
961	148	壬午……趙申喬疏劾……戴名世……，下部嚴審。	丁卯	270	無	無
962	149	十一月丙戌	~朔	270	1573 正	2521 同正
963	150	漢軍都統	兵部尚書	270	1573 正	2521 同正
964	151	隆科多爲步軍統領，張谷貞爲雲南提督。	壬辰，辛丑	270	無	無

965	152	壬子，命內外大臣具折陳事。折奏自此始。	命領侍衛內大臣折奏日期，非自此始	271	1579 命諸大臣密陳時政闕失	2526 同
966	153	古	固	271	1579 正	2526 同正
967	154	單桅	實錄爲「雙桅」	271	無	無
968	155	甲子……定會試分省取中例。	丁卯	271	無	無
969	156	壬戌，予……海青副都統銜，予祭葬，諡果毅。	癸亥	271	無	無
970	157	陳廷敬卒，命皇三子奠茶酒	壬申	271	1582 前正後無	2530 同
971	158	御賦輓詩，命……勵廷儀、張廷玉齎焚，予治喪銀一千，諡文貞。	乙亥，五月戊申	272	1582 前誤後無	2530 同
972	159	壬戌……詔明年……二月特行鄉試，八月會試。	乙亥	272	1584 正	2530 同正
973	160	以嵩祝爲大學士	乙亥	272	1584 正	2530 同正
974	161	黑碩咨爲禮部尚書	表爲「赫碩咨」，乙亥	272	1584 正，黑	2530 同正
975	162	滿篤爲工部尚書，以王掞爲大學士，陳詵爲禮部尚書，起張廷樞爲工部尚書。	乙亥	272	1584 正	2530 同正
976	163	五月壬寅……以穆丹爲左都御史	戊申	272	無	無
977	164	鄂代爲蒙古都統。	壬子，鑲紅旗~	272	無	無
978	165	八月……戊寅……鎮筸苗民續內附八十三寨。	九月庚子諭令	272	1587 正	2533 同正
979	166	冬十月壬戌……以揆敘爲左都御史	丙寅	272	無	無
980	167	赫壽爲江南江西總督	丙寅，兩江~	273	1588 日正，字誤	2534 同誤
981	168	丁未，以復廢皇太子胤礽告廟，宣示天下。	乙未	273	1590 正，1591 丁未以廢皇太子詔赦，誤	2536 正，2536 同
982	169	三月戊寅朔，諭王大臣：「朕昨還京，……」	戊子	273	無	無
983	170	慈寧宮	國史、王錄爲「寧壽宮」	273	無	無

984	171	夏四月甲寅……額倫特為湖廣總督	癸亥	274	1599 正	2545 同正
985	172	高其位為湖廣提督。	癸酉	274	無	無
986	173	閏五月乙卯……陳汝咸招撫海寇陳尚義入見	實錄未載	274	無	無
987	174	乙酉，賜王敬銘等……進士及第、出身有差。	丙戌	274	1603 正	2548 同正
988	175	蒙古都統	正白旗~	275	無	無
989	176	癸亥，戶部請禁小錢	非請禁，請再展限三年	275	無	無
990	177	丁卯，以何天培為京口將軍。	庚辰	275	無	無
991	178	癸丑	三月~	275	1606 有三月	2550 同
992	179	命……陳汝咸赴甘肅賑撫災民。	乙巳	275	1606 正	2552 正
993	180	辛卯	辛亥	275	1610 正	2554 同正
994	181	十一月，敕戶部……於江南、浙江備賑。	乙卯，未繫干支	276	1613 正，語句不同	2556 同正
995	182	戊申……誠親王胤祉等以御製律呂正義進呈	乙卯	276	1613 律曆淵源成	2556 同
996	183	歷	實錄為「曆」，此避諱	276	無	無
997	184	丙辰……雅齊布有罪，伏誅。	乙丑	276	無	無
998	185	丙辰……遣何國棟測量……北極出地及日景。	辛亥	276	無	無
999	186	辛卯，洮、岷邊外生番喇子等一十九族內附。	疏報日期	276	1614 正	2557 同正
1000	187	阿巴臺	阿霸垓	276	1615 正	2558 同正
1001	188	正月甲子……詔貝勒胤禩、延壽溺職，停食俸。	丙寅	276	1615 正	2558 同正
1002	189	二月戊辰朔，張伯行緣事解任，交張鵬翮審理。	壬戌，此為暫停革職審理日期	276	無	無
1003	190	辛未……諭巡撫趙弘燮曰：「去年臘雪豐盈……」又諭：「朕時巡畿甸……」	兩諭，分別在庚辰，己丑	277	1617 無	2560 無
1004	191	馬	吳	277	1617 正	2560 同正

1005	192	三月己亥，以……雪災，命尙書穆和倫運米往賑	壬子	277	1617 正	2560 同正
1006	193	庚子……以睦森爲寧古塔將軍。	辛丑，穆森，署~	277	無	無
1007	194	庚辰……調打牲索倫兵赴推河。	丁亥	277	1619 正	2562 同正
1008	195	策旺阿拉布坦	同音異譯	277	1619 妄~喇~	2562 同
1009	196	壬午	敘事失次，當在己丑前	277	無	無
1010	197	乙未，命……總兵路振聲駐防哈密。	五月己酉	277	無	無
1011	198	侍衛尙崇義	額駙~，侍衛縛森，尙有散秩大臣和碩	277	無	無
1012	199	和托輝	和托輝特	278	1624 誤	2566 同誤
1013	200	烏蘭古	烏蘭古木	278	此處無，1753 正	無
1014	201	辛巳……詔順天、保定、河間、永平、宣化……稅糧，悉蠲除之。	壬辰	278	1628 止	2570 同正
1015	202	十一月甲午……覺羅滿保爲浙江福建總督	癸卯	278	1629 正	2571 同正
1016	203	宗室巴塞爲蒙古都統。	乙木，正紅旗~，同音異譯	278	無	無
1017	204	十二月己巳……命護軍統領晏布帥師駐西寧。	壬午	278	1630 正	2572 同正
1018	205	三月丁酉，恤贈……王啓雲官廕。	戊戌	279	1633 正	2575 同正
1019	206	癸丑……疏請罷兵，命乘傳詣軍周閱議奏。	戊午	279	1635 正	2576 同正
1020	207	壬午……五城粥廠展期至秋。	甲申	279	無	無
1021	208	五月庚申	~朔	279	1638 正	2580 同正
1022	209	起馬齊爲大學士	辛酉	279	1639 正	2580 同正
1023	210	穆和倫爲戶部尙書。	辛酉	279	1639 正	2580 同正
1024	211	乙酉，赫奕免	丁丑	279	1639 正	2581 同正
1025	212	宏	避諱	280	無	無

1026	213	多十月丁亥朔……停本年秋決。	戊戌	280	無	無
1027	214	戊子……趙弘燦爲兵部尙書。	壬辰	280	1643 正	2583 同正
1028	215	丁酉……以楊琳爲廣東廣西總督。	戊戌	280	1643 誤	2584 同誤
1029	216	以宗室巴賽爲滿洲都統，晏布爲蒙古都統。	戊戌，正黃旗~；乙巳，正紅旗~	280	無	無
1030	217	丙午，策旺阿拉布坦執……羅卜藏丹濟布，犯噶斯口，官兵擊走之。	披閱日期	280	無	無
1031	218	命額倫特駐師西寧	丁未	280	1644 正	2584 同正
1032	219	阿喇衲赴巴爾庫爾參贊軍事。	乙卯	280	1645 正，語句不同	2585 同正
1033	220	甲申……盜發明陵，命置之法。	乙酉	281	1645 正	2586 同正
1034	221	十二月己酉……詔免順天、永平……，其積年逋賦並除之	壬子	281	1646 正	2586 同正
1035	222	壬午……朱軾爲浙江巡撫。	二月辛卯	281	1651 正	2590 同正
1036	223	祁爾德	祁里德	281	1651 正	2590 同正
1037	224	丁未……順承郡王諾羅布薨	庚寅	281	1651 正	2590 同正
1038	225	揆敘卒，予祭葬，諡文端。	辛卯	281	無	無
1039	226	夏四月乙酉	~朔	281	1653 正	2591 同正
1040	227	丙申……陳昂奏：「天主教堂各省林立，宜行禁止。」從之。	戊戌	281	1653 正	2593 同正
1041	228	六月壬子……（趙弘燦卒），予祭葬，諡清端。	己酉	282	無	無
1042	229	策零敦多布	同音異譯	282	1657	2595
1043	230	癸亥……追封輔國公。	癸酉	282	1657 正	2595 同正
1044	231	振路揚	路振揚	282	無	無
1045	232	九月辛未……李錫褫職……	癸酉	282	1660 辛未以~詰責	2598 同

1046	233	乙巳……以宗室公呑珠爲禮部尚書，蔡升元爲左都御史。	丁未	282	1662 前正後無	2599 同
1047	234	乙丑……上省疾慈寧宮。	丙寅，寧壽宮	282	1662 丙寅還宮	2600 同
1048	235	丙子，詔免直隸、安徽、江蘇、浙江、湖廣、陝西、甘肅等省積年逋賦	脫「江西」	283	1674 正	2610 同正
1049	236	癸卯……檢討朱天保上疏請復立胤礽爲皇太子	正月己巳	284	1676 正	2612 同正
1050	237	陳昂	實錄爲「陣昂」	284	1678 陳昂	2614 同
1051	238	丁未……陳昂疏請洋船入港，先行查取大礮，……。部議不行。	丁亥	284	1678 正	2614 同正
1052	239	辛卯……以孫渣齊爲戶部尚書。	甲午	284	1683 正	2620 同正
1053	240	滿保	表、實錄爲「覺羅滿保」	284	1685 有「覺羅」	2620 同
1054	241	六月壬辰，遣使冊封……尚敬爲中山王。	庚辰	284	1686 正	2621 同正
1055	242	己丑……諡文貞。	七月庚戌	284	無	無
1056	243	八月壬子，索倫水災，遣官賑之。	壬午	285	1687 正	2622 同正
1057	244	孟光祖伏誅	癸未	285	1688 正	2623 同正
1058	245	甲午……諡恪敏。	庚辰	285	無	無
1059	246	總兵官仇機有罪伏誅。	乙未	285	1688 正	2623 同正
1060	247	甲辰……將軍額倫特、侍衛色楞會師喀喇烏蘇，……，歿於陣。	色楞未歿	285	1691 誤，語句不同	2625 同誤
1061	248	丙辰……命殉難總督甘文焜、知府黃庭柏建祠列祀。	壬戌，庭–廷	285	1692 正	2626 同正
1062	249	戊辰……命皇七子胤祐……分理……三旗事務。	庚午	285	1693 正	2627 同正
1063	250	十一月丙子……福建巡撫陳璸卒	表卒在乙酉，實錄乙酉贈官，《清史列傳》卒在十月	285	1693 乙酉卒並贈官，恐誤	2627 同
1064	251	諡清端。	十二月乙丑	285	無	無

1065	252	以宜兆熊為漢軍都統。	戊子	285	無	無
1066	253	己未……頒詔天下。	庚申	286	1694 正	2628 同正
1067	254	雲南撒甸苗人歸順。	癸亥諭令	286	無	無
1068	255	正月甲戌朔……詔曰：「日食三始……臣工其舉政事闕失以聞。」	己卯	286	無	無
1069	256	己巳	乙巳	286	1698 正	2632 同正
1070	257	己卯，學士蔣廷錫表進皇輿全覽圖，頒賜廷臣。	乙卯	286	1698 正	2632 同正
1071	258	庚辰，以揚都為蒙古都統。	楊都，鑲紅旗~	286	無	無
1072	259	索泰賄賣關節，在籍學士陳恂說合，陳鳳墀……均論死	丙戌	286	1703 誤，語句不同	2637 同誤
1073	260	總兵高成革職，游擊王洪道論死，兵處斬	壬辰，游擊以下論死	287	1703 正，語句不同	2637 同正
1074	261	滿洲都統	正白旗~	287	無	無
1075	262	丁未，……奏副將岳鍾琪招輯裏塘、巴塘就撫。命法喇進駐巴塘	丁巳，壬戌	287	1705 正	2638 同正
1076	263	木	布	287	無	無
1077	264	庚申……傅爾丹奏鄂爾齋圖二處築城設跕。	脫字，跕-站	287	1706 正	2639 同正
1078	265	土巳	王巳	287	1707 正	2640 誤為「妃」
1079	266	十二月壬寅……田從典為左都御史。	己酉	287	無	無
1080	267	伊爾布林和諾	伊爾布林和韶	288	1716「五月」誤為「七月」，「七」字右側有三角符號。1719 正	2649「五月」同誤為「七月」，2651 同正
1081	268	癸酉……進擊皮禪城，降之。	乙亥	288	1720 甲子疏報	2652 漏抄一行，誤
1082	269	癸酉……番酋阿克蘇爾坦率眾迎降。	戊寅	288	無	無
1083	270	丙戌……祁里德敗賊於鏗額爾河，降……	甲午	288	1719 癸丑疏報	2651 同

1084	271	癸丑，平逆將軍延信連敗賊眾於卜克河。	己酉	289	1723 誤在乙卯	2655 同誤
1085	272	丁巳，又敗賊眾於綽馬喇，賊將策零敦多布遁。	丙辰	289	1723 誤在乙卯	2655 同誤
1086	273	戊午，克西藏，執附賊喇嘛百餘，斬其渠五人，撫諭……，西藏平。	丁巳	289	1723 正，語句不同	2654 同正
1087	274	戊午……以高其倬爲廣西巡撫。	癸丑	289	1720 正	2651 正
1088	275	九月壬申……富寧安兵入烏魯木齊，……迎降，軍回至烏蘭烏蘇。	七月癸未，八月丙申	289	1720 九月辛未疏報，語句不同	2652 漏抄一行，誤
1089	276	癸卯……詔再以河南積穀運往陝西放賑……	壬寅	289	1722 正	2654 同正
1090	277	甲辰，朝鮮國王李焞薨	訃聞日期	289	1723 正	2654 同正
1091	278	詔陝西、甘肅……，通行蠲免。	庚戌	289	1723 正，語句不同	2654 同正
1092	279	戊寅……以楊名時爲雲南巡撫。	壬午	289	1725 正	2656 同正
1093	280	乙未，上謁孝莊山陵、孝陵、孝東陵，行告祭禮。	乙巳	290	1728 正	2659 同正
1094	281	乙卯……山東鹽徒王美公等作亂，捕斬之。	己未疏報	290	1728 正	2659 同正
1095	282	范長	范長發	290	無	無
1096	283	甲戌……王奕清及陶彝等十二人爲額外章京，軍前效力。	丙戌	291	1730 丙子……尋命……	266 同
1097	284	丁酉，命張鵬翮、陳鵬年赴山東閱河。	庚子	291	1731 誤	2661 同誤
1098	285	以賴都爲禮部尚書，托賴爲刑部尚書。	丁酉，無誤	291	1731	2661
1099	286	戊午，命定西將軍噶爾弼駐藏。	庚申	291	1733 正	2662 同正
1100	287	丙寅，臺灣奸民朱一貴作亂，戕總兵官歐陽凱。	稟報日期	291	1736 六月癸巳疏報	2666 同
1101	288	戊寅……以常授爲理藩院額外侍郎，辦事西寧。	甲申	291	1735 正	2664 同正

1102	289	拖克拖麻穆克	國史、實錄為「拖克拖麻穆式」	291	無	無
1103	290	乙卯……施世驃平臺灣，擒朱一貴解京。	擒在閏六月丁卯，解京在七月甲寅	291	1739 正	2669 同正
1104	291	超擢臺灣總兵。	七月己亥	292	1738 正	2668 同正
1105	292	蒙古都統	鑲藍旗~	292	無	無
1106	293	令	今	292	無	無
1107	294	辛未……以鍾世臣為浙江提督，姚堂為福水師提督，馮毅署廣東提督。	鍾世臣在壬申；姚堂調補，馮毅在壬午	292	無	無
1108	295	戊戌，以馬武、伊爾哈岱為蒙古都統。	鑲白旗~，正紅旗~	292	無	無
1109	296	己酉……詔將軍額倫特、……提督康泰等，殺敵殉國，俱賜恤。	壬辰	293	1743 時間正，語句不同，提督誤為總督	2672 同
1110	297	壬申，四川提督岳鍾琪征郭羅克番人，平之。	諭令日期	293	1744 正	2673 同正
1111	298	丁丑……遣鄂海、永泰往視吐魯番屯田。	癸未	293	1744 正	2673 同正
1112	299	丁戶二千九百一十四萬八千三百五十九	同王錄，實錄不同	293	1744 同王錄	2673 同
1113	300	三月丙戌	~朔	293	無	無
1114	301	五月戊戌，施世綸卒	諭令日期，綸	294	1751 誤，字正	2679 同誤，字正
1115	302	六月，以奉天連歲豐稔，弛海禁。	壬戌，未繫干支	294	無	無
1116	303	戊申……予故直隸總督趙宏燮祭葬，諡肅敏。	壬子	294	無	無
1117	304	占	台	294	無	無
1118	305	蒙古都統	鑲藍旗~	294	無	無
1119	306	壬戌……安鮐為杭州將軍。	戊辰	294	無	無
1120	307	以貝子胤祹、輔國公吳爾占為滿洲都統。	鑲黃旗、鑲白旗	295	無	無
1121	308	雍正元年二月，恭上尊諡。九月丁丑，葬景陵。	尊諡在六十一年上，葬景陵後當補乾隆加諡	295	1768 正，語句不同	2695 同正

附表 5：《清史稿校註》所指出《世宗本紀》問題一覽表

《校註》序號	問　　題	說　明	《校註》頁碼	原稿本頁碼及情況	謄清本頁碼及情況	覆輯本頁碼及情況
1	世宗敬天昌運建中表正文武英明寬仁信毅睿聖大孝至誠憲皇帝	不錯	296	開篇無此句	同原稿本	2904
2	六十一年十一月，聖祖在暢春園不豫，命代祀圜丘。	未繫干支	296	2698 有干支，誤爲「十月」	2796 同誤	2904 未繫干支
3	辛丑……命貝勒胤禩、皇十三弟胤祥、大學士馬齊、尚書隆科多總理事務。召……胤禵來京。	乙未	296	2699 正	2796 同正	2904 誤
4	以楊宗仁爲湖廣總督，年希堯署廣東巡撫。	戊戌	296	2700 正	2797 同正	2904 誤
5	予大學士馬齊二等伯爵，賜名敦惠。	疑誤，乾隆十五年馬齊子襲爵，加伯號曰「敦惠」	296	無	無	2905
6	封淳郡王子弘曙爲長子、弘春爲貝子。	胤祐子弘曙爲長子、貝子胤禵子弘春爲貝子	297	無	無	2906 正
7	乙丑……定部院書吏考滿回籍聽選例。敕科道官每日一人具折奏事。	丙寅	297	無	無	2906 誤
8	甲申……命督撫疏薦幕賓。	乙酉	297	2706 正	2804 同正	2907 誤
9	封年羹堯三等公。	戊子	297	2706 正	2804 同正	2907 誤
10	丙辰……弘昌爲貝子。	辛酉	297	無	無	2907 誤
11	設鄉、會試翻譯科。	辛酉	297	無	無	2907 誤
12	丙子……敕總兵官具折言事。	丁丑	298	無	無	2907 誤
13	癸卯	癸未	298	2708 正	2806 同正	2908 誤
14	上曰：「……，豈可勒爲他人補虧缺耶！」	甲申	298	無	無	2908 誤
15	六月丁巳，以左世永爲漢軍都統。	未詳旗分	298	無	無	2908

16	青海郡王額爾得尼	國史名字更長	298	無	無	2909
17	壬戌……爲羅卜藏丹津所破，率屬來投，遣官撫之。其侄噶爾丹達錫續來歸附	疑誤	298	無	無	2909
18	糶	糴	298	無	無	2909 誤
19	辛巳，停本年秋決。	乙未	298	無	無	2909 誤
20	除紹興惰民丐籍。	丙申	299	無	無	2909 誤
21	頒行孝經衍義。	辛丑	299	無	無	2909 誤
22	丁巳，以楊琳爲廣東總督，孔毓珣爲廣西總督。	戊午，此沿國史誤	299	2710 誤	2809 同誤	2910 誤
23	以阿喇衲爲蒙古都統。	未詳旗分	299	不詳不爲錯，下不查核		
24	十一月丁丑	~朔	299	2713 正	2812 同正	2911 誤
25	戊寅，羅卜藏丹津入寇西寧，……、參將宋可進敗之於申中堡，賊遁。	不在是日，此爲奉旨日	299	無	無	2911 誤
26	椅子山	碁子山	299	無	無	2911 誤
27	辛酉……嚴禁入教。	壬戌	300	2714 正	2813 同正	2912 誤
28	二百七十	三百七十	300	無	無	2912 正
29	四十八萬五百五十七	四十萬八千五百五十七	300	無	無	2913 誤
30	二年甲辰春正月辛巳……常壽自羅卜藏丹津處回，命監禁西安。	十二月戊午，丁丑	300	2715 後半句正	2814 同，後半句正	2913 誤
31	以高其佩爲漢軍都統。	未詳旗分	300			
32	戊午，岳鍾琪兵至青海，擒阿爾布坦溫布等三虜，收撫逃散部落。	批示日期	300	2716 誤	2816 同誤	2913 誤
33	洄	泂	300	無	無	2914 正
34	旬	甸	300	無	無	2914 正
35	庚辰……岳鍾琪師抵賊巢，羅卜藏丹津遁，獲其母阿爾泰喀屯，青海平。	二月壬子進剿，甲子獲母	301	2717 另誤	2816 同誤	2914 誤
36	庚辰……封年羹堯一等公，岳鍾琪三等公	甲申	301	2717 正	2817 同正	2914 誤
37	以蘇丹爲蒙古都統。	未詳旗分	301			

38	癸未	敘事失次	301	2719 正	2819 同正	2915 誤
39	上御午門受俘。	丙戌	301	2719 正	2819 同正	2915 誤
40	五月癸卯朔……貝勒布蘭復降爲輔國公。	己酉，阿布蘭	301	2719 正	2819 同正	2915 誤
41	貝子	貝勒	301	2720 正	2819 同正	2915 誤
42	以那敏爲滿洲都統。	未詳旗分	301			
43	戊戌……降貝子胤祹爲鎮國公。	丁酉	302	2721 正	2820 同正	2916 誤
44	李光復罷	丙申，李先復	302	無	無	2916 誤
45	以李永紹爲工部尙書。	乙巳	302	無	無	2916 誤
46	九月辛丑朔……停戶部捐納事例。	癸卯	302	無	無	2917 誤
47	陳德華	陳悳（古「德」字）華	302	2721 正	2821 同正	2918
48	丙申，刑部尙書阿爾松阿……奪職削爵，發往盛京，以其伯音德襲果毅公。	戊戌	302	2722 正	2822 同正	2918 誤
49	丙申……暹羅國貝稻糧、果樹。	己亥	302	無	無	2918 誤
50	以巡撫李維鈞爲總督。	己亥	302	2722 另誤	2822 同誤	2918 誤
51	丁未	十一月丁未	303	無	無	2918 誤
52	十一月庚戌	庚戌	303	無	無	2918 誤
53	乙卯，以綽奇爲蒙古都統，噶爾弼爲漢軍都統。	未詳旗分	303			
54	己丑，裕親王保泰有罪削爵，以其弟子廣寧襲封裕親王。	庚寅，此沿國史誤	303	2722 另誤	2822 同誤	2919 誤
55	己丑……設湖南學政。	辛卯	303	無	無	2919 誤
56	丁亥，詔責年羹堯……	己丑，此沿國史誤	303	無	無	2920 誤
57	三月丁未……設安徽學政。	戊申	304	無	無	2920 誤
58	癸丑，大學士張鵬翮卒。	二月予祭葬，不可能三月卒	304	2724 誤	2824 同誤	2920 誤
59	禮部尙書張伯行卒。	卒於二月	304	無	無	2920 誤
60	滿保	不錯	304	無	無	2920

61	夏四月己卯……以董吉那為江寧將軍。	庚辰，此沿國史誤	304	2725 誤	2825 同誤	2921 誤
62	壬戌	壬子	304	2726 正	2827 同正	2922 誤
63	阿蘭山	阿蘭善山	304	無	無	2922 誤
64	八月辛未……以李紱為直隸總督。	庚寅	304	2727 正	2828 同正	2922 誤
65	十一月庚子，上謁陵。	丙午	305	2729 正	2830 同正	2923 誤
66	癸未，以覺羅巴延德為天津水師營都統。	甲申	305	無	無	2923 誤
67	四年丙午春正月甲午	~朔	305	2730 正	2831 同正	2923 誤
68	戊戌……易親王為民王，褫黃帶，絕屬籍	二月己巳	305	2730 誤	2831，同誤	2924 誤
69	革其婦烏雅氏福晉，逐回母家	辛酉	305	無	無	2924 誤
70	復……拘禁宗人府	二月癸酉	305	2731 正	2832 同正	2924 誤
71	敕令易名，名曰「阿其那」，名其子弘旺曰「菩薩保」。	三月甲辰	305	2732 正	2833 同正	2924 誤
72	甲子	甲子朔	305	2731 正	2832 同正	2924 誤
73	貝子魯賓、鎮國公永謙俱以議胤禩獄依違，削爵	癸酉，乙酉	306	2731 正；永謙事誤在己酉	2833 同正；同誤	2925 誤
74	尋起魯賓為輔國公。	三月戊申	306	2732，正	2833 同正	2925 誤
75	庚寅，以張廷玉為大學士，蔣廷錫為戶部尚書，以申穆德為右衛將軍。	辛卯	306	2732 正；後二人無	2833 同正；後二人同無	2925 誤
76	丁丑	辛丑	306	無	無	2925 誤
77	錢名士	錢名世	306	無	無	2925 誤
78	禁錮皇十四弟胤禵及其子白起於起於壽皇殿側	衍「於起」	306	2733 無地址，正	2834 同正	2925 誤
79	輔國公	鎮國公	306	2733 正	2834 同正	2926 誤
80	以查弼納為兵部尚書。	都統，疑誤	307	無	無	2926
81	納爾素	同音異譯	307	無關主旨，下不悉查		
82	九月壬辰……貝子滿都護降為輔國公	癸巳，鎮國公	307	2734 正	2835 同正	2927 誤

83	冬十月甲子……命鄉試五經取中之副榜及兩次取中副榜，准作舉人。	甲戌	307	無	無	2927 誤
84	甲申……憲德爲湖北巡撫。	乙酉	307	2735 正	2836 同正	2928 誤
85	一等侯	三等侯	307	2735 正	2837 同正	2928 誤
86	辛酉，命河南、陝西、四川均攤丁銀入地並徵。	癸亥	307	無	無	2928 誤
87	甲辰……敕八旗交納銅器	癸巳	308	無	無	2929 誤
88	甲辰……兵丁滋事，將軍李枺以徇此論死。	是月無甲辰	308	無	無	2929 誤
89	羅文綱	羅文剛	308	無	無	2930 誤
90	丙午……內大臣馬武卒。	清史館傳包記在四年十二月	308	無	無	2930 誤
91	大學士高其位卒。	在正月，予告大學士	308	無	無	2930 誤
92	戊子……以福敏爲吏部尚書，黃國材署兵部尚書。	己丑	309	無	無	2931 誤
93	乙巳，設宗室御史二員。	辛卯	309	無	無	2931 誤
94	以拉錫爲滿洲都統。	未詳旗分	309			
95	戊午……查嗣庭死於獄，戮其屍。	壬戌	309	2738 正	2840 同正	2931 誤
96	秋七月乙卯	~朔	309	無	無	2931 誤
97	以富寧安爲漢軍都統。	未詳旗分	309			
98	己未，李永紹罷	戊午	309	無	無	2931 誤
99	己未……加田文鏡尚書，爲河南總督。	甲子	309	2739 正	2841 同正	2932 誤
100	丙子，……仍照前禁錮。	己卯	309	無	無	2932 誤
101	庚寅，賴都罷	癸巳	309	無	無	2932 誤
102	策淩	同音異譯	310			
103	己巳，鄂爾泰奏花苗內附，剿辦滇藪，平之，威遠猓苗內附。	己巳，庚午，辛未	310	無	無	2933 誤
104	丁亥……以博爾屯爲蒙古都統。	己丑，署~	310	無	無	2934 誤
105	癸丑	~朔	310	2741 正	2843 同正	2934 誤

106	丁卯……敕修《執中成憲》。	壬戌	310	2741 正	2843 同正	2934 誤
107	乙酉……王大臣審擬貝勒延信大罪二十，應斬決。	丁亥	310	2742 表述不同，誤	2844 同誤	2935 誤
108	辛丑	敘事失次	310	無	無	2935 誤
109	戊戌，左都御史沈近思卒。	予祭日期	311	無	無	2935 誤
110	三月丁巳……以蔣廷錫爲大學士。	戊午	311	2743 正	2846 同正	2936 誤
111	杭奕祿	莽鵠立	311	無	無	2936 誤
112	以陳泰爲滿洲都統。	未詳旗分	311			
113	夏四月甲申……予告大學士田從典卒。	丙申	311	2744 另誤	2846 同誤	2937 誤
114	癸卯……稽曾筠爲吏部尚書。	乙丑，稽-嵇	311	無	無	2937 誤
115	壬寅	敘事失次	311	無	無	2937 誤
116	癸丑……鄂爾泰奏剿辦……祿天祐、祿世豪，平之。	戊午	312	無	無	2937 誤
117	丁卯……命馬爾賽在大學士內辦事。	己巳	312	無	無	2937 誤
118	乙亥，以田文鏡爲河東總督，兼轄山東。	不爲定例，《疆臣年表》、《職官志》未載	312	2744 無兼轄事	2846 同無	2937
119	以耿化祚爲漢軍都統。	丁丑	312	無	無	2937 誤
120	庚辰	~朔	312	無	無	2937 誤
121	癸巳……岳濬署山東巡撫。	己丑	312	無	無	2938 誤
122	己亥……弘曕爲輔國公。	戊申	312	無	無	2938 誤
123	壬申，大學士富寧安卒。	予祭日期	312	無	無	2939 誤
124	賜故大學士寧完我三世孫寧蘭驍騎校……四世孫寧邦璽拜唐阿。	乙亥	312	無	無	2939 誤
125	癸丑，……鄂齊以失察兵丁傷官削爵	癸亥	313	2746 有罪，正	2848 同正	2939 誤
126	丁卯	丁丑	313	無	無	2939 誤
127	阿爾布	阿爾布巴	313	無	無	2939 正

128	辛卯……以石文焯爲禮部尚書，路振揚爲兵部尚書。	癸巳	313	無	無	2940 誤
129	乙未……詔：「……勿得輕議改流。」	辛卯	313	無	無	2940 誤
130	以蔡仕舢爲浙江觀風整俗使。	壬辰	313	無	無	2940 誤
131	癸巳	敘事失次	313	無	無	2940 誤
132	丁巳，命陳元龍、尹泰爲大學士。	癸酉	314	2748 正	2851 同正	2941 誤
133	壬申……明安晉封一等侯，令其孫馬蘭泰襲。	己亥	314	2749 正	2852 同正	2941 誤
134	壬申	衍文	314	無	無	2941 誤
135	爲河道總督	署江南河道總督	314	無	無	2942 誤
136	庚寅……設直隸巡農御史。	甲午	314	2749 正	2852 同正	2942 誤
137	乙未	敘事失次	314	無	無	2942 誤
138	以李株爲漢軍都統。	辛丑	314	無	無	2942 誤
139	蠲浙江本年額賦	辛丑	314	2749 正	2852 同正	2942 誤
140	三月乙巳朔……奏剿平雷波叛苗一百餘寨。	初二日丙午下部議敍	314	無	無	2942
141	戊申……蠲河南本年額賦	丙午	314	2749 正	2852 同正	2942 誤
142	丙申	丙辰	315	2750 正	2753 同正	2943 誤
143	以鄂善、莽鵠立俱爲蒙古都統。	未詳旗分	315			
144	辛酉	敘事失次	315	無	無	2943 誤
145	巴遜	巴賽	315	無	無	2943 誤
146	岱豪	同音異譯	315			
147	總兵官魏麟、閔文繡領車騎營兵八千，赴西路布林庫。	不知出處，八千之數實錄、王錄俱無	315	無	無	2943
148	夏四月甲午……史貽直署福建總督。	己亥	315	無	無	2943 誤
149	敕建雲、雨、風、雷壇廟。	庚辰	315	無	無	2943 誤
150	四川天全土司改流設州。	辛卯	315	無	無	2943 誤

151	高其倬劾海澄公黃應纘行賄承襲，應革職銜。詔寬免之。	甲辰	315	無	無	2944 誤
152	秋七月丙午，貴州都勻生苗及儂、仲生苗內附。	戊午下部知之	316	2752 另誤	2855 同爲另誤	2944
153	胤祿管滿洲都統。	未詳旗分	316			
154	八月癸卯	~朔	316	2752 未繫干支	2856 同	2945 誤
155	太傅	太保	316	2753 正	2857 同正	2946 誤
156	十一月甲戌……以馬會伯爲兵部尚書	丙子	316	無	無	2946 誤
157	尙崇廣	不錯	317			
158	丁丑……以慶復爲漢軍都統。	壬午	317	無	無	2947 誤
159	丁酉，唐執玉奏正月二十日鳳凰見於房山。得旨	戊戌頒旨	317	無	無	2947 誤
160	發國子監膏火銀六千兩，歲以爲常。	己亥	317	無	無	2948 誤
161	甲午……頒行聖祖御纂書經傳說	壬子	317	2755 正	2859 同正	2948 誤
162	夏四月，淳親王胤祐薨	庚子，未繫干支	317	2756 正	2860 同正	2948 誤
163	澍	霸	317	2756 正	2860 同正	2948 誤
164	左都御史爲從一品。	脫「尙書」	318	無	無	2948 誤
165	丁丑……移高其倬爲兩江總督，劉世明爲福建總督。	癸酉	318	2757 正	2861 正	2949 誤
166	壬辰，遣官賑江南、湖南、直隸、山東等處被水災民。	乙酉，丁亥，壬辰，甲午	318	2758 正	2862 正	2950 誤
167	乙卯……崇安停管宗人府事，……廣祿管宗人府。	己未	318	無	無	2950 誤
168	丁卯	~朔	318	無	無	2951 誤
169	辛卯……孟	孟連，壬辰	319	2759 字正，缺「九月」	2863 同正，同缺	2951 誤
170	甲寅……命皇五子弘晝、淳郡王弘暻前往告祭。	戊午	319	無	無	2951 誤
171	十二月丁酉，命……岳鍾琪各回本軍。	壬寅	319	2760 正	2865 同正	2952 誤

172	乙卯……張朝佐	乙亥，張朝良	319	無	無	2952 誤
173	戊午……命侍郎王國棟前往河南賑濟被水災民。	己未，此沿國史誤	320	無	無	2953 誤
174	三月乙酉……鄂爾奇爲左都御史。	壬辰	320	無	無	2953 誤
175	五月甲子……命趙之垣、馬龍督運西路糧餉	辛未	320	無	無	2954 誤
176	丙午，傅爾丹奏准噶爾入寇扎克賽河，率兵迎擊。	丁未批示	320	2765 另誤	2870 同爲另誤	2954 誤
177	高其倬爲雲貴總督，尹繼善爲兩江總督。	高其倬署雲貴廣西總督，尹繼善署兩江總督。	320	無	無	2954 誤
178	甲戌……敕錫保固守察罕瘦爾。	丙子	320	無	無	2955 誤
179	岳鍾琪奏督兵進烏魯木齊。	乙亥	320	2766 另誤	2871 同爲另誤	2955 誤
180	沈廷玉	沈廷正，此沿王錄誤	321	2767 正	2872 同正	2955 誤
181	己巳，皇后那拉氏崩	己丑	321	2767 止	2872 同正	2955 誤
182	冊諡曰孝敬皇后。	甲午	321	無	無	2955 誤
183	冬十月丙午，錢以塏乞休	九月丙辰	321	無	無	2956 誤
184	以魏廷珍爲禮部尚書。	戊申	321	無	無	2956 誤
185	丙午……丹津多爾濟、額駙郡王策淩合兵擊之，擒斬無算。上嘉之，各賜銀萬兩，晉策淩爲親王。	壬午，乙卯	321	2767 前誤後正	2873 同	2956 誤
186	癸亥……降馬爾賽爲綏遠將軍。	乙丑	321	2768 正	2874 同正	2956 誤
187	乙丑……彭維新爲左都御史。	己卯	321	無	無	2956 誤
188	甲寅，以馬士傑署廣州將軍	壬子	321	無	無	2956，誤
189	壬寅	壬子	322	2769 未繫干支	2875 同誤	2957 正
190	甲申……駐兵白格爾。	二月辛卯	322	2769 正	2875 同正	2957 誤
191	二月，以王朝恩爲直隸河道總督	辛卯，未繫干支	322	2769 正	2875 同正	2957 誤

192	魏廷珍爲漕運總督	乙未，未繫干支	322	無	無	2957 誤
193	庚子……石雲倬坐不遮擊，逮問。	辛亥	322	無	無	2957 誤
194	甲辰……勵廷儀卒。	卒於五月，己酉予祭	322	無	無	2958 誤
195	庚戌，臺灣北路西番滋事，官兵討平之。	批示日期	322	無	無	2958 誤
196	丙辰	～朔	323	無	無	2958 誤
197	以莽鵠立爲漢軍都統。	滿洲都統，鑲白旗	323	無	無	2958 誤
198	軍機大臣	辦理軍需大臣	323	無	無	2959
199	丙戌，馬喇免	乙酉朔	323	無	無	2959 誤
200	丁亥，山東鉅野牛產瑞麟	下旨日，產在六月庚申	323	無	無	2959 誤
201	丁酉……召岳鍾琪來京。以劉於義爲陝西總督，李衛爲直隸總督。	戊戌	323	2772 正，後兩句無	2878 同	2959 誤
202	辛丑，準噶爾入犯烏孫珠爾，傅爾丹迎擊失利，下大將軍錫保覈敗狀以聞。	疏報日期	323	無	無	2959 誤
203	乙巳，大學士蔣廷錫卒。	議恤日期	323	2772 誤	2878 同誤	2959 誤
204	己酉，以福敏協理大學士，唐執玉兼理刑部尚書。	癸丑	323	無	無	2959 誤
205	雅木	雅木布	323	2772 正	2878 同正	2959 誤
206	壬戌，停本年決囚。	癸亥	324	無	無	2960 誤
207	壬戌……削岳鍾琪爵職，逮京交兵部拘禁。	庚辰	324	2774 正	2880 同正	2960 誤
208	靖邊左副將軍。	靖邊大將軍之副將軍	324	2774 靖邊副將軍	2880 同	2960 誤
209	二千五百四十一萬二千二百八十九	二千五百四十四萬二千六百六十四	324	無	無	2961 誤
210	九十三萬六千四百八十六	九十二萬二千一百九十一	324	無	無	2961 誤
211	田地八十九萬四百十六頃四十畝	田地山蕩畦地八百八十一萬三千七百八十頃八十六畝	324	無	無	2961 誤

212	二千九百八十七萬二千三百三十二兩六錢	三千八萬九千四兩	324	無	無	2961 誤
213	三十四萬二千三百五十一引	三十三萬二千二百九十一引	324	無	無	2962 誤
214	鹽課銀三百九十八萬八千八百五十一兩。	徵課銀四百一萬五百六十七兩	324	無	無	2962 誤
215	六萬八千四百三十六萬二千有奇	九萬一千一十七萬一千一百二十有奇	325	無	無	2962 誤
216	二月壬子	工了在正月	325	2776 正	2882 同正	2962 誤
217	癸丑	二月癸丑朔	325	2776 正	2882 同正	2962 誤
218	以保明……爲滿洲都統。	署~	325	無	無	2962 誤
219	己未……弘春晉封泰郡王。	辛酉	325	2776 正	2883 同正	2963 誤
220	壬戌……以吳士玉爲禮部尙書,涂天相爲左都御史。	庚申	325	無	無	2963 誤
221	壬子	~朔	325	無	無	2963 誤
222	刁	刀	325	2778 誤	2884 同誤	2964 誤
223	己酉,誅前提督紀成斌。	命……	326	無	無	2964 誤
224	末	未	326	無	無	2964 誤
225	乙酉……李徽以越職言事褫職。裁湖南觀風整俗使。	癸未	326	無	無	2965 誤
226	戊子,順承親王錫保削爵,子熙良仍襲郡王。	庚寅,俱削爵	326	2778,正	2885 同正	2965 誤
227	降親王丹津多爾濟爲郡王,撤去勇號。	庚寅	326	2778,正	2885 同正	2965 誤
228	八月丁卯……趙弘恩爲兩江總督,高其倬爲江蘇巡撫。	九月己卯朔,署兩江總督,管江蘇巡撫	326	無	無	2965 誤
229	九月辛丑……以慶復爲戶部尙書,	十月甲寅	326	無	無	2965 誤
230	鄂長署步軍統領。	戊戌,鄂善	326	無	無	2965 誤
231	以扣婁爲蒙古都統	未詳旗分	327			
232	……辛酉……馬禮善爲刑部尙書	甲寅,署~	327	無	無	2965 誤
233	癸酉……旌廣東興寧縣老民……	庚申	327	無	無	2967 誤

234	丁丑	～朔	327	無	無	2967 誤
235	戊戌，……得旨：「凡事懈於垂成，……。勉之。」	己亥	328	無	無	2968 誤
236	丁未……巴爾圖襲爵，封其子永恩爲貝勒。	乙丑	328	無	無	2968 誤
237	禁廣東象牙席	禁廣東進象牙席	328	2782 獻，無干支	2889 同	2968 誤
238	以李禧爲漢軍都統。	署～	328	無	無	2968 誤
239	崗	崗	328	2782 正	2889 同正	2968 誤
240	癸巳……一議進兵，……一議遣使。上乃宣示用兵始末，從後議遣使。	戊戌	328	無	無	2968 誤
241	甲申……命雲南開爐鼓鑄。	乙未	328	無	無	2969 誤
242	傅森	覺羅傅森	329	2783 正	2890 同正	2969 誤
243	戊午……以三泰、徐本俱協辦內閣事。	己酉	329	2783 正	2891 同正	2970 誤
244	壬申朔……弘時	弘昉，癸酉	329	無	無	2970 誤
245	丙寅，敕續修《皇清文穎》。	十月丙寅	329	無	無	2970 誤
246	癸丑朔	癸丑	329	無	無	2970 誤
247	以覺羅柏修爲盛京將軍，那蘇圖爲黑龍江將軍	署奉天將軍，署黑龍江將軍	329	無	無	2971 誤
248	己丑……赫星爲寧夏將軍。	己丑，署～	329	無	無	2971 誤
249	丁巳	丁亥	330	2785 正	2892 同正	2971 誤
250	戊申，給三姓、八旗兵丁餉銀。	丁未，八旗-八姓	330	無	無	2972 八姓無誤
251	乙卯……劉世明……論斬。	己酉	330	無	無	2974 誤
252	是歲十一月丁未，……諡曰敬天昌運建中表正文武英明寬仁信毅睿聖大孝至誠憲皇帝	「睿聖」爲嘉慶四年加	330	2791 正	2899 同正	2975 誤
253	獨孔懷之誼，疑於未篤。然淮南暴伉，有自取之咎，不盡出於文帝之寡恩也。	國防研究院本《清史》改論贊	331